剑桥
全球经济专题史

中世纪欧洲商业史：1200—1550

［美］埃德温·S.亨特
（Edwin S. Hunt）
　　　　　　　　　　著
［美］詹姆斯·M.默里
（James M. Murray）

司　艳　译

上海财经大学出版社
SHANGHAI UNIVERSITY OF FINANCE & ECONOMICS PRESS

上海学术·经济学出版中心

图书在版编目(CIP)数据

中世纪欧洲商业史：1200—1550/(美)埃德温·S.亨特(Edwin S. Hunt),(美)詹姆斯·M.默里(James M. Murray)著；司艳译.—上海：上海财经大学出版社,2023.11
(剑桥·全球经济专题史)
书名原文:A History of Business in Medieval Europe,1200－1550
ISBN 978-7-5642-4085-1/F·4085

Ⅰ.①中… Ⅱ.①埃…②詹…③司… Ⅲ.①商业史-欧洲-1200－1550 Ⅳ.①F735.09

中国版本图书馆CIP数据核字(2022)第216750号

□ 责任编辑　朱晓凤
□ 封面设计　陈　楠
□ 版式设计　张克瑶

中世纪欧洲商业史：1200—1550

[美]　埃德温·S.亨特
(Edwin S. Hunt)
詹姆斯·M.默里
(James M. Murray)
著

司　艳　译

上海财经大学出版社出版发行
(上海市中山北一路369号　邮编200083)
网　　址:http://www.sufep.com
电子邮箱:webmaster@sufep.com
全国新华书店经销
上海华教印务有限公司印刷装订
2023年11月第1版　2023年11月第1次印刷

787mm×1092mm　1/16　19印张(插页:2)　279千字
定价:99.00元

This is a simplified Chinese edition of the following title published by Cambridge University Press:

A History of Business in Medieval Europe, 1200—1550（ISBN 9780521499231）by Edwin S. Hunt, James Murray, first published by Cambridge University Press 1999.
All rights reserved.

This simplified Chinese edition for the People's Republic of China (excluding Hong Kong, Macau and Taiwan) is published by arrangement with the Press Syndicate of the University of Cambridge, Cambridge, United Kingdom.

© Shanghai University of Finance and Economics Press 2023

This simplified Chinese edition is authorized for sale in the People's Republic of China (excluding Hong Kong, Macau and Taiwan) only. Unauthorized export of this simplified Chinese edition is a violation of the Copyright Act. No part of this publication may be reproduced or distributed by any means, or stored in a database or retrieval system, without the prior written permission of Cambridge University Press and Shanghai University of Finance and Economics Press.

Copies of this book sold without a Cambridge University Press sticker on the cover are unauthorized and illegal.

本书封面贴有 Cambridge University Press 防伪标签，无标签者不得销售。
图字:09-2021-0920 号

2023年中文版专有出版权属上海财经大学出版社
版权所有　翻版必究

目录

引言/001

上篇　黑死病爆发前：虽比高飞雁，犹未及青云

第一章　中世纪早期贸易的经济状况、文化氛围、地理版图/011

第二章　贸易工具：商业组织/033

第三章　交易商及其工具/057

第四章　商业政治/083

第五章　商业壮大：超级公司现象/111

下篇　中世纪末期的商业：梅花香自苦寒来

引言/139

第六章　中世纪末期的商业新环境/147

第七章　新环境下的商业对策/169

第八章　十五世纪：古法结硕果/199

第九章　中世纪末期的资金来源/229

第十章　商业新时代/255

结束语/279

补充参考书目/285

引言

著书立说首先要明确概念,尤其是本书的书名中包含着"商业"和"欧洲"这两个模棱两可的词汇。其次要提醒读者认识到这段历史涉及两个截然不同的概念:一个是地理层面的,另一个是时间层面的。最后需要强调的是,本书讨论的是商业史,而非经济史。

本书探讨的是广义的商业,也就是说,研究乡村或市镇的两个及两个以上的主体在当地、区域间乃至国与国之间开展的一切交换活动。因此,本书讨论的商业模式范围下至小手工作坊的组织形式,上到大型跨国生产商和经销商的运营模式。而且,本书将全面研究中世纪各种类型政府对商业产生的关键作用。此外,本书研究的是严格范畴内的欧洲的商业,从版图上来看,局限于我们今天所认为的西方基督教国家,包括基督教化的伊比利亚半岛。换言之,本书探究的是通常意义上的西欧加上波兰和匈牙利,不过书中也会讨论欧洲经商者在世界各地的活动,重点是他们在北非和近东地区的情况。

本书按地理界线来划分研究主体,其意义在于识别北欧和南欧的商业实践曾走过的迥然相异的发展之路。首先,本书称为"北欧"或"西北欧"的地区包括不列颠群岛、斯堪的纳维亚半岛、低地国家、德意志、法国的北部和中部地区。"南欧"包括意大利、伊比利亚半岛、法国南部。波兰、波希米亚、匈牙利、瑞士则不属于上面任何一类,文中涉及时会提及具体的地域名称。总体来看,在本书研究的时间跨度内的大多数岁月里,就企业组织、金融工具、会计技术的精益度和创新性而言,南欧远超北欧。但是每个区域内部的情况千差万别,如果把全部南欧与全部北欧地区作为整体来分析,则会因为过分简单化而产生歧义。诚然,我们可以说,意大利、普罗旺斯、加泰罗尼亚的城市基本同步发展了银行业和会计程序,但是这些地方的商业组织演进各不相同。例如,威尼斯的企业单位相对规模小、监管严格、受城邦政策支配,而在托斯卡纳,尽管此地商界与政府关系密切,但是有些企业仍发展得颇具规模,经营相对独立。同样,依意大利的标准来看,北欧低地国家和英格兰的企业规模并不算太大,但是保持一定的独立性,而德意志汉萨同盟(German Hanse)的企业则受到该联盟所在市镇和君主政府的严格监管和控制。从这个角度来看,尽管北欧和南欧商业组织的差异明显,但是罗伯特·洛佩兹(Robert Lopez)认为两者如出一辙的观点是很有见地的。

1347—1350年的"黑死病"标志着我们所研究的时期的中间点。本书的观点是:这场瘟疫导致的后果是14世纪绝大部分时期社会严重混乱状态的缩影,其象征性意义与现实重要性旗鼓相当。"死神"当道,饥饿、瘟疫、战乱频发,给西欧的人口、心理和经济造成了深远影响,商业必须顺应变局。因此,本书上篇将从不同侧面呈现中世纪鼎盛时期欧洲的商业活动,并简要追溯各个领域的演进过程。这一阶段商业环境的特点是要满足人口愈发稠密的市镇和那些身处僻壤、逐渐富裕起来的农村权贵对出自遥远他乡的必需品和奢侈品的需求。下篇首先讲述商界在延绵不绝的灾难中适者生存的故事,然后介绍它们是如何别开生路,想尽办法找到廉价的货源。

本书的核心思想是:自始至终推动中世纪商业的力量是精英阶层持续不断的需求。诚然,大众市场需求推动中世纪商业发展的证据也很多,比如食品和纺织品,但是大众需求主要是贸易扩张带动城市化的结果。其最初始的推动力源于精英阶层继承了地中海地区和基督教文化地区的口味偏好,以及他们对锦衣玉食、奢华装饰的欲壑难填。压力催生了交换,并需要专事工商业的人士供应或采购这些商品。因此,本书一定程度上背离了传统观点,认为精英阶层的需求实质上直接或间接地影响了商业的方方面面,而非仅仅是奢侈品行业。13世纪初,也就是本书研究的历史起点,不论是将盈余用来修建教堂、城堡、基础设施,还是花费在奢侈品上,都主要由统治阶层及其官僚(其中包含经商者)来决定其用途。尽管当时越来越多的人具备购买力,黑死病流行过后尤为如此,但是政府的需求仍旧影响投资方向,继而影响创新的方向。伴随政府需求而来的是越来越多强制执行的规章制度。本书尾声时将叙述当时的政府如何积极地全方位控制贸易,成效却越发不如人意。

按时间顺序著述一个幅员辽阔的地区内商业活动的诸多面貌,必然是个难题。中世纪商业史并非有序地走过几百年历史的,因此不适宜将本书研究的创新和实践置于规整的时间框架下论述。确切地说,各行各业的演进都系经年累月之功,采用的方式五花八门,进程速度快慢不一,而且涉及这片土地的不同区域。因此,本书须以行业作为主题来逐个研究,每个行业按照自身发展的时间顺序展开,而且为了充分地反映历史背景和恰当地看待事物,本书上篇必须经常回溯古代地中海文明和中世纪早期的情况。

对于习惯研究中世纪盛世和末期商贸兴衰跌宕的经济史学者来说,选择1200—1550年作为探究的主周期似乎很奇怪。但本书将起点设在商业革命接近鼎盛期而非启蒙期,有助于聚焦欧洲不同地域、奋战在不同行业的经商者是如何顺应变通,从而利用好长期经济扩张的机会。传统定义的中世纪于1500年截止,而本书将调查研究的时限还向后扩展了大约50年,以便凸现某些格外重要的商业创新是如何演变而来的,以及其与某些早期现代引人注目的新生事物有何直接关联。新生事物有好有坏,包括大规模采矿、面向大众市场的渔业、全新融资机制、奴隶制种植园,等等。通过采用这种有些非传统的方法,本书得以充分借鉴最新研究成果和观点解读,说明本书与经济史学者的陈旧综述体系截然不同,后者包括认为14世纪和15世纪是经济荒原的罗伯特·洛佩兹(Robert Lopez)和哈里·米斯基敏(Harry Miskimin)等人。本书研究的截止时间大体上恰是新大陆流入的贵金属即将深刻改变西欧经济的前夕。

本书始终力求划清经济史与商业史的界限。尽管《剑桥欧洲经济史》(*Cambridge Economic History of Europe*)中有关经济环境及其变化的内容对本书的研究至关重要,但若想要模仿这部恢宏巨著就是办蠢事了。政治、战争、技术、社会态度的演变同样也很重要,因为它们在给中世纪经商者制造麻烦的同时也提供了机遇,让他们不得不每天想尽办法应对这些状况。但是商业必须始终作为本书观察欧洲经济社会中更深刻变革的窗口。我们与卡罗·奇波拉(Carlo Cipolla)等经济史学者都不认可中世纪末期萧条论,但本书关于这一时期的看法相当特立独行,与前述学者也迥然相异。奇波拉的分析强调人均经济水平实现增长,本书透过商业窗口强调的是那些为16世纪欧洲扩张奠定基础的质变。

本研究即便严格界定了议题范围,但是要以不长的篇幅讲述一片文化多元的地域上350年的历史,就不得不精挑细选出具有代表性的数据。因此,本书省略了大量妙趣横生的典章文物,甚至将意义重大的地理区域和商业奋斗史束之高阁。尽管本书提及某些起源于罗马、拜占庭、伊斯兰的商业实践或文化习俗,因为我们认为它们关系到中世纪史话,但为了避免本书内容过于庞杂,我们没有贸然深入探讨这方面的商业史,这可能会让人觉得本书漏项太多或者选项不佳。相反,如果我们的叙述展现出中世纪欧洲商业活动的完整连贯画卷,呈现其生机勃勃、多姿多彩、顺势变通的全新形象,能让读者有所启发,那么本书就算使命达成。

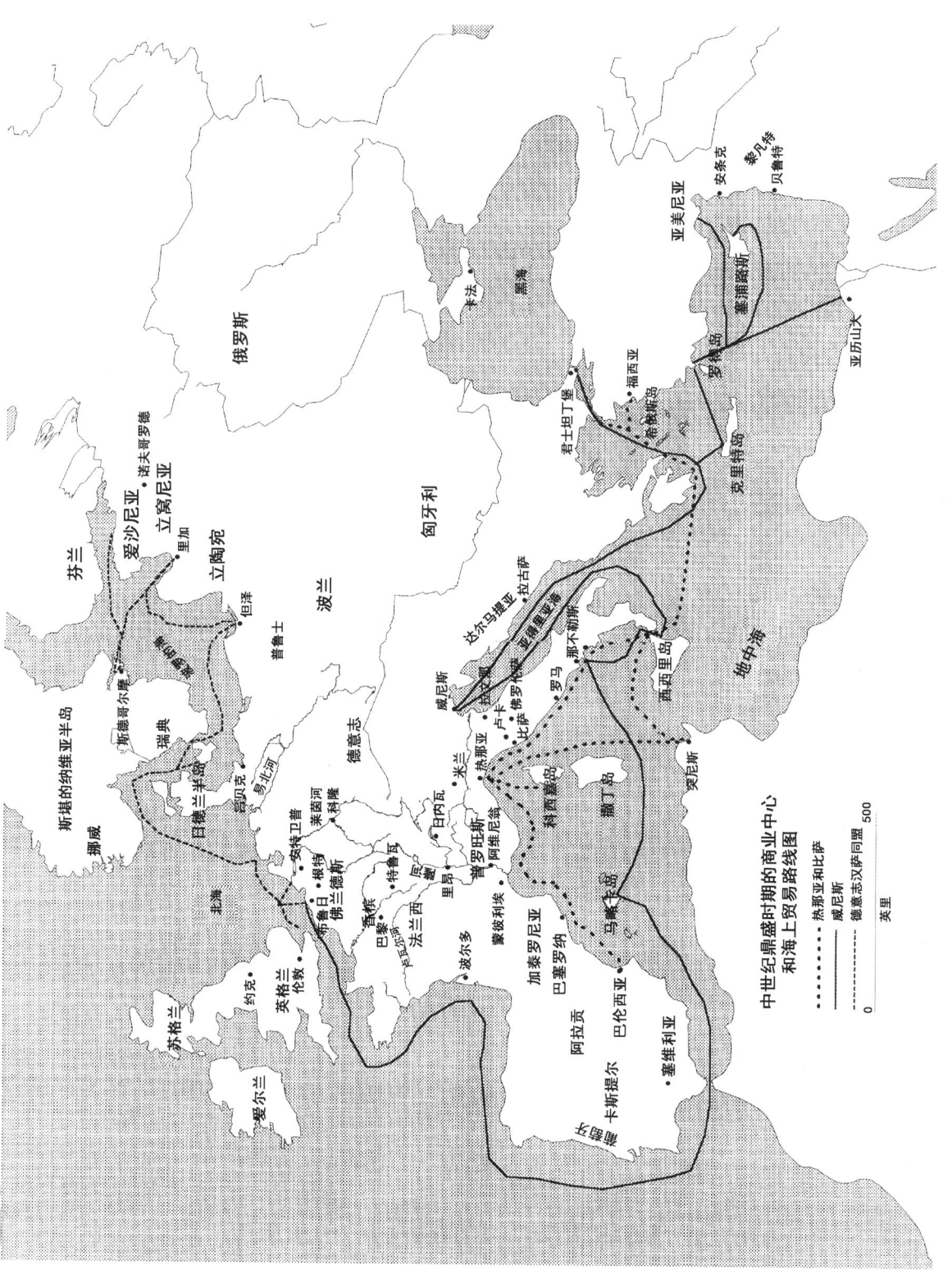

上 篇

黑死病爆发前:虽比高飞雁,犹未及青云

第一章

中世纪早期贸易的经济状况、文化氛围、地理版图

> 我看见封建领主的苛捐杂税如巨浪般堆积起财富，奔涌进富人的豪宅，这些新增财富孕育出奢靡挥霍之风，奠定了经济腾飞的基础，这是欧洲经济开启经商者时代的关键转折点……[1]

我们身处世纪之交，难以想象世界如果没有商业会是什么模样，应该会像人失去了光和空气一样吧。而且，"做生意"已经成为不分昼夜、纵横水陆，甚至进入没有空气的太空的活动。如今的商业包罗万象，而且有些人俨然痴迷其中。商业可谓欧洲释放到世界其他地区威力最大的革命性力量，但其并非一贯如此，本书的目的之一就是追本溯源，探索商业的早期历史。卡尔·马克思（Karl Marx）是早期研究欧洲商业历史意义的先行者，如他所言，剧烈变革不是"凭空"造出来的，而是本书所研究的这段时期的历史条件的产物。

本章是全书导论，重点关注孕育变革的动态过程。读者可能已经注意到了，本书作者认为推动中世纪经济变革的力量是欧洲西北部领主们这些权贵的需求。为了说清楚这个阶层的起源及其需求和欲望，我们研究的时间范畴就要比原本严格划定的更广，而且重点放在地中海盆地北部和西部的社会经济发展状况。不过研究主题不变，仍旧是整个欧洲的商业演进过程。

很多语言里都有类似意思的老话："人如其食"（You are what you eat）。这句话从字面上看来很荒谬，但是就经济制度而言，则蕴含着真知灼见：人们摆上餐桌的东西对于其经济构成具有深远影响。在中世纪，人们的食物以及渴求的

---

[1] Georges Duby, *History Continues* (Chicago, 1994), 61.

食物同样深刻地影响着商业组织什么可为，什么不可为。因此，要想认清中世纪商业，我们需要了解北欧饮食习惯和农业实践在大约700—1000年间的巨变。

罗马饮食传统：面包压倒一切

《基督教新约》中很多引人注目的场景与食物有关。拿撒勒人耶稣布道时始终尽量运用信众容易理解的形象和事物进行宣讲。如耶稣"水变酒""五饼二鱼"的神迹家喻户晓，他与门徒圣周四逾越节进餐的礼制世代相传。尽管耶稣有句援引《圣经旧约》的名言说道："人活着不是单靠面包（Man does not live by bread alone）"，但是事实上，面包是大多数耶稣信众以及公元1世纪罗马帝国绝大部分居民的主食。由于基督教是地中海地区的宗教，所以地中海人民所盼望的食物在基督教礼拜仪式中如此神圣也就不足为奇了。基督教教义强调的食物包括面包、葡萄酒，其次是橄榄油，对西欧地中海以外广大地区的饮食和农业史产生了深远影响。

地中海地区的土地并不肥沃，降水既不规律也不丰沛。罗马帝国和基督教早期的耕地七零八落，只有西西里岛（Sicily）和北非等少数几个地方的耕地足以大规模种植谷物。降雨零零星星，水量稀少，主要雨季是冬天几个月，夏季则基本上干旱。由于几乎找不到牧场，所以不可能从事大规模畜牧养殖业。自然规律决定了典型的"地中海饮食"几乎全部是植物性食物制品，比如面包等其他谷物类食品、葡萄酒、橄榄油，辅以奶酪、蔬菜、零星的肉。只有古希伯来人等荒漠居民会觉得地中海地区的巴勒斯坦是"流淌着牛奶和蜂蜜"的富庶之地。按现代标准来说，工业化之前的地中海地区实在贫瘠荒芜。

人们经过逾年历岁的探索，逐渐找到办法来解决地中海地区天然的农业羸弱以及随之而来的作物歉收和饥荒问题。"罗马帝国的和平时代"（Pax Romana）以及罗马帝国疆域内遍布自由贸易区，这两个因素促使地中海饮食传播至帝国的四面八方，解决了本地某些主要粮食作物短缺和无力种植的问题。其核心机制是农作物种植专业化和运输服务：简言之，自然条件适宜某种农作物的地区就专门种植该农作物，然后把富余的部分运出去，与其他地区盈余的特色农作物进行交换。于是，北非和西西里岛的大农庄奴役奴隶大量种植小麦，公元1世纪，仅北非每年就向罗马出口25万～40万吨谷物。希腊和西班牙等地区专门从事葡萄栽培和橄榄油压榨，意大利众多产品中最出名的是奶酪。正如一位历史学者指出的那样，这种方式缔造出通用的饮食语言，其普及范围和生命力都胜过罗马帝国统治者所说的拉丁语。

这些主食多多少少都需要加工，它们从某种意义上而言都是制成品。种植小麦（罗马人主要用这种谷物制作面包）、葡萄、橄榄不仅费时费钱，而且收割仅仅是第一步，有时候尚须经过多道烦琐的工序才能被端上餐桌。这里仅以小麦为例：小麦收割之后必须打谷，从不可食用的谷壳中脱出可食用的小麦粒，然后将麦粒磨成面粉，加入水和某种野生酵母发酵，揉成面团等待膨胀，最后置入烤炉烘焙。虽说费了这么多功夫，但制成的面包不仅有营养、易携带、变质慢，而且能够储存相当长时间（保存得当的麦仁食用期达数年之久）。既然每天一定要吃面包，那么每天吃饭的问题无疑成了用什么搭配面包，英文单词"company"[1]及其衍生词随着时间推移蕴含了重要的社会和商业意义，它们的词源就是"cumpanis"[2]。

尤维纳利斯（Juvenal）嘲讽罗马普通人靠"面包和竞技场"过日子，其实并非如此，搭配面包的东西品类繁多，即便古罗马的穷人也从来不是只吃谷物制品。人们每餐饭吃面包时常常会佐以洋葱、大蒜、绿叶菜等蔬菜。皇帝发放社会救济品时通常还会包括肉，惯例是猪肉。橄榄油种类繁多，用途从饮食到美容，不拘一格。葡萄酒也是随处可见，品种琳琅满目。罗马帝国的富人可享用的珍馐美馔更是不胜枚举。诚然，佩特罗尼斯（Petronius）的著作《萨蒂利孔》（*Satyri-*

---

[1] 译者注：这个词现在主要表示"公司、陪伴"等。
[2] 译者注：拉丁语中"与面包在一起"的意思。

con）是以讽刺笔法描绘了一场古罗马时期的宴席，但是书中人物特里马乔（Trimalchio）在宴席上至少安排了8道菜，既有寻常的乌橄榄和绿橄榄，还有肚子里塞进活禽一并炙烤的野猪，待切烤肉时再将禽肉取出来。如此穷奢极欲的筵席，也只有15世纪勃艮第（Gurgundy）公爵们的做派可与之媲美。

尽管罗马帝国一直以地中海为中心，但是早期的几位皇帝已经把疆界拓展到地中海盆地以北、以西、以东的广袤腹地，邦畿横跨不列颠岛到莱茵河和多瑙河的河谷。这些土地位于阿尔卑斯山（Alps）彼侧，以"那边"来模糊指代，"那边的人"说话和饮食习惯似乎都没开化，貌似与帝国的文化规范相差甚远。罗马人说不清上述蛮夷之乡的地理位置，给这些野蛮人的命名同样含混不清。他们把大多数人统称为"日耳曼人"[1]，这类人的一大特征是嗜食动物制品——家畜和野味、奶和奶酪、用黄油和猪油烹饪，以及爱喝啤酒。令古罗马人既惊诧又反感的是，这些野蛮人显然将黑麦、小麦、大麦制品列为次要食物，而不是粮食生产的主要作物。日耳曼人的大部分谷物实际上都酿成麦芽酒喝掉了，古罗马历史学家塔西陀（Tacitus）称麦芽酒是"大麦和小麦的蒸馏溶液，发酵后有点像葡萄酒"。[2]

从公元2世纪到5世纪，随着通婚、定居、日耳曼人互相征服、罗马帝国瓦解，"罗马"与"日耳曼"曾经泾渭分明的界限在罗马帝国西部地区逐渐模糊。文化融合最显著的领域就是饮食：不仅当初粗鄙的野蛮人学会享用原产自地中海的面包和葡萄酒，而且罗马人也开始盛赞肉类和其他动物制品具有强身健体的功效。然而，因口味改变而发生变化最深刻的是"那边"的土地，统治阶层的偏好和欲求产生了历时数百年建立起的新型农业土地制度，并持续影响了随后的500年。

西罗马帝国瓦解后，罗马在野蛮地的后嗣们仍旧盼望自己及子孙后代能继续享用古罗马文明的福祉，可惜前途满目荆棘。首先是北欧的地理和气候现

---

[1] 译者注：拉丁语为 Germani，英语为 Germans。
[2] Massimo Montanari, *The Culture of Food* (Oxford, 1993), 7.

状,这里遍布着不易耕种的黏重土壤,经常连续降雨,森林蔓延,不利于大规模种植小麦。其次是农业劳动力严重短缺,罗马帝国依靠大量的奴隶耕种其农业制度下的特色作物,但是日耳曼统治者只能支配小规模聚落的农民当劳力。最后是尚未普及长途运输,原因一方面是政治不稳定,另一方面是欧洲北部地区的地理条件迥然相异,这里的交通枢纽是河流,而非辽阔的内海。

因为不可能实现专业化种植和远距离运输,所以日耳曼的统治者与其统治下的农民构建起了受强制(Compulsion)与合作(Cooperation)双重力量制约的新型经济关系。尽管中世纪的农民不是自由人(他们的称谓"servi"来源于拉丁语"slave"一词),但是农民与领主的关系实质上并非专制的,而是利益高度吻合下的合作。贵族的利益在于得到足够数量的物质,以满足其"文明的"饮食;农民的利益在于能不受约束地使用土地,以确保自己及家人生存下去。双方都认同挖掘土地生产潜力的目标是:实现以面包为基础的饮食。

尽管整个欧洲的目标和实现目标的社会手段高度一致,但现实中的社会经济组织形式千变万化。不同地方的农村聚落类型五花八门;因民俗嬗变,领主与农民的关系也各式各样;种植的作物类型更是千差万别。尽管小麦面包(越白的越上乘)一直是理想的农产品,但是一个区域的气候条件常常决定了当地的主要粮食作物不是小麦,而是黑麦、斯佩尔特小麦或燕麦。撇开各地令人眼花缭乱的各种差异性和特殊性,我们看到的持续不变的压力是需要更多、更优质的粮食来制作面包,这种压力既来自领主,也来自大约公元750年之后人口渐增的农民社会群体。

基督教文化的作用

基督教文化在西欧饮食通用语汇的形成过程中发挥了至关重要的作用。如前所述,很多农村居民不熟悉基督教发源地的环境,但是经过日耳曼诸多君王的坚持不懈的推动,特别是725年之后卡洛林王朝(Carolingians)的贡献。基督教的理念在公元1000年之前已彻底深入北欧的乡村,最初给日耳曼人(盎格鲁—撒克逊人、撒克逊人、阿勒曼尼人,等等)布道的传教士照抄4世纪和5世纪教父(Church Fathers)[1]首创的宗教隐喻。被引述最多的是圣奥古斯丁(Saint Augustine),他在向新教徒布道时用面包类比宗教,颇具感染力。"这块面包复述了你的历史……你被带到上帝的打谷场像脱粒一样被翻来覆去地敲打……你等候口授经文教理时,就像粮仓里的谷物……你在洗礼池被揉成一个面团。你在圣灵的烤炉里真正成为上帝的面包。"[2]

上述种种纯粹为了配合向新皈依者传授基督教的核心仪式,即再现基督"最后的晚餐"这个仪式,暗喻基督与基督教信徒同在。刚刚信奉基督教的农民即便没机会吃上圣餐,但是基督教祷文中的面包、葡萄酒、橄榄油,特别是面包,想必也给欧洲农民留下了深刻的印象。尽管我们没有这方面效果的直接证据,但是通过已掌握的确凿数据显示,从8世纪至11世纪,北欧农民饮食摄入的卡路里总量中谷物占比从大约1/3增加到3/4以上,这太令人感到震惊了。[3]从那时起直到现代,面包都是欧洲普通男性、女性、儿童最重要的食品,时至今日,面包价格在很多欧洲国家都是政治敏感话题。

欧洲农业腹地的修道院长久以来以身垂范,强化了基督教的影响力。西方修道院制度创立者圣本笃(Saint Benedict)将素食奉为理想的苦行生活方式。人们认为"本笃会"这方面的教规比较温和,因为他们允许修士的进食量与其工作量相匹配,但仍严格规定只有年老体弱者才能够进食肉类。修士们一天能吃上一磅面包和两盘食物,大概是燕麦粥或麦片粥,如果有水果或新鲜蔬菜的话,可作为第三盘食物。鉴于修道院基本靠自给自足,所以他们带头在欧洲各地推广耕种谷物也在情理之中。

---

[1] 译者注:早期基督教会历史上的宗教作家及宣教士的统称。
[2] Massimo Montanari, *The Culture of Food* (Oxford,1993),7,16—17.
[3] Werner Rösener, *Peasants in the Middle Ages* (Urbana and Chicago,1994),101. 此外,英格兰北安普敦郡的彼得伯勒修道院(Peterborough Abbey)1294年食物配给的记载清晰地说明了中世纪农民的饮食结构。一个佣人每天平均摄取5 867~6 035卡路里,其中,小麦黑面包提供5 440卡路里,燕麦提供317卡路里,豌豆和豆类提供10~162卡路里,奶酪提供44~60卡路里,黄油提供56卡路里。参见:*The Agrarian History of England and Wales*,v. 2,H. E. Hallam,ed. (Cambridge,1988),829.

前文已经提及制作面包的粮谷有哪些品种及其优劣等级，也讲到需要更多更好的粮谷制作面包的压力。精英阶层要吃筛过的小麦面粉烘焙的白面包。就北欧大部分地区普遍的生长条件而言，制作面包的谷物中最难耕种的显然正是小麦。普通人可以用黑麦、大麦、燕麦、斯佩尔特小麦、小米和其他一些谷物来制作自己日常食用的面包。这些谷物的产量更高更稳定，尤其是黑麦，但是做出来的面包颜色发黑、发酵不好，不具备小麦面包备受推崇的色白松软的特质。几个世纪里的穷人面包都指的是未发酵的黑面包，坚硬、难消化。

尽管人文教化使得中世纪的欧洲人对面包等煮熟的谷物心驰神往，但是其他食物，特别是肉类，在中世纪欧洲人心中的魅力从未消失。以社会精英为主的人群需要的肉类菜肴一直不仅包括猎物，还有家畜，其中以猪、牛为主，羊为次。法兰克国王查理大帝（Charlemagne）最喜欢吃的食物是烤肉，甚至连医生让他禁食烤肉的建议也充耳不闻。有些令人惊讶的是，证据显示9世纪的修道院消耗了大量肉：科尔比（Corbie）大修道院仅在822年一年就吃掉了600头猪。总是有很多人吃猪肉，不仅因为他们喜欢猪肉的味道，还因为猪会自己觅食，所以养猪相对简单。上述偏好说明为何中世纪乡村的农耕往往附带畜牧业，某些地方如果肉类、兽皮、织物的需求量足够大，就会专事畜牧业。

宗教戒律也导致鱼类在欧洲饮食中占据显要地位，尤其是7世纪之后，严格遵守教规的基督徒一年中大约有150天斋戒日里不得食用肉类。大部分鱼应该是从淡水或者沿海水域里捕捞的，因为中世纪末期才开始大规模捕深海鱼。现在几乎找不到关于当时鱼类消费的数据，但是在1 000年以前的资料中零零散散地提到过鱼塘。英格兰10世纪的特许状中写到了鱼塘，有据可查的最佳案例是位于约克郡佛西（Fosse, York）的王室鱼塘，该鱼塘是"征服者"威廉（William the Conqueror）[1]在1086年前修建的，直到13世纪都在为王室家庭提供自用和馈赠所需的鱼肉。12世纪以来出现了专业鱼塘，鱼类养殖趋于精细化，往往是一组池塘联动，根据鱼的生命周期和封斋期的需求增长情况来制订

---

[1] 译者注：诺曼王朝威廉一世。

喂养方案。精明的养鱼人还发现可以每隔3~5年抽干池塘的水,利用肥沃的土地种植庄稼,然后放牧吃草,最后再用作鱼塘,如此规律循环利用。欧洲人大约在12世纪开始大规模地开展商业用途的捕鱼活动,鲱鱼是逡巡于北海(North Sea)和波罗的海(Baltic Sea)区域的英格兰和德意志船队的捕捞对象。13世纪吕贝克(Lübeck)商贾给波罗的海捕鱼船队提供经费和腌制捕捞鱼所需的大量盐,自此鲱鱼才成为北欧四旬斋的美味佳肴。

领主制、合作、技术

如前所述,既然共同的饮食目标是谷物辅以蔬菜以及部分肉和鱼,那么欧洲是如何组织农业以满足需求并为随后的经济腾飞奠定基础的呢?答案是法国历史学家乔治·杜比(Georges Duby)所说的陈腐的领主制度,即欧洲领主与农民之间富有成效的"既合作,又强制"的关系。研究北欧历史的学者将这种关系的制度形式称为采邑制(Manorialism),用通俗的话来说,就是被要求承担该区域田地、森林、牧场劳动的全部人为生产力的总和。如同现代工厂里的情形一样,村庄架构体系、农田劳作组织方式、选择的作物可能各不相同,但是劳动力始终保持不变。

禁锢中世纪农民的强制措施有很多,如农民不得离开当地;负责耕种领主的领地和自留地的庄稼;缴纳形形色色的租金和费用;无权选择耕种何种庄稼。农民必须到领主的磨坊碾磨谷物,往往还必须经常到领主的烤炉烤面包,这两件事都要以现金或等价物方式付费。但与奴隶家庭不同的是,领主不能拆散并卖掉农户家庭,这一点与奴隶家庭不同,农户享有留在这片土地的习俗权,按照惯例,领主也不能征收自己领地上生产的全部剩余农产品。综合这些要素来看,原本剥削性质的关系中注入了合作的基本原则。

发展和应用农村技术是一个很好的例子,可以用来说明领主与农民之间相互强制与合作的互动关系。大多数地方是由领主负责提供土地、牲畜、最基本的农具犁。这在欧洲北部地区是一大笔投入，包括结实的铁犁铧、翻动重黏土的犁壁、一组两到四头牛（配备马的少见）。虽然配备重型轮铧犁花费高昂，但到了11世纪也成为北欧大部分田间耕地的标配。

由领主提供、但众人皆获益的第二件工具是水磨。古罗马人已经知晓水磨和重型犁，但是鲜有应用。部分历史学者认为原因是地中海周围缺少湍急的溪流，可是很多地方并非如此，比如意大利北部、西班牙、法国南部都修筑了大坝，可以很容易实现水流稳定。因此，更重要的原因可能在于人们并不觉得需要这种工具来节省劳动力。然而，10—13世纪的北欧具备非常理想的水磨使用条件，也确实需要把农民从碾磨谷物的劳作中解放出来，从而将劳动力投入产出更高的事情上。这一点在女性身上体现得淋漓尽致，她们的传统劳动任务包括手工碾磨家里食用的谷物。随着大规模制造并使用水磨，女性碾磨谷物的任务到11世纪事实上已经基本不存在了，为女性"解放"出大量时间进行料理家务、田间劳动、饲养牲畜、酿造啤酒和麦酒等工作。[1]

整个欧洲从英格兰到欧洲最东边的拓殖地都学会了运用诸多器具，水磨和犁铧仅是其中两样。随着这些器具以及其他工具和技术的应用，连带效应如涟漪般蔓延开来：因为有了磨坊，就要有水车匠；有了犁，就要有铁匠。简言之，从农田节约的劳动力转而投入截然不同但专业性更强的职业辅助农田劳作。从事这类职业的人被称作工匠，尽管人们总是把工匠跟城市的手工艺联系在一起，但是手工艺劳动事实上发轫于乡间。

虽然如今已很难查证中世纪工匠的劳动组织方式，但是有个好办法是以研究女性工匠为例来见微知著。有关欧洲领地的记载始于9—10世纪，当时已出现"女性作坊"，即单独设立的纺织机构。盎格鲁—撒克逊人、卡洛林王朝、撒克逊人的资料都承认，织布在农村经济中占据特殊地位，需要专门投资安排单独的房屋和纺纱、编织、染色或是后整理织物所必需的工具。从事这项工作的劳

---

[1] 1086年的《土地清册》(Domesday)调查显示，仅英格兰就引以为豪地拥有超过6 000座水磨坊，假定人口200万，则约计每350人一座水磨坊。

动力有女奴隶和农奴,也有身份自由的女性甚至是贵族女性,因为当时的人们期冀女性担任织工。然而到了13世纪,就不再有资料提及这类作坊了,女性明显独霸纺织行业的局面如流水一般一去不复返。随着纺织场所转为家庭,男性逐渐分担纺织劳动,到了13世纪,织布业更加专业化并转移到市镇,男人和女人都当织工和染工,肩并肩一起劳动。

但是,技术指的不仅是工具,还包括生产策略,此时指的是如何创造条件提高人们珍视的粮谷的产量。工业化之前制约所有农业粮食产量的最重要因素是长期缺乏肥料,迫使农民每年"休养"或是休耕部分地块。传统做法是每年休耕一半的耕地(所谓"二圃制"),但是自公元1000年左右起逐渐推行"三圃制"。这种制度要求强制性地将全村耕地划分成3份:一份用于冬播作物,一份用于夏播作物,剩下的一份休耕。田地每年轮作,既保持土壤肥力又提高产量,通常能使谷物增产50%以上。"三圃制"从谷物主产区的法国北部逐步推广至中欧大部分地区,此后的欧洲面貌一新。

但改进工具和土地利用技术仍不足以满足领主和人口增长的需求。增加谷类作物产量需要更多土地,而传统村落是在莽莽的森林、沼泽、荒野环抱中的孤岛样定居点。或许最能彰显出采邑社会制度的内生力量的就是中世纪欧洲从9世纪到13世纪开疆拓土的政策。这些政策的运作机制基本差不多:领主提供资金并激励农民,目的是吸引农民出力实现领主形形色色的目的。这时候领主(指修道院、君主、骑士)赋予农民享有新增农田的特殊优惠待遇和权利,通常是拥有"新开垦的耕地"上更多的收成,体现为减少劳役或是增加粮食分成。经此刺激,村落不断地蚕食周边的森林,将更多的土地变成耕地。

逐步扩大已有聚落区范围仅是中世纪开拓荒野的一种方式,另一种方式是直接拓殖,命令农民搬离原住村落,去远方建设新的村落。领主为了把拓殖地搞到手,常常会与有望移居拓荒的人员代表签订协议,允诺比原来人口聚居地更优渥的条件。通常开疆拓殖者只用为每块宅地支付少量税金,就能拥有自己所开垦土地的所有权、处置权以及彻底的人身自由权。于是很多农民组成了农村公社或是"小村子"(Landgemeinden)[1]，这种组织享有法律地位，有权管理村民并具备低级司法权。其结果是催生了自由平等的农民群体，他们可以耕种自己的土地而免遭领主的干涉，这一状况在德意志和欧洲中部地区尤为突出。这项运动在 12 世纪达到顶峰，充分彰显了领主与农民合作所迸发出的扩张能量。

马格德堡大主教维希曼(Wichmann, Archbishop of Magdeburg, 1152—1192)的举动体现了席卷欧洲的拓殖运动内在运作的机理。12 世纪的马格德堡是日耳曼语族农民最东边的聚落，维希曼大主教决意鼓励拓殖，一方面为了给其管辖教区增加收入，另一方面想进一步驱逐该地区斯拉夫语族的原住居民。为此，他雇佣"出租人"(Locatores)，这些人以赠与土地的方式从西部地区吸引拓殖者。这些土地经纪人散布到人口比较稠密的佛兰德斯和荷兰，颂扬东迁的益处，诱惑颇多，如免除到城堡或领主田地的劳役，支付合理的租金就能够拥有大片肥沃的土地。之后，新兴村落果真变成维克曼想要创造的天地，"那里原本是草甸，除了青草和甘草就别无价值，他们(出租人)安排新的拓殖者排干沼泽，犁耕播种，让这里变得肥沃多产……"，我们至今仍很难找出比这句话更简洁的语言来说明拓殖心态。

还有一种出现在英吉利海峡和北海沿岸的农田开垦方式更为可圈可点，该地区现如今属于法国、比利时、荷兰。这一带自 10 世纪开始持续搞了 1 000 多年，最后的项目是大型"三角洲工程"(Delta Project)，人们在被淹没的土地上逐步筑堤排水，然后将土地先用作牧场，待土壤里的盐分去除后，就用来种植庄稼。在这种背景情况下，恰是以"熙笃会"(Cistercians)为主的大修道院于 12 世纪在佛兰德斯海岸组织实施最大规模的工程并提供经费。最著名的事例是布鲁日附近的邓恩修道院(Monastery of Ter Duinen,"the Dunes")。"熙笃会"一直到 18 世纪末都负责监管海岸线的填海造地工程，每一块地开垦接近尾声时都会建立设有教堂的村落。最重要的是，修道院的这些造田项目最终取得了非

---

[1] 译者注：德语，指居民不足 2 000 人的乡村。

凡成功,以至于邓恩修道院院长大部分时间不在修道院,而是待在海外人士云集的布鲁日市内的豪华宅邸。

这里类似于欧洲中部拓殖者自由村的组织称作"水务协会"(Water Associations),负责维护和扩大佛兰德斯和荷兰沿岸的开垦地。这些协会的成员既有农民,也有修道院或者贵族地主的代表,他们共同向土地拥有者摊派建设及维护堤坝和运河的费用,任命"渠务工程负责人"(Sluismeester),甚至在开垦区行使某些政府职能。这是领主与农民合作填海造地的制度体现,也切实推动了佛兰德斯沿海地区形成农民享有相对自由权的传统。这些制度延续了数百年,直到法国大革命爆发,这些制度被几近彻底破坏后才寿终正寝。

意大利中北部的农村经济则走上了另外一条发展路径。6世纪后半叶的伦巴第入侵者承继了罗马帝国的大庄园制。他们保持了庄园的原貌,但是他们作为游牧民族更感兴趣的是畜牧业而非农业。于是,大片延绵的农田退耕,逐渐变成森林和湿地。11世纪的经济复兴逆转了这个趋势,但这种转型的起因和本质尚不明朗,而且这种现象都发生在局部的小范围内。且不论原因为何,现实状况是大庄园逐渐被切割成易耕的小块农田,起初供租赁,后来也可以用钱以及各种各样的个人贵重物品去购买。在这种情况下,大地主们更喜欢收取租金和享受领主权,而不是直接耕种自己的领地。与此同时,农村很多身份不自由的人获得了自由身,尽管大部分人由于穷困只能留在当地,但仍有很多人趁着法律不再限制自己,到周边市镇寻求更好的生活。[1]

意大利农业发展进程也与欧洲其他地区不一样,这里古老的市镇可能日薄西山,但至少在一定程度上由于当地基督教主教一直享有道德、政治和经济方面的威权,所以它们并没有彻底消失。结果是貌似市场的场所一直存在,市镇开始复苏之后更加仰赖周边乡村供给食物,从而不仅激发粮谷种植业,而且推动生产各种各样的农产品。导致差异的另一个原因是大的伯爵家族从未严格

---

[1] 参见 J. K. Hyde, *Society and Politics in Medieval Italy* (London,1973)这部著作出色地概述了罗马帝国解体之后到中世纪的意大利状况。

施行封建长嗣继承制,有的家族乐意把田地和权利传给不止一个后嗣。此外,领主的领地基本上离市镇不远,贵族喜欢拥有地产的同时,在市镇参与政治、社会、商业活动。在上述因素影响下,市镇与乡村在社会的各个方面都息息相关,但欧洲其他地方不存在这种情况。[1] 后来,当北方的精英们开始心生欲望并有财力购买地中海地区的洋货时,这些市镇,尤其是港口的居民便坐享天时地利,当上了中间商。

市场、货币、商贾

法国历史学家马克·布洛赫(Marc Bloch)的作品是较早介绍中世纪农业的知名书籍之一,书中描述了上文概述的中世纪农业制度基本框架。[2] 布洛赫从法国乡村的航拍照片中发现当地依然可见中世纪的田地模式,从而受到启发,并发现法国农村的起源。正如中世纪地貌为了满足当时人们对谷物的需求而发生改变,造成粮食经济内在的经济一体化模式长期受到抑制,而这类模式在11—12世纪又逐渐重新显现。尽管人们此时对小麦制作的食物和葡萄酿造的葡萄酒的需求与过去是相似的,但事实上,欧洲各地并非都同样适宜种植这些作物。面对不稳定的农作物产量,变幻莫测的天气,古罗马的应对措施是采取多样化和专业化的农业,欧洲人的对策也差不多,不过主要依赖本地市场,类似古罗马农业的大规模专业化经营程度较低。

市场是关键因素,伴随着农业专业化和手工业专业化。与此息息相关的是欧洲大地上再次出现城市,这一切皆因市场才成为可能。市场究其本质,就是

---

[1] 佛罗伦萨及其郊区是展现意大利城乡紧密融合的范例。参见 Johan Plesner, *L'émigration de la campagne à la ville libre de Florence au XIIIe siècle*, trans. F. Gleizal 将丹麦语版本译成法语版(Copenhagen, 1934)。

[2] Marc Bloch, *Caractères originaux de l'histoire rurale française*, 英译本 *French Rural History, an Esay on Its Basic Characteristics*(《法国乡村史:其基本特征论》),译者 Janet Sondheimer, Bruce Lyon 撰写前言(London, 1966)。

买家和卖家会面并用一方的剩余产品满足另一方需求的场所。欧洲在中世纪早期发展谷物经济,于是出现谷物产量过剩的区域,而其附近或毗邻的区域则谷物产量不足,但是有可能其他商品或制造品过剩。到了 12 世纪,皮卡第地区(Picardy)肥沃的平原给人口较稠密的佛兰德斯供给粮食;英格兰东南和东米德兰兹(East Miclands)是丰产区,不仅养活伦敦居民,还对外出口;而在法国,巴黎上游和下游的富饶乡村给该城的居民供给食品。这种区域间的贸易模式大多存续了数百年。

我们很难追溯整个欧洲市场体系的源头。这个词本身来源于古日耳曼语,第一次出现于 11 世纪中期的文献中,写作"gearmarket",也就是"年—市场"(year-market)的意思,类似于现代德语里的"jahrmarkt",意指每年一度的商贾集会。尽管日耳曼语系中所有表示这个意思的词汇追本溯源都来自拉丁语"mercatum",但是显然在 11 世纪以前,很多语言都创造词汇来描述一个正在形成的新事物。而且"mercatum"不是用到的唯一词根,被创造出来表达类似意思的词根还有"port""burh"和"fair"。[1]

然而,即便是在所谓的"黑暗时代"(Dark Ages),西欧也没有出现彻底不存在市场和商贾的情形。犹太商人保有自己的贸易网,很早以前的考古发现揭示,梅罗文加王朝(Merovingian)时期即存在多尔斯塔德(Dorstad)和昆托维奇(Quentovic)等商业中心或居住地,直至 9 世纪斯堪的纳维亚人入侵后才被毁灭。近期的史学和考古学研究认为,早期交易是在大庄园进行的。还有证据显示,在卡洛林王朝腹地,即塞纳河(Seine)与莱茵河(Rhine)之间的地区在 9 世纪中叶已出现市场。该地区早期修道院的祭坛联画描绘了组织收拾修道院农庄的余粮并在本地市场兑换葡萄酒等远方产品的过程。在英格兰,据说伦敦城内及周边在 11 世纪已出现市场,到了诺曼征服时期,在诺里奇(Norwich)、约克、温彻斯特(Winchester)、林肯(Lincoln)等地,本地市场已经成为所在区域的中

---

[1] R. H. Britnell, *The Commercialisation of English Society*, 1000—1500 (Cambridge, 1993), 12—13.

心。在地中海地区，西哥特人（Visigoth）和穆斯林统治下的西班牙以及意大利境内的贸易活动一直很活跃，不过6世纪伦巴第人征服之后暂时中断了意大利北部地区的贸易。热那亚（Genoa）和比萨（Pisa）直到10世纪末都是一潭死水，然而令帕维亚（Pavia）等内陆市镇骄傲的是，它们在8世纪初就产生了富商阶层。[1] 阿马尔菲（Amalfi）等意大利南部港口自6世纪起就与拜占庭人（Byzantines）和撒拉逊人（Saracens）通商，赚得盆满钵满。威尼斯在9世纪已经开展本地商贸活动，在10世纪末之前成为君士坦丁堡（Constantinople）的劲敌。

由此可知，欧洲大部分地区一直以某种方式持续开展适度的商业活动，但是11世纪之前的欧洲市场体系不稳定且模糊不清，说明都是临时组织的，鲜有固定或长久的场所和开市时间，规范市场行为的法律要么不严密，要么就不存在，陆路和水路的治安状况难以预料。之后，由于地主干涉并主张自我特权的行为，促成了市场确立时须达成一致的条件、场所、议事规则、买方和卖方的安全等内容。[2] 英格兰在这方面的司法管辖权多半由国王行使。在法兰西王国的佛兰德斯等分立而治的领地里通常是由公爵或伯爵授予市场权利并管辖市场。在德意志行使决定权的是公爵或伯爵，或是拥有世俗领主身份的主教或大主教。帝国治理体系下的意大利，各座城市的威权掌握在不同势力手中，有主教、伯爵、帝国政府机构，或是几方势力的结合体，但自12世纪起，大部分市镇的公社（Commune）掌握了控制权。[3]

不过必须强调的是，虽然大部分情况下领主是市场的组织者或催化力量，但他们不是在本地范围以外建立市场的原动力。这方面的原动力主要是宗教习俗催生的轮流举办的集市（fair），随后在欧洲遍地开花。集市常常被用作市场的同义词，但是实际上这个词源于拉丁语的"feria"，意思是"节日"（festival），指的是促使人们从欧洲各地汇聚一堂的宗教节日，通常是为了纪念当地某位圣

---

[1] 伦巴第国王艾斯图夫（Aistulf）在位第一年（公元750年）颁布了9部法律，其中3部涉及商贾，其中部分法律被认为是"意义重大且措施得力"。

[2] R. H. Britnell, *Commercialisation*, 10. 他在这本书里这样写道："中世纪英格兰以及西欧其他地方诞生正式的市场与行使权力和制定法律密不可分。"

[3] 本书第四章将全面讨论该过程。

人。成群结队的朝圣者既是贸易的主顾，又是商贾，因为各地都有本地的圣人，故而日历上的宗教节日从头排到尾，于是形成接连或是轮流举办的集市。

集市起初仅覆盖所属的区域，例如：在佛兰德斯伯爵的推动下，这里大约从11世纪中期至12世纪早期建立起轮流举办的集市。集市最终在5处轮流举办，分别是伊普尔（Ypres）、里尔（Lille）、梅森（Mesen）、托尔豪特（Torhout），后来又加上布鲁日（Bruges），每年自2月末到11月初在各地错时举行，每一地集市持续30天，中间留出2～4周时间转场。证据显示，英格兰在13世纪出现组织较松散的轮流举办的集市。类似佛兰德斯的集市组织体系主要出现在英格兰岛东北部的斯坦福（Stamford）、圣艾夫斯（Saint Ives）、波士顿（Boston）、温彻斯特、金斯林（King's Lynn）、北安普敦（Northampton）。最重要的轮流举办的集市——"香槟集市"（Champagne fairs）——同样是在13世纪最终成型。就影响范围和重要性而言，这些是最早从区域性升级到真正国际性的集市。

到了13世纪，所有的集市都是市场，但是并非所有的市场都是集市。集市的特点在于它们是每年特别安排的，需由国王或君主明确许可，授予特殊贸易条件，保证来往途中商人的安全。因此，在不同层次的市场中，集市属于特色稀缺商品的销货中心，客户相应地来自更远的地方。而由每周举办的小规模市场所构成的区域性网络依然存在，中世纪大型集市则如教堂塔楼般牢牢地矗立于本地或区域性市场的基石上。

针对10至13世纪欧洲市场和贸易的复兴，人们自然要提三个问题：贸易对象是什么？以何种方式贸易？哪些人参与交易？前文已经指出，谷物经济与生俱来的动力是因其常常处于短缺状态，促使人们至少在当地范围内交换农产品。随后，市场在数百年间发展成覆盖广阔区域，甚至跨国交易的网络，但是远距离的市场关系带来了交通和支付不便的大难题，于是越来越难以直接交换商品。继而迫使交易商接受硬币作为交易媒介，最终呈现的现实状况是"没有铸币厂，就没有市场"。

不过我们必须正确看待硬币的非凡成功。铸币厂和市场早在中世纪之初就意图联袂，如果粗粗浏览卡洛林王朝730—849年间的铸币厂分布图就可发现,铸币最活跃的地方恰恰是经济发展最迅猛的卢瓦尔河(Loire)和莱茵河之间的地区。该地区的铸币厂数量是卡洛林帝国其他地区铸币厂总数的 2 倍,说明即便在中世纪经济扩张的萌芽期,货币也已然成为推动经济增长的润滑剂。德意志同样呈现出铸币厂与市场并存的状况,莱茵河以东在 10 世纪初实际上没有铸币厂,后来在奥托(Ottonian)王朝治下新创办了几十家铸币厂,大部分位于莱茵河以东。到了 1000 年时,这些铸币厂形成一条东起马格德堡的铸币厂,西至科隆(Cologne)商业中心的产业带,科隆作为西部地区贸易中心,恰好位于卡洛林王朝腹地最稠密的铸币业网络的东部边缘。[1]

我们还必须给"没有铸币厂,就没有市场"这句话再加上一句"没有金属,就没有铸币厂"。德意志全境兴起铸币风潮绝非偶然,只有拥有相当数量的铸币原材料才能创办铸币厂,而 10 世纪后期在哈茨山脉(Harz Mountains)的戈斯拉尔(Goslar)镇上发现了拉默斯贝格(Rammelsberg)银矿,所以铸币原材料充足。随后很快在南部黑森林地区又发现矿产,铸币原材料供给更多了。大量新增的白银迅速在新建的铸币厂里被铸造成硬币,借用彼得·斯巴福德(Peter Spufford)的话就是:它们迅速"浇灌"乡村和城市,极大地推动了硬币在西欧全境的普及使用。

追溯市场和贸易所用硬币的起源,就好似撇开演员描绘一部戏的布景和道具。西欧市场复苏中有哪些演员?他们来自何方?这些问题常常是历史学者争论的议题之一。亨利·皮雷纳(Henri Pirenne)的经典观点是:中世纪"市场的卖主"(marketers,词源为拉丁文 mercatores)孕育于农民阶层,尤其是由于某种原因背井离乡的农民,他们一开始浪迹漂泊,然后在游历过程中逐渐变成商贾。皮雷纳很喜欢举的例子是 11 世纪的英格兰商贾芬克尔的圣哥德里基(Saint Godric of Finchale),他开始在海滩拾荒,捡遇难船只上的货物,然后携带自己的商品从英格兰前往佛兰德斯、苏格兰、丹麦行商。圣哥德里基后来发了财,然后弃商归隐。

---

[1] Peter Spufford, *Money and Its Use in Medieval Europe* (Cambridge, 1988), 74—77.

皮雷纳之后的历史学者曾质疑中世纪商贾阶层全部来源于贫穷失地的农民这种观点。很多学者举证说明北欧的商贾不仅包括贵族家庭长子的弟弟们，他们在遗产分配时没有得到土地，而以货币或其他动产代之，还包括有实力投资的富农。本书前文也介绍了意大利的贵族们兴致勃勃地投身城市的贸易生活。鉴于事实上欧洲大部分地方的市场未曾消弭，所以想探寻中世纪商贾原型的"起源"大多是徒劳无功的。圣哥德里基仅仅是众多阶层下海经商人士中的一朵浪花。

只有当铸币厂和市场扎根于新兴的或复苏的城市这种社会制度环境里，才能确保货币稳定并在此基础上发展市场。只有在城区界墙庇护下才能产生市场所需的稳定社会、市场需求、相关法律秩序，随之增加产品和发展贸易。城市起源史极其复杂，欧洲各地的具体情况都不一样。比如在意大利，西罗马帝国崩溃后城市在一定程度上得以保留，但是北欧很多地方不存在这种情况。佛兰德斯发展成欧洲人口最为稠密的城市化区域，而这里大部分城市都是在10世纪或11世纪兴建的。尽管存在上述复杂情况，但城镇史本身可说是封建领主权力与商贾利己主义相互作用的结果，只是他们之间既合作又强制的关系延伸到另一个舞台上而已。

最狭义概念里的中世纪城市与经济基本因素几乎毫不相关。城市是法律产物，赋予居民持有财产、有限自治、司法管辖的特殊权利。这些权利有的是君主在城市建立宪章中授予的，但其中大多数是经过旷日持久的斗争和谈判君主才做出的让渡。以布鲁日等很多佛兰德斯城市为例，最早一批城市宪章颁布于1127年，当时内部两派人马为争夺伯国的宝座鏖战正酣，布鲁日人民借机迫使达成该市编年史作者布鲁日的加尔伯特（Galbert of Bruges）所谓的"小协议宪章"。这种宪章通常明确包含自由通行、保障城市财产安全、选举产生城市管理委员会成员的条款。

不过编年史明确记载，布鲁日在获得上述城市特权之前早已具备城市的特性和功能。布鲁日已经成为一座由商贾和工匠等平民聚居的集镇（Market Town）。加尔伯特描写了熙熙攘攘的伊普尔集团买卖正酣，可当商贾听闻"好人"查理伯爵（Count Charles the Good）被刺杀的消息时惊恐万分，纷纷逃离的情形，这也为我们提供了当时存在长途贸易往来的证据。这也凸显了大多数城市兴起的经济根源。事实上，与其说是国王或君主创立了城市，不如说城市是区域和跨区域商贸的集结和贸易地点，此时赋予城市特权完全符合领主谋求更大利润的永恒目标。认可城市类似于鼓励农民垦殖荒地、投资磨坊和烤炉、用收入去获取象征贵族生活的东西。这种对奢侈品的需求于是形成了有始有终的闭环：农民提供剩余产品，商贾将其转换成货币，并用货币兑换人们渴求的奢侈品，再把商品卖给领主并作为中间承办人从中获利。欧洲商业史的第一个伟大时代不外乎是这个简单主题的无数变奏曲而已。

香槟集市

13世纪盛极一时的"香槟集市"淋漓尽致地体现了本地市场、区域性市场、超区域市场联动的辐射能力。那时的香槟（Champagne）是法国中北部的一个半自治地区，盘踞于最重要的陆路交通线上，这些道路将北方佛兰德斯和英格兰的联盟与南部的意大利暨地中海贸易网贯通起来。这里地处巴黎农业腹地，农业经济在12世纪前已然蓬勃发展，催生了城市市场，最出名的有特鲁瓦（Troyes）、普罗万（Provins）、拉尼（Lagny）、奥布河畔的巴尔（Bar-sur-Aube）。这些城镇成为集市举办地，最初是为了庆祝宗教节日，但是历代香槟伯爵都会授予外商特权和安全通行证，于是香槟集市在他们的殷切关注下发展成备受欢迎的商贾和商品云集之地。从1月到10月共举办6场香槟集市（普罗万和特鲁瓦举办2场），中间的间隔时间确保了商贾能有规律并安全地布展、运货和支付。

从南北远道而来的商贾显然不是为了交易粮食和葡萄酒的，而是为了交易高价值且便携的奇珍异物的。南方商贾带来受北欧逐渐富裕起来的精英阶层青睐的各种地中海西部和东部物品。北方商贾与之交换的是大量毛织品，既有普通的,也有精品的,有成品,也有半成品,如果总价不足以抵消对南方商品的需求时就要用银块和银币支付差额,充足的白银主要来自弗莱贝格(Freiberg),这里新发现了储量极其丰富的银矿。于是中世纪长途贸易的常态逐步成型:北方向南方输送的商品量长期缺口很大,于是就用大量白银和相对少量的黄金来平衡差额。

尽管铸币自北向南的净流入不可避免,但是参与交易的商贾千千万万,所以铸币流向了四面八方。国际化的集市在这种交往过程中涅槃重生,商贾以名为"集市信用证"(法语名称是"lettres de foire",英语名称是"fair letters")的信用票据为基础,建立起一套支付系统。这些票据确认商品销售的情况,但是往往明确在后续的集市才给予支付,届时买卖双方核算并最终结算一个销售季的借贷总额。信用证不可背书,但是可以转让。有时候可以指定不用最初交易用的货币来支付,总而言之,集市信用证避免了运送大量硬币。香槟集市于是逐渐承担起欧洲南北方长途贸易的金融交易清算职能。

香槟集市之所以举足轻重有多方面的原因,最重要的一点是它宣告从事国际生意的经商者时代真正来临了,在已有的年度集市模式基础上,在城镇中心将区域性贸易与长途贸易整合起来。香槟集市采用的是货真价实的中世纪方式,一边承担起商贾汇聚地的功能,一边旧瓶装新酒,成功地嬗变,成为连接北欧与南欧地中海的重要经济区的桥梁。

前文讲述了中世纪占主导地位的制度形式是采邑制度和以农民为主的农业,而商业是在夹缝中成长起来的。认为欧洲商业发展取代了前者中任何一种制度的观点都是错误的;相反,中世纪商贾在领主精英阶层财富和权力的驱动下,作为中间承办人成功地全面搭建起的恰是未来的商贸体系。中世纪商业如同人行道缝隙里冒出的草一样,顺应并非自己造就的环境且最终成功地改变了环境。中世纪的集市、城市、货币、法律,没有一样是为了发展商业而定制的,但是它们全部成为通向中世纪盛世经济腾飞不可或缺的铺设基础设施的标件。

第二章

贸易工具：商业组织

工具拓展了人类的能力范围,字面意思的工具有我们耳熟能详的锤子、锯、铲等手工器具,象征意义的工具体现为人类的组织和制度。[1] 所有工具都是克服个人局限性以实现个人和社会目标的手段。商业在中世纪欧洲的背景条件下利用了非常多的工具:织布机和纺车等工具在织造过程中必不可少;会计方法和信用票据等工具是解决商业问题的无价之宝;公司分支机构网络和行会等工具为商业提供了卓越的组织形式。但是,中世纪的所有商业工具都是在机遇和约束的双重现实影响下形成的,尤其是为了削弱约束条件对贸易机遇的制约影响,因为中世纪商业事业的目标和命脉是各种方式的交换。

制约贸易的因素有哪些?前文介绍了中世纪商业成长于占统治地位的采邑制度和以农民为主的农业之间的夹缝,商业作为初级合伙人,不得不适应其他几方的手段和欲求。高级合伙人自然是世俗和神职身份的领主,他们想的是履行自己身为战士或信徒的神授职责,很少把追求财富视为目标。尽管领主(主要通过领地农民的劳动)聚敛了巨额财富,但是他们常常对于自己行为的经济效应漠不关心。于是,中世纪经商者不得不苦于应付比他们社会地位高的人强加于身的大量不公平之事,包括经常不靠谱的铸币、扣押贸易货物、强制性贷款、强行垄断等。此外,由于农村缺乏技术和资金,所以基本上囿于传统的农业,也阻碍着商业的步伐。上述都在商业工具身上刻下了自己的印记。

---

[1] 我们不认为本书首创了"贸易工具"(tools of trade)这个术语。但我们认为有必要指出,相较于 Harry Miskimmin, *The Economy of Early Renaissance Europe*, 1300—1460 (Englewood Cliffs, NJ, 1969) 等文献,该术语在本书的含义更广。这个词在这里指的是组织体系,而非商贾用来便利贸易的汇票等金融工具。后者我们称为"交易商工具"(Traders Tools)(本书第三章将对此进行详细讨论)。

从另一方面看,机遇的天地广阔。尽管领主和农民不关心贸易这件事本身,但是他们对财富的诱惑并不免疫,上一章概要介绍了他们大力发展农业的成就即为明证。农业大发展使得人们在拉丁基督教世界内旅行和贸易的机会更多了。于是11世纪后期,罗马天主教的征服和殖民潮以第一次十字军东征的形式向中东跃进,大量士兵和朝圣者涌向当时已知世界的尽头并返回。这番经历后返乡者无不发生了改变,他们的饮食、着装和其他日用消费品喜好都受到影响。尽管十字军东征最初的成果显赫,但也不应遮盖同一时期他们在不列颠和爱尔兰境内、日耳曼人与斯拉夫人的边界、伊比利亚半岛的拓殖光芒,这些行动的影响更加亘古绵长。

假如说机遇与约束位居两端,中世纪商业在其中间地带成型,那么西方基督教世界不断扩张的边界就是中世纪商业的背景板。数百年来,人们孜孜以求行之有效的商业工具,积极探索加上偶然天成,最终在欧洲及更广大的地区诞生了大量技术和组织方式。研究中世纪商业的传统派历史学者对该领域的丰硕成果处理过于简单化,仅重点研究几个层面并探寻"现代的"前兆,对其余的情况基本视而不见。本书没有采取这种思路,而是在形形色色的商业活动各自产生的历史背景下,简要地审视这些活动以及具有代表性的商业工具。这样的方法能够揭示出中世纪商业远比现代史学家引导我们认识得更加动荡、复杂和陌生。

有一个矛盾的情况是,中世纪商业与现代商业的相似点是都以家庭为基本经营单位(business unit)。即便时至今日,西欧和美国这些工业化国家和地区中的家族企业仍占到全部商业企业的75%以上[1],这个比例在中世纪可能更高。但是这一点显然淡化了当今商业环境的复杂性,也没能反映出中世纪商业的现实情况。随着生产者开始雇佣劳动力并成立社团来满足不断扩大的市场

---

[1] 1996年3月2日出版的《经济学人》第57—58页报道的调查显示,意大利位居榜首,预计为99%,美国紧随其后,为95%。有些人可能认为这些都是很小的买卖,但《经济学人》(1996年10月5日)还有一篇文章报道称,家族企业承载了美国40%的国内生产总值和66%的劳动人口,以及德国65%的国内生产总值和75%的劳动人口。

和应对竞争,商业组织在 13 世纪已经按行业分化,演变成更加复杂的形式。在大型贸易中心签订书面合同的方式逐渐普及,人们对公证服务趋之若鹜。

幸存下来的中世纪经商者的账目和信函显示,生意上的事与老板的家务事常常掺和在一起,清晰地反映出中世纪商业浓厚的家庭倾向。即便是佛罗伦萨(Florence)的佩鲁齐公司(Peruzzi Company)等 14 世纪早期规模最大、组织最复杂的企业,其账簿里也充斥着家族成员和雇员的食物、服装、药品、房地产、嫁妆等条目。甚至到了 1494 年,当卢卡·帕乔洛(Luca Paciolo)出版了大名鼎鼎的簿记学专著时,仍要求读者在登记营业资产时囊括房产、珠宝、服装、家具等个人财产。现代学者有时候难以理解这种观点,甚至费德里戈·梅利斯(Federigo Melis)等有名的会计史学家也称某些早期簿记制度把商业交易与家用支出混在一起,所以"站不住脚"。但是不管我们喜不喜欢,当今司法和税务制度极力主张公私事务分离的经济生活特质,对于中世纪从王公贵族到下层的各个阶层来说都是陌生的想法。

中世纪企业经营活动包罗万象,鉴于日益增多且精明世故的客户带来机遇的同时也造成了无可回避的贸易制约因素,每种经营活动都相应地形成了各具特色的组织体系,以便抓住客户群日渐庞大且见多识广所带来的商机,同时挣脱桎梏贸易的枷锁。本章和下一章将回顾大约自 12 世纪至 14 世纪中期在欧洲不同地区城乡逐渐形成的五花八门的商业组织。我们将调查手工艺、纺织业、建筑业、采矿业、冶金业、铸币业、运输业,以及贸易、国际商业银行、旅游领域的经营情况。此外,还将探讨经商者是如何创新手段,巧妙挣脱现实环境和文化环境对他们的束缚的。

工匠：雇佣劳动和行会的演变过程[1]

本章所说的工匠行业主要指的是由专业人士为满足本地消费而提供商品和服务的职业，如面包师、屠夫、铁匠、裁缝、鞋匠。最简单的情形是，工匠为个体经营、精通一行的师傅，需要时让家人帮忙并至少培训一名后代适时继承家业。如果没有后代或者孺子不可教，或者生意扩大超出家庭能力所及，工匠师傅就从以下两个渠道寻求外援。

第一个渠道是找学徒来填补家族在长远未来的人手缺口。师傅与未成年人的父母或监护人签订学徒合同，允诺教授学徒技能，通常还负责学徒的衣食和住宿，学徒答应干活和学习。不同行业和地域的学徒合同差异很大，有的雇主为了吸引意向学徒会发放少量工资；有的监护人则要花钱才能使自家孩子得到机会成为学徒。学徒期一般为数年，具体时限依据地点、掌握必要技能所需的培训内容、经济条件、与主人的关系而定。学徒期间由师傅承担家长职责，不仅负责学徒的技能培训，还要进行品德教育。学徒期满，师傅可能会给徒弟一点钱，而车工和泥瓦匠等行当则是赠送一套工具，徒弟于是自己另立门户当师傅或者外出干活赚工资。

第二个渠道是找帮手来解决师傅当下生产所面临的问题，这就是罗马帝国瓦解后已经消失几百年的一种做法，即雇佣劳动力。这种现象在11至12世纪复苏，反映了西欧经济呈增长态势。雇工大多数是与被称作熟练工（字面意思是日薪工人）的满师学徒工以口头或书面方式协议达成，约定工作时限为数月或数年，工资按天计酬，通常按周支付，薪酬取决于熟练工的技术水平和工作的重要性。有些行业的薪酬是计件制的，其中既有地位卑微的羊毛起毛工人，也

---

[1] 本节的大部分资料来源是：Steven A. Epstein's *Wage Labor and Guilds in Medieval Europe* (Chapel Hill and London, 1991)。

有掌握特殊技能的军械师。师傅有时也会雇几天散工完成具体任务，这种工作通常技术性不强。

中世纪鼎盛时期还出现了一项重要的新事物，就是同一行业的师傅开始联合起来，成立所谓的行会。这种类型的互助社团（Collegia）[1]在罗马帝国很普遍，但是到了5世纪末就销声匿迹了。中世纪早期新兴的平信徒团体成员不要求从事同样的职业，属于旨在推动宗教或社会目标的兄弟会。最早有记载的中世纪欧洲工匠行会出现于12世纪，但是大约11世纪就推行（或者更确切地说是重新推行）行业公会了。到了13世纪，这类组织已经在西欧各地的城市和市镇落地生根，不仅包括本节研究的工匠行业，而且涵盖本章随后将介绍的"产业化"行业和商贾。各地行业公会的情况差别很大，尽管北欧和南欧的行会各自独立发展，但是并不存在体现地方差异的区域性模式。

总的来说，成立工匠行会的原因是手艺人需要团结起来应对本地和进口商品的激烈竞争压力。行会是由师傅组成的社团，尽管易于形成垄断，但是行会力图规范竞争，而非消除竞争。行会逐渐形成有关学徒制度的标准和条款以及行会入会资格的条例，还制定了雇佣熟练工的准则和工资标准，决定哪些天是需要休息的斋日，并且建立质量标准。但工匠及其行会往往也受到效力最高的自治市镇政府法律法规的管制，政府尤其针对食品行业强制施行严格规定，控制质量和卫生，有时候还包括价格。[2]

不管是计时还是计件制，工资水平都取决于三大标准——工作所需的技能或面临的风险、雇工的年龄和经验、工作季（农业或航海业最缺人手时工资最高，冬季的劳动力需求最少，白天时长也最短，这时工资最低）。在当时不存在小时工，事实上，雇工的每日工资很低（例如，13世纪伦敦木匠的日薪为3～5便士），算到每小时的薪酬就低得荒唐了。直到中世纪末期人们才开始将一天分段来衡量工作，最早记载的比一天更精确的计时出现于1201年热那亚公证人

---

[1] 译者注：拉丁语Collegium的复数形式，指的是古罗马各成员有同等权力的社团。
[2] 本书第三章"商贾'阶层'"和第六章"14世纪农业的演变"将进一步介绍自治市镇政府干预食品贸易的情况。

所记录的一笔发生于"晚祷后"的交易。之后的公证人是根据宗教教规划分一天时间段的方式来计时而不是按小时计算,但是14世纪中期,有几座城市在户外安装了机械钟,证明人们有可能按小时计时了(参见本书第七章"成本控制与技术")。不过机械钟计时直到15世纪才算靠谱,所以在此之前的工作日通常指的是黎明破晓到晚祷钟声敲响的时间段,而且日薪至少一定程度上取决于不同季节的白天时长,这证明了当时人们或多或少地认可时薪的概念。夜班的情况并不普遍,而且金属加工和纺织业等行业常常严禁夜间工作,因为光线黯淡时干活很危险或者有损质量。

中世纪市镇中从事工匠行业的主要是信奉基督教的男性自由民。除了地中海地区几座城市里有人数不足挂齿的奴隶从业者,这块劳动力市场里几乎没有奴隶;除了不受欢迎、不能盈利的行当,犹太人也基本上不得从事工匠行业。不过我们不太清楚女性在其中的地位。[1] 英格兰市镇的年轻女性通常离家到别的家庭打工来糊口,偶尔还能赚到微薄的薪水(这种情况在意大利比较少见)。除了丝绸和酿酒这些明显例外的行业,女性几乎不会做技术工种的学徒,也鲜有成为师傅的。绝大部分女性只能从事不需要什么资本的职业,例如纺纱、女红、小零售、洗衣,或者做按日计酬的散工,收入比男性低很多。即便在学徒期间,女性通常也要花很多时间做家务活,婚后女性的工作则基本上取决于丈夫的职业。尽管如此,但当时并没有彻底禁止基督徒女性从事工匠职业,师傅的女儿也能当学徒并有望女承父业,尤其是在纺织和酿酒等女性历来就有参与的职业中。此外,师傅的妻子常常要帮衬作坊和生意上的活儿,如果成了寡妇,她一般有权继续操持营生。女性当然也会参与行会组织的某些社会性和宗教性活动。

欧洲各地实施质量标准的做法千差万别。制定质量标准的主要目的是为了确保能力达标,但是统一标准往往会扼杀竞争,过于严苛时甚至会阻碍技术

---

[1] P. J. P. Goldberg, *Women in England c. 1275—1525* (Manchester and New York, 1995),汇总并分析了关于妇女工作的文献资料,具有实用价值。

进步。就其积极意义而言,非食品类产品的标准仅仅适用于成品,不涉及生产过程,于是生产者仍可以放开手脚改进生产方法以降低成本。确立衡量标准就已经决定了谁享有商业优势,于是人们可以借由原料和原产地的名称来识别产品的特性。比如:"伊普尔的线"对于买家就意味着具有特定长度、特性和品质的面料。标准对于国际贸易品用处很大,例如:纺织品的产地城市影响其市场价值。使用在行会注册、证明原经销商的商标,进一步巩固了产品标准的商业价值。关于这一点我们要谨记,很多手工业从业者直接向公众销售产品,所以这些工匠也是商贾。不过总的来说,这些工匠根据手艺门类自成组织,而非从属于强势的商贾行会,后者主要由从事远途贸易的人组成。下一章将论述商贾行会。

行会作为互助性质的社团,大部分也是宗教兄弟会。它们遵循教会训导,崇尚诚实和公平买卖的原则。尽管行会重点是帮扶会员,但是也会通过教会乐善好施,广济穷苦大众。此外,很多行会没有自己的会议室,所以在教区教堂聚会。这样做不仅省钱,还显得更加体面,更能推动行会追求宗教信仰。大多数教堂也乐意帮忙,因为行会参会者在教区不仅谈生意,还会祷告,这种关系为教堂带来大量捐款。每个行会都有自己的守护神,通常是其聚会教堂的守护神,也有的是一位与其行业直接相关的圣人,如圣马丁(Saint Martin)是漂洗工的守护神,圣伦纳德(Saint Leonard)是制桶匠的守护神,圣约瑟夫(Saint Joseph)是木匠的守护神,圣凯瑟琳(Saint Catherine)是车轮修造工的守护神(因为她是被绑在轮子上而分尸殉道的)。

因此,行会具有超强的社会属性,有助于会员团结一致,产生强烈的认同感。行会公开举办自己守护神的斋日活动,与其他行会共同参与教会批准的很多宗教节日,都更加强化了行会的上述属性,这类公开亮明身份的机会不胜枚举。到了13世纪末,除了各自的守护神,教会还编定了37个适用礼拜日规章制度的宗教节日。

总之,行会本质上是排他的,对内构建信任和互助关系,但对外敌视那些非会员、其他人、其他市镇。行会行业在每个市镇里的重要性和威望也相差悬殊,取决于其被视为"高尚的"还是"卑贱的"行业。判定行业高低贵贱的标准包括原材料的价值、加工原材料转化为成品所需的技能、师傅们的财富水平、顾客的社会地位。行会地位的高低具有深刻的政治意义,因为大多数城市的行会官员与市政府有关联,能够影响公共政策的制定。城市政治反过来能够支配行会的社团政治,而且这种影响力与日俱增。不同市镇里行会的地位和权势同样千差万别。例如,伦敦最有势力的是参与本地商品分销的行会,而在佛罗伦萨称霸的是纺织业、长途贸易和金融业行会。但在巴黎,君主牢牢掌控着行会,迫使其听从官僚的摆布。巴黎从事命脉行业的人能得到王室的恩宠,但是没有任何形式的自治权或是持久的政治影响力。[1]

纺织业

12世纪末,西欧大部分纺织品仍由城乡的家庭作坊制造,满足家用或本地消费。但是如前一章所指出的,价格优惠的纺织成品在蓬勃兴起的城市越发受到欢迎,出口方面对优质面料的需求也愈加旺盛,促使某些地区开始建立产业化的生产体系。产业化不仅影响到低地国家、法国南部、意大利北部、英格兰的生产面料的市镇,而且覆盖到生产全过程,确保从不同来源地获取必要的原材料并运输到生产地,然后在整个西欧和地中海地区的市场分销成品。这个过程跨度之长、复杂程度之高,每个步骤都要求商业冒险家不仅资金充沛,还善于创新,足智多谋。到了13世纪末,意大利的几位商业银行家已经羽翼丰满,财力雄厚,有实力管控这类商品从头至尾的流通过程并解决资金问题。本书随后将详述这方面情况,本节仅论述城市制造环节。

欧洲南北方的纺织品生产和营销的组织方式大体一致。两地的核心从业人员都是织工兼布商(Weaver-draper)的师傅。这些小业主与市镇和周边农村

---

[1] 本书第三章和第四章将深入介绍行会和商贾的政治角色。

的几家主要工匠铺子建立了"散工制"(Putting-out System)。[1] 他们从本地或是羊毛商处采购羊毛并清洗之后，外包给梳毛工和起毛工，然后外包给纺纱工。这些活大部分由附近农村的女性在自己家使用自己的工具完成，并按件计酬。接着纱线被交给分包的织工，或者如果企业主本身也是织布师傅，那么就交由他自家铺子的雇工，织成面料，同样是按件计酬。全毛和某些半毛面料会再次被外包出去漂洗，这时给承包散工的费用是计件加计时制。漂洗工冲刷清洁，用力踩踏大热水桶里的织物来压缩制成毛毡。最终，漂洗过的面料或者未经漂洗的次等面料经由织工兼布商的师傅到整理工或是面料商处进行染整。织工兼布商的师傅取得报酬的方式是利润，即未整理面料（"坯布"）的售价与原材料和加工转换服务成本后的金额。尽管织工兼布商的师傅们组织成立了强势的行会，但他们的利润微薄。因为他们经营规模小、资金投入不大、风险低、竞争者众，最终产品绝大多数情况下是商品，而非日用消费品。

　　染工和剪毛工这些完成产品转化的专业工匠在技术上要求高，收入也高，大多赚取固定工资。这类工匠在某些地方和某些时候能享有自主权，自己拥有原材料；其他情况下则是面料商的雇工或合伙人。在佛罗伦萨，从北欧进口坯布进行整理的商贾组建了强势富庶的洗染行会(Calimala)，而整理本地产面料的工匠则加入由织工兼布商的师傅组建的羊毛行会(Lana)，两者势均力敌。该产业过程的最后一步是销售成品，这是掌控在从中赚取利润的商贾手中。

　　最后这一步体现了意大利与北欧面料生产商的一大区别。意大利的面料由中间商连同其他商品一起售卖，而在法国和佛兰德斯，面料销售以专营为主。由法国和佛兰德斯本地羊毛制造的廉价面料似乎一直出自普通织工兼布商的师傅之手，他们几乎不需要投资，自有三四台织布机，然后把自家织的面料拿到市镇的纺织品会馆里售卖。但是到了 13 世纪早期，豪华面料生产引起了另一类经商者的兴趣，这些所谓的实业型商贾购买原材料，雇佣加工羊毛、纺织并整

---

[1] 译者注：也译作"外包工制""放料制生产""分包制""分配加工制"等。这种制度最初也被称为"家庭包工制(Domestic System)"或"手工工场制度(Workshop System)"。

理面料所需的劳动力,然后亲自出售。这类商贾多见于主打奢侈品的面料中心,也许是因为采购英格兰羊毛以及精纺面料工序更复杂,所以资金需求大。

南北欧各地的纺织业组织形式还存在其他区别,最主要体现于行会架构。一个典型的案例是佛罗伦萨的羊毛和整理行会的会员仅限于织工兼布商的师傅,专业工匠并未组织起来,但是他们要遵守行会规章制度。另一个特殊的案例是维罗纳(Verona)的织工、染工、漂洗工等专业工匠成立了自己的行会,而织工兼布商的师傅的行会承担协调职能。欧洲各地的行会则介于上述两者之间的情形,起初似乎有数不清的组织方式,但是逐渐形成两种模式。第一种模式出现在佛兰德斯,富庶且有影响力的织工兼布商师傅们从未组建独立的行会,而是选择控制织布工行会及其他小的布业行会。织布工匠把控布业行会的做法在根特(Ghent)遭到漂洗工的反对,还有些地方的抗争弱一些,但仍不时引发暴乱,几近革命。第二种模式是越来越多的专业技术工匠倾向于成立自己的行会,目的是提升他们与售卖面料的师傅的议价能力。有些地方的情况正相反,售卖面料的师傅坚决要求自己的行会与专业工匠的行会划清界限且占据优势地位。体现这种紧张关系的著名事件之一是1378年佛罗伦萨梳毛工起义(Ciompi Revolt),本书第六章将简要介绍该事件。

有三项技术进步极大地推动了毛纺织业走上产业化道路。一项是纺车在12至13世纪传入西欧。纺车的毛纺产量是手纺锤的3倍以上,但是纺车主要用于织造纬纱,很多地方禁止用其织造经纱。第二项巨大进步是12世纪推广脚踏卧式织布机,比老式的立式织布机效率高,提升了织物的幅宽、密度、均匀程度。随后在13世纪出现了卧式宽幅织布机,不仅能称心如意地织出两倍幅宽的织物,而且能最终实现纺织生产力水平的跃升,这类技术直到18世纪末才得以再次突破。脚踏织布机,尤其是宽幅织布机是由两名织工并排坐在一起操作的昂贵设备,从而导致纺织产业大部分工作转变为以城市男性为主的职业。这一变革的原因并非出于宽幅织布机对体能的要求,事实上,女性也能够自如操作这种设备,而是因为这种设备需要大量投资,所以才将男性推上了主导的位置。不管是继续使用的立式织布机还是新兴的宽幅织布机,女性仍旧从事这项职业,不过往往与丈夫一起劳作。

上述两项巨大进步都是改良了几百年前东方发明的技术。第三项革新则是货真价实的欧洲发明,即利用水力漂洗机实现漂洗过程机械化。这种方法通过旋转鼓轮来推动笨重的杵锤重击织物。意大利北部在10世纪末开始采用漂洗机,并在12至13世纪前逐渐传入佛兰德斯和北欧的其他主要纺织产区。漂洗机最耀眼之处是能极大地削减成本。不过这项发明引发了争议,因为人们认为这样产出的是次等品,甚至损伤细羊毛。因此中世纪高档面料行业一直采用脚踩漂洗法,尤其是在佛兰德斯,漂洗机最终销声匿迹。

本节讨论的纺织业全部是关于毛纺织业的,主要是因为中世纪欧洲以毛织品为主,其实当时也大量生产销售其他不同用途的面料,尤其是满足欧洲大陆那些气候温暖地区对轻薄服装的需求。黎凡特(the Levant)和非洲穆斯林地区出产的棉不仅与亚麻或羊毛织成混纺织物,还被制成颇受欢迎的纯棉布料,大量涌入意大利、西班牙、德意志南部地区。棉可以制成蜡烛芯、内衣成衣、有衬垫的紧身短上衣、帆布等。这些产品的市场全部迅速蓬勃兴起:蜡烛照明比油灯更亮;上层社会最先开始穿着内衣讲求卫生,以及穿着既舒适又时髦的紧身短上衣,随后这股风潮普及至老百姓;地中海地区用棉取代亚麻制作帆布,因为棉不仅价格更低廉,而且更适合越来越多样的专业化特种船型对索具的需求。棉织品生产集中在意大利北部地区,组织形式与毛纺织业差不多,区别在于专业技术工匠自主权更强,直接加入棉业或者棉业和亚麻业总行会的理事会。这些行会强调品质控制,严格程度不啻毛纺织业行会。尽管棉织品在市场上取得了进展,但是整个中世纪期间,欧洲北部仍旧选用亚麻作为轻量型面料。亚麻生产跟毛织品差不多,都是从农村转移到市镇中心,以类似方式由小业主组织生产,分销仍旧掌握在商业资本家手中。这个行业与毛纺织业不同之处是它们集中在德意志南部地区和瑞士。

最后简要介绍一下纺织行业族谱中位居两端的产业。第一个是大麻,主要在乡下生产,用于制作赤贫者的粗布衣以及编织麻袋。值得注意的特例是威尼斯的城市大麻纺织业生意兴隆,在政府严格管控下用大麻为本市强大的舰队生产绳子和索具。[1] 第二个是丝绸，截至 14 世纪中期，这种奢华面料在欧洲几乎全部产自佛罗伦萨和卢卡(Lucca)，尤其是后者。大麻和丝绸在 13 世纪时仅占据纺织业很小的份额，不过本书下篇将举证阐明 15 世纪时丝绸的生产和应用比重明显增加。

建筑业

　　中世纪鼎盛时期的西欧城乡大兴土木，有些建筑规模巨大，堪称不朽之作。1050—1350 年间，仅在法国就建造了约 80 座主教座堂、500 座大教堂、10 000 座教区教堂。迅速扩张的市镇一遍遍地围建城墙，圈定更大的面积，例如：佛罗伦萨的第三道城墙于 14 世纪初完工，环绕面积是 12 世纪末修筑的第二道城墙的 5 倍。布鲁日于 1297 年修筑第二道城墙，将该市面积拓展了 6 倍。手中资源越发充沛的君主们调集大量人力物力，在王国新获取的领地上施展威权，例如：路易九世(Louis IX)[2]于 13 世纪 40 年代兴建艾格莫尔特(Aigues-Mortes)港，爱德华一世(Edward I)于 13 世纪末在威尔士(Welsh)建造了数不清的城堡型市镇。同时，人口激增，特别是市镇人口数量暴涨也要求必须持续建造大量小型房屋。

　　按中世纪早期的标准看，上述兴建活动很了不起，但是并没有造就一项自成一体、资本雄厚的产业，建筑本质上仍是门手艺。诚然，那些用于军事防御和宗教礼拜的宏伟建筑物，其在设计和工程方面取得了巨大进展，但是在建造技术、材料制备、劳动力组织方面几乎没有变化。除了军用紧急项目，大多数建筑

---

[1] 绳索质量至关重要。起初，纺纱师傅必须在自己家或是作坊里完成全部工作并用特定颜色的线给自己的产品作标记。后来，他们的大部分工作是在兵工厂旁边被称作"窝棚"(tana，意大利语)的公共仓库里集中完成的。

[2] 译者注：1214 年 4 月 25 日至 1270 年 8 月 25 日，法兰西王国卡佩王朝第十一位国王(1226 年 11 月 8 日至 1270 年 8 月 25 日在位)。他在位期间进行司法、货币和军事改革，加强并巩固中央集权，发展文化和艺术，使卡佩王朝达到鼎盛时期，故被奉为中世纪法国乃至全欧洲君主中的楷模，绰号"完美怪物"。

的修建进度缓慢。爱德华一世在威尔士修建城堡的高峰期,也就是在13世纪80年代里的两三年间,动用了3 000多名工人,正常其他大多数项目,即便是重要的主教座堂也只有100~300名工匠和工人施工。

建筑材料以木料和石材为主。北欧城乡建筑普遍使用木料做主材,也用作石砌建筑物的支架、屋顶、承梁短板。但随着时间的流逝,人们不再喜欢用木料盖房子,一部分原因是木质建筑容易在人口密集区引发火灾,另一部分原因是人口激增,为了满足人们在家具、船舶、二轮运货马车,尤其是燃料等方面的需求,木材变得稀缺,导致木材价格不断上涨。所以在中世纪末期,低地国家、英格兰东部、法国南部等当地没有石材的地区开始流行用砖块修建建筑物,到了中世纪末期已经蔚然成风。而长期以砖块为传统建筑材料的意大利北部等地区则出现了别具特色的砖石建筑。中世纪的砖块厚度是古罗马厚砖的2倍,所以更加坚固且易于垒砌,是现代砖块的前身。

那些追求坚固耐久和显赫气派的建筑大多选用石材。石材的主要缺点是从采石场运到建筑工地的成本太高。为了削减这方面的费用,通常做法是在采石场将石材加工切割成小块后运输,而且尽可能由水路运输石材。有一个极端案例是人们专门建了一条带闸门的水道,以便把大理石从马焦雷湖(Lake Maggiore)直接运到米兰(Milan)正在建设的主教座堂旁边的护城河。

小型建筑通常包给作为个体户的泥瓦匠或砌筑工,这些工匠一般掌握很多技能,带领着一帮为数不多的助手和帮工。他们有时候包工包料,按全包价接活,有时候仅仅包工,费用差不多就是工人工资,或者仅是他自己的工资。他们往往选择仅赚工资是因为小包工头没有能力做匡算并管教工人。[1]这些中间承办人的职能和组织形式实际上同本章开头介绍的工匠几无分别。

规模大、耗时长的项目就体量和性质而言都不一样。这类项目要求有一位具备建筑设计以及规划和监督施工能力的人来领导多个工种协同工作。这类

---

[1] 关于佛罗伦萨等地建筑业运作机制的详尽信息,参见 Richard A. Goldthwaite, *The Building of Renaissance Florence* (Baltimore and London, 1980), Part Ⅱ。

项目还需要大额融资，并且由一位管理人控制预算。这位管理人对项目的出资人或业主负责，而出资人或业主的决议会影响设计并由他们管控成本。

技术主管通常被称作泥瓦匠师傅或者总工程师，用今天的话说，他应该算是承担部分总包商职责的建筑师，或者按让·金佩尔(Jean Gimpel)的定义就是建筑师兼工程师。[1] 他通常负责遴选团队，不仅包括泥瓦匠，还有木匠、凿石匠、铁匠、灰浆搅拌工、泥水匠等其他工种。至于类似威尔士城堡型市镇的超大型项目，他还必须负责及时筹备物料设备并运送到工地，往往还要管理采石、制砖、伐木等工作。但是他是合同制受薪雇员，不是拥有资本的企业主。给他的合同条件通常慷慨大方，往往含住宿和服装费，合同期有长达数年甚至有终身制的。13世纪初最知名的建筑师维拉尔·德·奥内库尔(Villard de Honnecourt)留下了令人着迷的手绘图集，是他以深厚功力设计主教座堂的遗证。因为主教座堂的平面图没能幸存下来，所以这本集子格外珍贵。昂贵的羊皮纸都要反复使用，类似设计蓝图的设计稿经常是画在"描图室"地面灰泥上的。

管理人承担会计和工地监工的双重职责，任期通常为一年，期末要向业主提交账簿并说明支出情况。座堂圣职团负责管理专项"教堂建设维修基金"，主教座堂项目的管理人通常是一位博学的教士，他向座堂圣职团的教士们汇报工作，他的职责往往相当于建筑师。罗伯特·克拉维尔(Robert Clavel)于1294—1295年间监管欧坦(Autun)的圣拉扎尔(Saint Lazaire)教堂（后来升为主教座堂）的账簿，他也不得不筹措工地物料、安排运输、组织工人，同时他还要确保宗教仪式能照常举行而不受干扰。

教堂建设维修基金的资金来源很多，例如：该地区和当地贵族和富商的馈赠、虔诚信徒的遗赠、每年捐赠、罚金、教区主教筹资活动。馈赠既有现金也有实物，包括人工、木材、石头，偶尔甚至是整座采石场。筹资活动的范围包括教区内和异地，利用教堂文物和各种游说方法进行筹资，时至今日都会让人觉得声势浩大。有些活动纯粹是为了推进新项目，例如13世纪中期到末期为斯特

---

[1] Jean Gimpel, *The Medieval Machine* (New York, 1976), chap. 6.

拉斯堡(Strasbourg)的教堂募集鸣钟费用的大规模筹资活动。还有些活动将教会的精神力量发挥到极致,这方面包括大量发放赎罪券,豁免封斋期戒肉食等教规或是缩短入炼狱的时间。1260年,亚眠(Amiens)的一位传教士宣称,捐助者"与天堂的距离比昨天缩短了27天"。为了确保工人队伍保持稳定和按期施工,必须源源不断地提供足够的资金和物料,所以融资活动必须持续不断。但是仅靠凑钱并不一定能加快项目进度,因为正常来说,整个项目团队的理想规模是夏天约300人,冬天工作受白昼时间短且气候条件不利的影响,只需要约100人干活。

泥瓦匠的身份与中世纪其他工匠截然不同,主要体现在两方面。第一,他们是哪里有活干,就带上便携的工具去哪里,不管是在市镇还是乡下,所以流动性比较强。第二,他们惯常的行规是团队工作,不会一人单干。这样的结果导致泥瓦匠很晚才成立本地的行会,因为他们更热衷于通过自己的集会组织与全欧洲同行建立人脉关系。每一个主要工作地都会有一个泥瓦匠集会处,这里兼具工坊和简餐室的功能,泥瓦匠们聚在一起聊天,议论工作环境、标准、就业机会等。通过这些交往,泥瓦匠们思想上精诚团结,业务上统一行规惯例,有的乃至召集地区性集会。但是这类社团的权力模糊不清,而且令人奇怪的是,它们并没有延伸至管控工资标准方面。建筑档案显示,明显类似的工作而不同泥瓦匠拿到的工资差距大得惊人。尽管如此,基本上定居在同一地方的泥瓦匠最终会成立行会,大城市的泥瓦匠独自组建行会,小镇的泥瓦匠有时同建筑业其他工匠联合成立行会。

采矿业、冶金业、铸币业

欧洲富含各种各样的矿藏,很多矿产开采历史已达数百年,有的从古代就开始开采。整个欧洲的采石量巨大,成就了中世纪鼎盛时期的建筑业的辉煌。几大贱金属开采地如下:铁在欧洲中西部、意大利、西班牙、瑞典,铅在英格兰和德意志，锡在英格兰西部，铜在中欧和斯堪的纳维亚。[1] 不列颠和西欧多地有浅层煤矿。但是人们更重视贵金属，尤其是白银，为了与黎凡特开展贸易，人们对这种商品的需求总是无法得到满足，而且白银入手能瞬间实现收益落袋。12世纪末至13世纪末，欧洲先后发现了一系列银矿，如萨克森(Saxony)的弗莱贝格(Freiberg)、奥地利(Austria)的弗利萨赫(Friesach)、托斯卡纳(Tuscany)的蒙蒂耶里(Montieri)、波西米亚的伊格劳(Iglau)、撒丁岛(Sardinia)的伊格莱西亚斯(Iglesias)、波西米亚的库特纳霍拉(Kutná Hora)，一直到14世纪末，这些银矿在为欧洲的货币供给及与东方的贸易平衡中都发挥着举足轻重的作用。

中世纪鼎盛时期的采矿业基本上是家庭手工业，体现为小规模分散作业、资金少、技术原始。采矿权属于该地域的统治者，这种权利优先于拥有地表产权的私人业主的权利。整个欧洲基本施行矿藏归属"君主权利"以及特许权的制度，其中统治者可以是国君、主教、市镇。采矿者必须向统治者治下的官员申请特许权，向其承诺持续采矿并按规定支付特许权使用费。重要矿藏的采矿工和冶炼工人数众多，他们形成特权群体，脱离当地村落或市镇而自成体系，有自己的惯例和法律，免缴普通税赋。总而言之，周边农奴羡慕采矿工和冶炼工享有一定程度的自主权，这一点大大消弭了这种职业存在的令人讨厌的特性。

大部分矿产在浅表开采，方法是直接开采或者挖掘浅洞。中欧直到13世纪末才普遍使用竖井开采银矿，但是该方法的严重局限性是会发生水淹。人们在波希米亚尝试挖掘长长的平峒并发明了马力区动泵和水力区动泵，一定程度上缓解了这个问题，但是做得还不够。而且此时的冶炼方法同样很原始，特点是使用大量小炉床和锻造炉在矿层旁边的林地里铸造。14世纪开始出现较大的熟铁吹炼炉，主要出现在中欧，但是直到14世纪末才开始普及。提炼银的工艺比较复杂且更精巧，人们在13世纪初使用水压风箱以及水力铁锤来砸碎银矿石。

技术落后是制约欧洲开采丰富矿藏的主要因素，当比较容易挖掘的矿床枯

---

[1] 经营瑞典"大铜山"(Stora Kopparberg)矿产的公司于1988年喜迎公司成立700周年。

竭之后，这个行业在14世纪陷入窘境。但是人们对矿产，特别是贵金属的迫切需求从未改变，激励着矿主和矿工继续勘探并推动采矿技术升级，继而在中世纪末期取得惊人的进步。

与采矿业不一样，铸币业本质上算是一门都市产业，而且采用中世纪罕见的"工厂"方式，将工人集中在单独的作坊里，负责人是持有许可证的铸币师。最初是在当地君主或当地社会群体管控下少量零散地铸币。但是进入13世纪后，铸币业慢慢地越来越集中到更强势的政府手上，并严加管控。1279年，英格兰的所有铸币厂归属皇家铸币局（Royal Mint），由一名技艺精湛的铸币总监管理。1300年，皇家铸币局搬到伦敦塔，标志着整合工作完成。法国从菲利普二世到路易九世的数位国王逐步统一货币标准，形成两大类币种：称为"parisis"[1]的巴黎铸造的货币和称为"tournois"[2]的图尔（Tours）铸造的货币，并确定了两者之间的关系。虽然此时法国的贵族们仍旧铸币，但是国王的干涉力度越来越强。1263年，路易九世规定王室货币须为法国全境内的法定货币。意大利的大城市自13世纪50年代开始大量铸造金币，铸币经营蔚然可观。规模最大的铸币厂在威尼斯，至少雇用了100人，包括数位铸币师。不过把所有人集中在一处的目的不是为了提高生产力，而是为了保证原材料安全并控制产品标准。

运 输 业

尽管难以取得数据为证，但是运输业或许是中世纪欧洲雇佣劳动力最多的行业了。数千人找到当陆运马车夫、内河船员、搬运工、水手的工作，更有数以千计的人制造车船和提供辅助服务。客货运输行业的确与众不同，大多数提供

---

[1] 译者注：指的是"livre parisis"，巴黎里弗尔；里弗尔为铸币标准和货币记账单位，相当于1磅白银，别称"法镑"。

[2] 译者注：指的是"livre tournois"，图尔里弗尔。

运输服务的人自己拥有设施并出租给使用者。但是由于该行业的分散性，所以除了在威尼斯和热那亚等地的大型海港，这个行业本身辨识度并不高。

陆运相对简单，大多为本地经营。资金主要用于置办马匹、四轮马车和相应装备以及河运驳船。个体马车夫驾驶轮式运货车提供商业服务，他们运送谷物和葡萄酒等大宗货物时，根据载运单件的标准费率或是使用货车的日租金计费。他们用四匹马一起拉四夸脱谷物，不过也会用两匹马一组来拉货。最近出版的研究显示，马车运送谷物的单价非常低廉，但运费仍是河运同样货物的2倍。[1] 因此，马车夫通常在没有河流和运河驳船的地方提供相对短途的运输。纺织品等体积较小的贵重物品通常由驮畜队运输。这种方式因为需要雇马匹和随从，必要时还有镖客，并负责其餐食，所以费用也高。不管采用哪种陆路运输方式，所经之地的掌权者都要索取过路费。

尽管如此，陆路运输仍是长途贸易网的重要组成部分。弗朗西斯科·裴哥罗梯（Francesco Pegolotti）描述14世纪初从伦敦往佛罗伦萨运输羊毛的常规路线时，详细介绍了各种各样的运输服务。[2] 商人的代理人办理清关时，需要给官员塞小费、请喝酒，之后羊毛才能装上驶往加斯科涅（Gascony）地区利布尔讷（Libourne）港的船只。这里有一位客栈老板张罗并安排支付运费和前往蒙彼利埃（Montpellier）的陆运马车费、过路费，在那里另一位客栈老板随后负责转运至艾格莫尔特港。羊毛再次装船运往比萨（Pisa），然后装入租来的两轮货运马车发往西尼亚（Signa），到了西尼亚卸货后，再根据阿诺河（Arno）的水位而定，装入两轮货运马车或驳船，这是前往佛罗伦萨的最后一段行程。这段行程有好几个过路费征收点——比萨与西尼亚之间不少于3处。客栈老板被称作"osti"[3]，他们不仅提供食宿和转运服务，而且协助资金融通及与地方官员打交道，他们在这套流通网络中发挥着举足轻重的作用。

---

[1] James Masschaele, "Transport Costs in Medieval England," *Economic History Review* 46, 2 (1993): 266—279.

[2] Francesco Pegolotti, *La pratica della mercatura* (Cambridge, MA, 1936), 256—258.

[3] 译者注：意大利语，相当于英语的 hosts。

海运通常是最便宜的货运方式,生意可以做得很大,尤其是在地中海地区,资金支出可观且组织严密。这个行业由造船者、船东、船用户这三类人组成,不过他们中间很多人(尤其是后两者)具备多重身份。船只建造业与之前介绍过的建筑业有很多相似之处。造船需要有睿智的人监督设计,需要运用各种专业工具,还需要熟练工匠组成团队干活。此外,由于君主的战争需要,特别是大规模"圣战",同样造成船舶需求激增的局面。第四次十字军东征使得13世纪初的威尼斯造船厂里忙成一锅粥;路易九世发起的命运多舛的"圣战"也让1246—1268年间的热那亚造船厂连轴转。

造船业与建筑业的主要区别在于推动造船业发展的几乎完全是经济力量。诚然,建造很多砖石大厦是出于防御、礼拜、彰显声望的目的,但是船舶,即便是为了战争用途而造,在设计时也平衡兼顾了使用者的经济用途,如船舶的载重量、速度、安全性、成本效益。这一时期的设计更新主要出现在北欧,原因是加斯科涅往来英格兰的葡萄酒贸易以及波兰与西欧之间的谷物和木材贸易日益增长,需要越来越大型的散装货运圆船(roundship)[1]。造船者大部分是私营小业主,在港口附近的沙滩上或是小型船坞里开工建造。当然,最著名的特例是威尼斯共和国拥有并经营的威尼斯兵工厂(Arsenal of Venice),这个场所最初为仓库和修理厂,到了14世纪初扩容4倍后才开始建造大型桨帆船(galley)。在那时,威尼斯造船业的大部分船坞仍旧为私营。

绝大部分船舶沿着西欧及地中海的海岸线和河口捕鱼。大多数是小船,确切地说,有成千上万艘小船,每艘搭载着多达8名船员捕鱼,以供给本地市场。但是部分渔民在13世纪已经"产业化"了,他们沿着斯科讷(Scania)海岸大量捕捞鲱鱼,提供给德意志汉萨同盟的商贾制成咸腌鱼并塞满木桶,然后由大型柯克船运至西欧各市镇。同时,货主们发现,回程运载南部布列塔尼(Brittany)的盐既省事又合宜。本书下篇还将详述北欧发达的渔业情况。

除了渔船,其他大部分船东专心开船谋生,而不是把捕鱼作为营利性商贸

---

[1] 译者注:当地人称为"cogs",即"柯克船"。

活动的手段。诚然，某些船东（其实往往是船只的共有船东）是商贾，但是即便这些人也将航运活动视为单独的利润中心。13世纪上半叶，热那亚的船舶融资方式是发行股份（loca）[1]，供社会各界都能以个人身份认购、出售、抵押。随着个人财富累积到足以单独或是以财团方式购买整艘船只后，发股方式就取消了。有些船东买船的目的明确，比如为了运送朝圣者或十字军战士，或者期望快速获得回报。当然了，利润肯定不是王室十字军的目标。国王路易九世的官僚拟定了详细的船只规格并付出代价——为来自热那亚的每条船只支付的金额超过7 000热那亚镑，一般类似设计和体量的船只价格才2 000热那亚镑。

热那亚的航运商设计了新的长途航行定价体系。由于船东们指望以利润丰厚的回程货物来发财，所以只要商贾保证回程货物达到指定数量，他们就免费提供货物外运服务（过于笨重的产品除外），托运货物量达到最低限额的商贾一律免去人员船费。至于需要途经数个港口并越冬的长途航行相关合同则极其复杂，需要约定价格费率、航程条款、经停港口、回程货物承诺。能如此这般精心地起草一大堆合同与热那亚庞大兴旺的公证业有很大关系。为了监督合同执行情况，地中海地区大多数长途航行船舶的船员中必须至少配备一名书记员兼会计师。他须在航行日志里记录商贾和船员的合同、装卸货物的重量和价值、收据、付款、参股商人间的成本分摊、理赔等信息。

遇到短途航行或是水域相对安全的航线，尤其当货物价值不高时，大多数船只单独航行，航行时间根据货主或对方客户需求安排航期。装载货物昂贵且目的地遥远的船只往往组队出海，以期以合理的价格得到良好的保护。威尼斯人为前往东方国度开展贸易的大型桨帆商船设计了非常严密的组队方案。元老院（the Senate）根据其他船队的动态协调制定时间表，船长必须服从船队司令的指挥，而船队司令是威尼斯公社的受薪官员。对于风险极高的区域或时间段，公社安排自有船只和下属人员出海，赚取冒险航程的利润。

具备如此复杂的航行配置能力要归功于13世纪下半叶的航海技术革新，

---

[1] 译者注：当时热那亚人对这种融资方式的称呼。

也就是弗雷德里克·莱恩(Frederic Lane)所说的"中世纪航海革命"[1]。上述进步包括绘制航海图及发明航海罗盘和折航表,从而形成新的航位推测法。凭借航位推测法,人们更加了解船舶所处位置与方向,因此能够开展更多深水航行并将航行季延长至隆冬岁月。而逐步推广这些新技术之时恰逢商业对航运服务需求攀升至峰值,极大地拓展了航运领域并显著降低了成本。

现在有必要说说中世纪商人的读写能力。扎实的读写与计算能力是从事现代商业必不可少的两项技能,但是尚不可知具体到中世纪的什么时候人们才普遍具备上述能力。形成这种复杂局面的一个成因是,整个中世纪时期的书面语由神职人员掌控,他们对读写能力的定义是能够读写说拉丁文,而这项技能需要通过数年苦读才能习得。在中世纪文法学校和大学开设的传统神职"七艺"课程中,教授测量和计算的学科(即几何和算术)连同天文学和音乐都属于辅修科目。因此,正如德国经济史学家维尔纳·桑巴特(Werner Sombart)70年前指出的,几乎所有的中世纪商贾和工匠——更不用提及大多数贵族——在神职人员眼中都是文盲。

本书到目前所述的大部分工匠和"产业"工人按照任何标准来说的确都是文盲,但是中世纪商贾很快就认识到了读写能力对于做生意的价值,史学家亨利·皮雷纳和阿尔芒多·萨波利(Armando Sapori)都强调过这一点。不过商贾不要求掌握普通人不再使用的死语言,也无需精通缜密的辩证法,他们只要具备读写本地方言的能力并掌握数学计算的基本技能即可。于是,12世纪欧洲大部分城市设立学校传授商务基本知识,这个动向并非没有遭到神职人员的非议,后者感到自己在教育领域的垄断地位遭受威胁,但他们最终还是妥协了,允许准备从事贸易的孩子上学或请家教。但是直到13世纪中期,城市账簿和很多商业单据仍旧用拉丁文书写,这样就必须雇用接受过教会文书培训的书记员或者至少培训一些商贾学习拉丁文。欧洲南部主要由公证人和公证机关满足商贾对拉丁文文书的需求,12世纪热那亚等地所有商业文书基本都由他们起

---

[1] Frederic C. Lane, Venice, *A Maritime Republic* (Baltimore and London, 1973), 119.

草。而北欧除了布鲁日等有外商侨居的地方，其他地方的公证业从未承担这项任务，即便是在布鲁日等地，1250年以前对于书面文件的需求量也不大。此后大部分记录是用本地的语言文字撰写，而且我们可以有把握地说，欧洲商贾阶层的大部分男男女女到了14—15世纪都能读会写，而且往往掌握不止一种语言。下一章将详细介绍这个群体。

第三章 交易商及其工具

本书第二章介绍的大多数商业行当很容易被单独拎出来确认身份。其中许多职业借由商贾才可能存在，但要定义这些人就难得多了。我们可以轻松地描述这些人为主要居住在城镇、靠交易货物谋利的人。这种评价从广义而言是精确的，但是没有充分反映从事这个职业的人要付出的大量努力和涉及的五花八门的身份。本地的商贾有些是之前介绍过的面向大众自产自销的工匠；有些是职业中间商，通常到本地和区域性集市采购商品后零售；也有一些小贩背着货物到乡村兜售。还有长途跋涉的商人，他们有的往返奔波在贸易陆运线上护送商品，有的投身于有极高人身财产风险的海商事业。最后是有固定营业地点的商业银行家，他们坐守本部，运筹帷幄地管理复杂的商品和货币流通事宜。上述不同类型的营生需要不同层次的才智、资金投入、风险管理。

商贾"阶层"

因为所属行当的门类和所经营商品的地位（"贵"或"贱"）不同，商贾的财富和地位水平也千差万别。奢侈品的国际贸易商通常位居塔尖，贩卖日用商品的流动商贩则属于底层。不过商贾的地位也取决于他们所在市镇的文化。地中海主要贸易港的成功商贾享有威望并组成执政精英。意大利内陆和佛兰德斯的贵族开始有点儿鄙视贸易，但是很快就克服了心中的厌恶感，投身其中且干得风生水起。北欧封建社会的贵族和教会则都明确将商贾阶层视为下等阶层。实际上，一直到 20 世纪，在北欧人的观念里都认为从事"贸易"不体面。

上述这些对待商贾的文化态度很重要,因为这方面至少跟后代成员的能力因素一样深刻地影响着家族生意能否永续经营。北欧的商贾在发财后往往投资地产,脱离本业,安排子女与乡绅联姻。一个著名的例子就是赫尔(Hull)的德·拉·波尔家族(The de la Poles)欣然放弃巨大产业,以换取萨福克郡(Suffolk)的伯爵爵位。意大利和佛兰德斯的商贾虽然与城市保持联系,但是倾向于慢慢地当上食利的地主。其结果就是家族生意通常随着创始人过世而消亡,过了一两代家族又有人创办了完全不搭界的新公司,这时家族名称才会重现。花思蝶(Frescobaldi)和佩鲁齐(Peruzzi)等从商历史悠久的望族就周而复始地演绎着这种现象。威尼斯和热那亚的富商则骄傲地世世代代投身于本市的商业活动。

到了13世纪,北欧和地中海西部各地兴起的集镇里涌现出形形色色的商贾,有的还掌控了港口城市威尼斯、比萨、热那亚。这三座城市在发展成强势的大型市镇后,就在地中海西部、北非、黎凡特、黑海(Black Sea)的各个地方积极开展贸易。与其竞争的有巴塞罗那、巴勒莫(Palermo)、马赛(Marseilles),后来意大利中北部的内陆市镇也加入其中。这些人都参与成就了第一章结尾所提到的著名的13世纪的"香槟集市"。与此同时,在欧洲最北部,以吕贝克(Lübeck)为首的德意志北部市镇的商贾逐渐称霸波罗的海的商贸领域,包括控制获利颇丰的诺夫哥罗德(Novgorod)至布鲁日(Bruges)的商路,12世纪波罗的海地区最主要的商贸中心瑞典市镇维斯比(Visby)从此日渐凋敝。

尽管本书至此都以从事长途贸易的交易商为重点研究对象,但我们的研究是针对商贾群体一概而论的。事实上,尽管大多数城市的本地商贾人数远远超过国际贸易商,但是本地商贾的组织没有什么好多讲的。绝大多数本地商贾要么是之前介绍过的工匠,要么是组织形式与工匠差不多的小摊贩。他们与工匠一样,以个体经营或家族商行为主,与类似的经营者联合组成行会。我们对于游街商贩的情况知之甚少,这些人的特性是在乡下独自经营。不过有一群重要的本地商贾值得关注,即食品行业的经销商——屠夫、磨坊主、鱼贩、粮商。

这些经销商既批发也零售。小集镇自有土地的农民经常和周边领地的管家做些日常买卖,妇女也会零售家禽、乳制品、麦芽酒。但是较大的市镇就是职业商贾的天下了。13世纪中期商业的特点是城市出台政策管理商贾的现象激增,必须这样做的原因,一方面是很多市镇膨胀的程度已经超出了本地食品资源的供给能力,另一方面是居民极端关注能否以他们接受的价格获得高品质食品。人们认为食品分销行会已不能胜任这项任务。比如在法国,自治市镇政府安排公办代理商建立鲜鱼分销渠道,确保公平分配供给品。英格兰较大市镇里以王室法令或王室特许状的方式对食品行业实施管控,而意大利的自治市镇授权特别委员会负责管理食品供给相关行业并对其进行监管。把持佛罗伦萨粮食市场的谷物大批发商(Biadaiolo)[1]甚至雇用间谍盯梢交易商。委员会专员失职可能引发祸乱,如锡耶纳(Siena)在1329年闹饥荒时民众暴乱,杀死4名官员并洗劫粮店。

国际贸易的组织形式

推动中世纪欧洲长途贸易的主要因素是需求。商贾做这门生意的首要目标是寻找已知的本地客户心仪的进口货。他们最初并没有为本地产品找出口海外市场的销路,但是随着经验的累积,他们逐渐意识到要寻找双向贸易的机遇。例如本书第二章有关运输业的小节中提及的,尽管热那亚等地交易商主要指望进口贸易赚钱,但是他们提供出境行程免费或打折票的行为,事实上促进了出口。

前文曾讲到纺织品等贸易货物的生产者基本上是为了赚取工资或是不多的利润。配给原材料、提供大部分资金并在市场销售产品的商贾获取的利润与所承担的风险相当。本地销售的风险主要源于商贾对消费者偏好的预期和对市场行情的判断,这是可控的。而外贸风险则较大,除了要识别海外消费者偏

---

[1] 译者注:当时佛罗伦萨谷物批发商的称谓。

好，还有运输事故、汇率波动、政治不稳定造成的损失，所以回报更诱人。此外，国际贸易的大部分商品采用寄售方式运送，所以压根无法预知销售价格。鉴于风险太大，以至于13世纪大部分时期的商贾只能亲自押运货物，他们不仅面临打劫的危险，还可能遭遇人身伤害，但是丰厚的回报值得他们冒风险。随着时间推移，13世纪的商贾越来越富裕。万贯家私很快转化成权力，商贾成为市镇的资本家，为产业提供资金，充当放债人和货币兑换商。商贾行会的权势随着会员财富的累积而逐渐膨胀，最终使得商贾控制了市镇议会。13世纪90年代的佛罗伦萨就是一个典型的例子，富商阶层"popolo grasso"（胖人）实际上将旧贵族挡在自治市镇政府机关门外，掌控市政府控制权达数十年之久。

关于行商向坐贾转型与13世纪末前后"香槟集市"衰败之间的关系著述颇多。这一质变体现为意大利托斯卡纳和伦巴第的商贾在布鲁日、巴黎、伦敦这些北方城市设立常驻代表处或分支机构，这样他们再也不必押运商品北上，在总部经营业务即可。雷蒙·德鲁弗（Raymond de Roover）认为这种转变得益于先进的商业组织，而新型的长期合伙协议、新的会计与管控技术、新式交易票据是实现这一组织形式升级的基础。[1]

德鲁弗指出，上述转型是在13世纪后半叶逐渐演化而成的，他的这个观点恰如其分。但是他和其他学者将这一演变归功于先进的商业组织和新技术，就似乎本末倒置了。意大利城市的证据明显暗示着先进的组织和技术是针对另一个问题的对策，即企业主们迫切需要待在家乡城市，以便捍卫自身利益并影响那些涉及自己事业的政治决策。自13世纪中期开始，意大利内陆城市开始陷入混乱，地方争斗加上教皇与皇帝[2]称霸之争演化成教皇党（Guelf）和皇帝党（Ghibelline）的派系壁垒。特别是佛罗伦萨深受政权更迭之苦，开始一派占上风，接着变成另一派掌权。研究中世纪的历史学家们对相关事件耳熟能详，事实上，经商者在这些大戏中的两派里都是主角，往往一家人分别支持对立阵

---

[1] 该论点出现在De Roover撰写的 *Money, Banking and Credit in Medieval Bruges*（Cambridge, MA, 1948）一书开篇及其他作品里。

[2] 译者注：指神圣罗马帝国皇帝。

营。但是经济史学者们似乎忽略了如此显而易见的结论:此时成功商贾无暇远行保护自己商品,当下第一要务是捍卫家园和生意。于是,在13世纪80年代和解期间,地位显要的商贾深度参与到城市政治之中,为此他们必须一直待在本地。随后的60年里,顶级经商者专注于政府事务,确保政府的对内对外政策有助于他们的商业利益。因此,他们在此期间必须守在家乡城市,而非(像很多著述中举例描绘的那样)躲在自家账房里,他们在市内到处活动,与政商界同僚保持密切联系。这就是他们的主要工作。

要让这种"坐贾"方式行之有效的第一要务是找到并培养出有能力且可靠的人来担任商行的驻外代表,其中重中之重是可靠性。既然信任关系举足轻重,所以获此委任的往往是家庭成员,如果家里没有合格人选,就会从远房血亲或姻亲,或是从与家庭关系紧密的人中挑选。这类代表处随后在很多城市发展为成熟的分支机构,由经验老到的合伙人或下属经营管理。最初还要选人押运货物,后来在搭建起良好的运输网络并在适宜的中转站安排了可靠的客栈老板后,就不再需要押送了。一直到14世纪晚期,如编年史学家乔凡尼·维拉尼(Giovanni Villani)等年轻见习生或是调任至分支机构的驻外代表(即受薪雇员)都会押运贵重货物。

合适的人员一旦就位,新技术便接踵而至,最迫切的需求是需要精心构建一套更周全的会计制度,以加强对不同地方发生的不同交易的控制,使得总部的业主从而能够全面掌握经营状况。还有一项关键创新是汇票,从此在各地之间转移资金无需高额成本,也免去运输实物货币的风险。本章随后将全面论述这两项变革。

商贾的声誉和信用是西欧商业革命的基础。[1] 使用票据转账是因为交易各方都确信其他几方会信守承诺。意大利企业的驻外代理人几乎都是意大利人,通常来自同一座城市,且负责人大多来自同一个"大家族",这种情况下人们

---

[1] 伊斯兰社会里长期如此安排;参见:Abraham L. Udovitch, "Bankers without Banks: The Islamic World", *The Dawn of Modern Banking* (New Haven and London, 1979), 253—273。他着重指出,社会人际关系在伊斯兰贸易中至关重要。

相互就更加信任了。这种企业代表如果违约，失去的东西会比当地人多得多。而且新的会计技术为预防渎职额外设置了安全保障：复式记账法（double-entry bookkeeping）的一大优点就是增加了作弊难度。

这套新机制非常适合意大利内陆的大商行，于是它们推而广之，在地中海地区各地设立分支机构。由于意大利人的组织和技术与我们现在的方式更相似，所以历史学者们往往称之为"先进的"，而把北欧的组织和技术定义为"古老的"和"低级的"。但我们应谨慎地做这方面的判断，要记住：德意志汉萨同盟、佛兰德斯、英格兰的商贾十分聪慧机智，他们采用自己认为合乎情理的方式来做生意。这些人同意大利人打交道数百年，难以相信他们不知道意大利人的经营理念。[1] 尤其是德意志汉萨同盟的商贾做生意方式"落后"——亲自押运货物，也不用汇票——似乎利于阻止外人介入他们的行当。还值得注意的是，热那亚和威尼斯商贾虽然推动开创复式记账法和精密的金融技术，但也没有采用托斯卡纳地区的组织形式，反而延续独资合伙制且成效斐然，本章随后将对此进行介绍。

从事国际贸易的商业组织在很多方面类似前文所述的工匠组织，典型的经营单位主要是由个人或直系亲属构成，数不清的小业主模式是贯穿中世纪的特征。在14世纪初的佛罗伦萨，实力雄厚的超级公司发展得风生水起，即便如此，这里同样有成百上千的小商人在经营。毫无疑问，商贾组建了自己的行会，其中不少行会发展得极其强大，操控了本市政治。这些个体经营者往往归属于形态松散但影响力强大的利益共享"大家族"。大家族局限于严格意义上的血缘关系，也可以扩大至远房的血亲或姻亲，乃至生意伙伴和稍微搭上边的攀附者。热那亚的圭尔乔（Guercio）家族就属于后一种类型，这实际上是一个权力集团，试图操纵政治力量为本集团牟利。[2] 威尼斯有一些类似的大家族集团，但

---

〔1〕有证据显示，在"德意志汉萨同盟"于1370年正式成立政治组织并发出禁令之前，佛兰德斯和德意志汉萨同盟的交易商的确曾少量使用汇票。不过他们也开始在客栈老板和银行处存款，到了14世纪末，这些钱也发挥着相似的功用，详见本书第八章。

〔2〕Gerald Day, *Genoa's Response to Byzantium*, 1154—1204（Urbana and Chicago, 1988), chap. 5.

是它们的目的是将政治优待公平地惠及各方，防止任何一方占据主导地位。

这里所讲的大家族集团基本上都是做生意的。实际上，圭尔乔集团制订了具体的商业计划，以期加强与拜占庭的贸易往来，而其他集团认为这样做风险太大。这种集团的优势体现在为成员提供经实践证明既有能力又忠诚的人员来从事海外有风险的生意。但是我们不应将这些集团与渗透于方方面面的政治派系混为一谈，后者指的是意大利的教皇党和皇帝党，以及佛罗伦萨的黑党（the Blacks）和白党（the Whites）[1]等。上述政治派别错综复杂，教皇与皇帝以及地方政治内部争斗，加上家族之间与家族内部的仇杀，造成各派成员频繁变换。尽管经商者通常在事关家族声誉和权势等事宜上与世系成员同舟共济，但是选择商业伙伴时往往是依据资源、信任、才能，而非亲属关系。规模较大的商行通过成立公司来正式建立自己的大家族，聘请有能力的亲属和伙伴担任股东或雇员。

国际商人一般做什么呢？答案是"什么赚钱就做什么"。例如，裴格罗梯（Pegolotti）在《通商指南》（*Pratica*）一书中记载的从东方进口的"香料"就不少于288种，除了人们一般能想到的调味品、染料、香水、药用品，还包括线、蜡、冰糖、胶、象牙、马口铁、柏油。[2]那时最重要的商品是胡椒和姜。从东方舶来的特有商品还有丝绸等奢侈面料和珠宝。此外，我们一定不能忽略货运量很大的明矾，它们作为定色剂对于纺织业意义非凡。我们还要记住的是，中世纪欧洲所指的"国际"可指一座市镇与紧邻地区之外所有可开展贸易的地方。举例来说，米兰、锡耶纳、比萨对于佛罗伦萨来说就属"海外"，而且也的确如此，因为它们各自拥有独立的货币。很多市镇随着人口增长，需求超出本地资源供给能力，不得不从四邻八舍进口粮食、肉、乳制品、鱼等基本生活食品。之前提到过的从事纺织品生产的市镇还会进口羊毛、亚麻、棉、大麻。出口方面，商贾在西

---

[1] 译者注：没落贵族多纳蒂（Donati）家族组建亲教皇的黑党（Neri），切尔基（Cerchi）家族领导平民新贵组建白党（Bianchi）。

[2] Francesco Pegolotti, *La pratica*, 293—297. 英文版的香料完整清单，参见 R. S. Lopez and I. W. Raymond, *Medieval Trade in the Mediterranean* (New York, 1955), 108—114. 这份清单编撰于1310—1340年间。

欧内部采购数量可观的谷物、葡萄酒、羊毛、鱼、盐、贱金属、军事装备、木材用于出口。但13世纪他们向地中海东部及更远地区的大型市场输出的商品仅是少量细羊毛面料、亚麻织物、藏红花、北欧皮毛、矿产、金属、木材,进口商品价值远远大于这点货物的价值,产生的逆差主要用银块和银币来平衡。

毫无疑问,东西方之间普通商品的这种不平衡贸易状况是贯穿整个中世纪的突出现象。虽然13世纪和14世纪的宏观经济数据很匮乏,但是现存的所有文件都确凿地指出东西方一直存在巨额逆差。例如,热那亚海关有关1376—1377年与黎凡特贸易的数据显示,进出口总额分别为626/200和248/500热那亚镑。但是经济史学者们盯住这些无可辩驳的事实,冠以"国际收支逆差"等现代宏观经济学术语,其实并不恰当且令人费解。现代经济体严格监控国际收支逆差,最终在未来以购买商品和服务或是投资房地产和企业的方式索取逆差国的资源,而且借据的形式是政府有价证券。但彼时的欧洲与东方开展贸易没有记录甚至没有考量这种"收支平衡"。有风险的贸易生意各自形成完整体系,互不关联。事实上,正如约翰·戴(John Day)一针见血地挑明:与东方的大部分贸易本质上是"易货贸易"。但是"易货贸易"一词指的是物物直接交换,表述这种商贸活动并不恰当。

将地中海地区的这类生意定义为"对销贸易"更妥当,特点是间接交换,知悉商品的货币价值、存在市场。"对销贸易"的各方准备好参与一系列交换,每一次交换可能获利也可能不获利,只要该风险项目整体成功即可。如在20世纪60至70年代,现代西方厂商即普遍采用这种方式与共产主义国家做生意。中世纪的"对销贸易"中,每一个风险项目都涉及一系列交换,包括现金交易、直接贸易、间接贸易。西方商人从一个港口奔赴下一个港口,直到用携带的贵金属等商品兑换到回头在西欧售卖能赚得盆满钵满的货物。他们从热那亚启航一路经停很多地方,尤其是在北非西部地区,商人们用欧洲的制成品、葡萄酒、橄榄油、仿制的半个迪拉姆(dirhem)[1]银币,换取便宜的苏丹黄金(既有铸币,

---

[1] 译者注:中世纪中东货币单位。

也有的不是铸币)。商人怀揣金子再到地中海东部港口用于兑换西方世界渴求的奢侈品和原材料。威尼斯的商贾用各式各样的商品兑换中欧的金银块等金属，专门用于再输出到东方。

西欧与东方的商贸属于半易货贸易，与此形成鲜明对照的是，西欧内部的贸易是以货币为基础，使用相关政体的货币来进行交易。这种状况赋予银行家和货币兑换商大量针对汇率波动风险进行运作的空间，往往是国际商贾来承担这项使命。他们在西欧进行交易时允许使用汇票和纸质票据来规避携带铸币到各地的成本和风险。但上述票据在与东方贸易中用得不多，因为在东方世界，其中绝大部分贵金属本身就是商品。

风险管理工具

13世纪经商者运用金融和管理工具的情况依生意规模和各行业需求的不同而千差万别，有的什么都不用，有的复杂缜密。工匠和小贸易商行最多使用非常基本的金融管理工具，因为这一类生意大多数是日常现金交易，通常是个人交易（Personal Transactions）和经营性交易（Operational Transactions）兼而有之。从事产业的企业主尽管必须购买材料、支付人工成本，且产品销售规模更大、情况更复杂，即便如此，他们也只运用最基本的财务管理方法，能掌握每一批产品的收支情况就好，几乎不用其他技术。除了前文提到过的大型项目会仔细记录收入和支出并规定编制年度预算，大部分工程也采用最基础的成本计算方法，但是也主要是报告和控制措施，与乡下庄园和政府的做法几无两样。

尽管国际贸易在13世纪欧洲全部商业活动中的占比较少，但正是这些国际商贾引领技术进步，最终改变了中世纪的商业贸易方式。他们觉察到长途贸易获利机会颇丰，于是不断地寻找新途径，克服制约因素，将机会变为现实。他们为此设计了一系列策略，通过分散风险和优化配置，提高资金获取能力。12世纪甚至更早以前，在热那亚和威尼斯就出现了早期分散风险的手段。前文介绍过他们采用股份制或财团方式来稀释船舶所有权的风险。商贾另一个分散风险的途径是签订海事合伙协议和贷款合同。

典型的合伙合同很可能借鉴了北非穆斯林交易商所长期使用的版本["风险"(risk)一词来源于阿拉伯语的 rizq]。这类合同的名称很多,知晓度最高的是"康孟达"(Commenda)和"海帮"(Societas Maris)。这两种都是由留在本土的投资合伙人与承担航海风险的出行合伙人签订的单一项目协议。"康孟达"的投资人提供全部资金并获取 3/4 的利润;"海帮"的投资人承担 2/3 的资金,出行人承担 1/3 的资金,利润和损失双方五五对开。事实证明,上述合伙制将责任限定于投资额,是吸引资金和雄心勃勃的年轻人投身长途贸易的绝佳手段。另外一种合同是海事贷款(Sea Loan),即投资人向从事风险项目的商人提供贷款,收取高额费用,但是偿还的本金和费用要视货物安全运抵情况而定。这种情况下的出行人承担风险项目的一般商业风险,投资人按固定金额承担遭遇海难或海盗时的风险损失。这种合同实际上是贷款(通常以出行人财产为抵押品)和保险的结合体。以上是简单地用"最基础"的版本来阐释合同的结构,但在现实操作中,公证人精心起草的合伙协议和贷款合同形式多种多样,令人眼花缭乱,证明参与各方具有高度的灵活性和创新精神。此外,出行人可能在同一趟航行中参与了两种类型的合同,投资人和出行人也可能在同一时间签署不同合同并承担相反的角色。[1]

海险出现得比较晚,通常要有承保人。在威尼斯,大多数高价值商品由严防死守的快速桨帆船运输,所以削弱了人们对保险的需求。那里的保险合同主要是针对圆船及其货物,且到了 14 世纪以后才逐渐普及。热那亚是公认的保险承保中心,但是早期案例基本上是贷款形式的变相保单。极少数情况下,意大利内陆城市的大型商贸公司要为运出的特殊货物投保。港口城市主导着这个行业,毕竟至少就战争和海盗事件而言,港口城市具备最有利的条件来控制

---

[1] 关于这个议题有一篇证据翔实的优秀论文,参见 H. Krueger,"The Genoese Travelling Merchant in the Twelfth Century",*Journal of European Economic History* 22(Fall 1993):251—283,此文以翔实的证据论述了这项议题,斐然成章。

承保范围内的风险。陆运货物的保险出现得更晚，大多数规模较大的国际商贸公司自行承担货物陆运风险，但有时候也收费帮他人货物承保。这些商业机构既掌握客栈老板网络和政界人脉，又具备贸易经验，所以最有能力评估并管控上述风险。

13世纪的长途贸易不仅数量激增，而且参与地区也明显增多。意大利中北部市镇的表现最为抢眼，当地商贾创新了若干风险管理和资本配置的制度。首先是长期商业合伙协议或公司，它们不再从事单一的风险项目，而是运作若干年，时间期限由合伙人或股东决定。在这种组织形式下，破产时每一位合伙人都要承担无限个人责任，就此意义而言，这是一种合伙制。这种组织依据股权明确每一个持股人的出资额，按比例分享利润和承担亏损，就此而言，这显然是一种现代企业。这种组织有企业章程、公司印章、整套账簿。有的是严格意义上的家族性质商业机构，有的股东包括非家族成员，但是往往冠以创始家族的名号。13世纪意大利的每一座市镇都开设了成百上千家这类商业机构，大多规模较小，但是有几家规模较大，甚至有的发展得规模非常大。所有这些公司除了自己出资，还通过提供自有专业技术，筹集投资者和小交易商的大量现金，推动了国际贸易的发展。

在几乎所有财力雄厚的组织都运用的管理手段中最知名的就是簿记了，最常用的制度是单式记账法（Single-entry Accounting），也叫经营与支出或管理人会计报告（Charge and Discharge or Stewardship Accounting）。封建庄园和政府记录收入、支出、债务清偿的方式有时为文字叙述辅以数字，有时每个科目单独成段，有时单独成段辅以数字栏。13世纪大部分时间乃至之后的很长一段时间内，各地商贾运用单式记账法管控每一个风险项目。这种记账方式的优点是以低成本为决策提供合理依据。缺点是不能自动计算利润，且没有区分资本与收益。最重要的是，这种方式很容易掩盖欺诈行为，所以必须频繁采取审计等反欺诈手段。

13世纪末，意大利港口和内陆城市的国际商贾在越来越多的地方开展更加复杂的交易，于是他们意识到自己需要一套能够加强控制的方法。会计师们注意到现金收据有两个条目,一个是借方账目下的销账,另一个是出纳记录的赊账,以便对照检查,复式记账法的概念于是应运而生。到了 1300 年,他们使用前缀"dove avere"和"dove dare"来区分收入项(现金收入)和支出项(现金支付),于是这种新方法便迅速在意大利商业机构中间迅速推广开来。到了 14 世纪初,较大规模的公司运用这种方法的水准已经极其复杂成熟了。学者们曾争论,这个制度按当今概念是否算"真正的"复式记账法,但这种方法在当时极大程度上解决了国际商务记账的燃眉之急。这种方法要求通过定期盘点进行计算核验,督促记账员更加仔细精确,而且可以安排数位资质不等的记账员分工合作。同时,该方法还提供资产负债表数据,分别核算资本科目与营收科目,引入应计项目和折旧等有用的概念。最重要的是,这种方法为企业主创造了更加优化的管控手段。但是还有一点值得我们注意,复式记账法过于呆板,尚不能如人们常认为的那样对经营"管理"发挥变革性的作用。在评估商业提案优劣性方面,其实那时候的复式记账法不如单式记账法好用。

便利贸易的手段:商业银行和汇票

一个困扰中世纪商业最普遍的问题是货币供给刚性,于是中世纪商业中出现的一些最具创意的革新就是旨在疏解这个困境。13 世纪的流通货币绝大多数是铸币,由于低价值的硬币是用贱金属或含少量银的合金铸成,所以人们认为其至少具备部分信用。尽管流通渠道中这种硬币数量极大,但是其总价值占全部流通硬币的比例不高。事实上,人们使用的大部分货币是具有内在价值的硬币,这些硬币基本用白银铸造,自 13 世纪中期开始也出现了黄金铸造的硬币。因此,货币供给极度受限于贵金属的现实状况,即矿山生产情况,磨损和贮藏、制成艺术品、不断向东方出口导致的数量减少等情况。只要采矿业保持高水平生产,那么即便铸币大量被抽离,西欧经济体也能应付得过来。事实上,上述几股力量不仅刺激了贸易,而且降低了通胀压力。相反,一旦采矿业减产的同时仍然维持大量出口，就容易出现通货紧缩，如欧洲在 14 世纪和 15 世纪多次遭遇的"金银块奇缺"现象，本书下篇将予以介绍。

经商者乐于将贵金属作为出口商品或铸币材料在各地流转，因为这都是赚钱的交易。但是，运送作为货币的硬币所产生的经营成本并没有给交易带来附加价值。运输费、雇佣武装保镖的费用、过路费的成本很高，例如，将硬币从那不勒斯（Naples）运到罗马（Rome）的费用约为这些金银块价值的 8% ~ 12%。即便是在同一市镇内运送货币，因为要核验每一枚硬币的价值，所以也是劳心费财之举。因此，最早的金融创新就是通过票据转账来规避这方面的需求。

历史学家普遍认为，中世纪银行业的起源不是放债人和典当商，而是货币兑换商。实际上，大部分货币兑换业务是某些特定商贾在主营业务外所自然衍生的副业。虽然铸币种类繁杂品质各异，令人望而生畏，但是这些人拥有鉴定铸币重量和成色的设备和技能，从而有能力评估其价值，所涉铸币的品类和品质五花八门，令人瞠目结舌。他们的服务为以铸币为主的经济注入些许秩序，这是有益的。他们还是金银块和废旧硬币的主要供应商，向政府供给铸币材料，从中获利。他们熟谙金银块的价格和外币汇率，一方面掌握其他同行没有的商业优势，另一方面约束他们务必公平交易。而后，赢得了声誉的货币兑换商开始吸储保管硬币，在自家账簿上使用标准的记账单位登记评估价值。随着账目如滚雪球般累积，储户开始用这些钱付款。

于是，货币兑换商逐渐演变为商业银行家，他们的支付方式不是签发支票，而是在客户的账户间划转借贷，即欧洲迄今运用的银行直接转账制度（Giro System）[1]。因为银行家和他们的商人客户彼此认识，后者在银行家柜面口头发出指令并当场记账，所以这套体系运转顺畅。这门生意本质上是经营动产，加上银行收储，于是不可避免地产生允许透支的授信服务。但是当时银行动用部分准备金创造信用的方式似乎仅限于银行的密切关系户。部分储备金在大部分市镇属非法，被视为滥用公信。最新数据显示，相对整个商贸活动的规模

---

[1] 这个词来源于意大利语"girare"，是循环的意思。

而言,用于信贷的银行存款量在威尼斯算是适中,在佛罗伦萨则微乎其微,在中世纪末之前几乎没能增加货币供给量。[1]

中世纪鼎盛时期最重要的金融创新工具是兼具三项属性的汇票,它们对于在西欧内部做贸易的国际商贾意义非凡。汇票省却了运输硬币的成本,是国际信贷和货币兑换的有效途径,还巧妙地规避了教会关于高利贷的禁令(本章随后将阐述这一点)。此外,汇票方便了那些专营纺织品等特定商品单向贸易的商贾。人们认为这种新手段的雏形是 12 世纪末在热那亚出现的经公证的汇兑票据。简而言之,中世纪的汇票允许一方当事人在某时某地以某种货币收取一笔钱,并在彼时彼地以其他货币进行偿付。汇票交易有四方参与:出票时所在市镇的借方和贷方,还款时所在市镇借方的代理行(付款人)和贷方的代理人(收款人)。"票据期限"指的时差,通常为普遍认可的两地之间运送货物所需的时间,例如威尼斯与布鲁日之间是 60 天,威尼斯与伦敦之间是 90 天,或者也可以是商定好的天数。但是,递送票据速度就快多了。此外,贸易双方可以商定汇票汇率,目的是让出票人从中获得合理利润。贷方代理人可根据指令用外国汇票购买商品,或是反向新开一份票据将其折换成贷方本币。整个过程当中贷方很容易受到汇率波动的影响,所以其最终利润可能与预期的金额差距很大。

尽管有人认为汇票的前身是穆斯林的"suftaja"[2],但其本质上是欧洲的发明。"suftaja"有时候也被称为汇票,其实它的支付和赎回都为同一种货币,所以更像信用证。[3] 汇票在 13 世纪得到广泛运用,演化出五花八门、错综复杂的新种类。最初催生出汇票的是"香槟集市",虽然 13 世纪末"香槟集市"衰败了,汇票的应用却继续扩大。尽管西欧(除了德意志和斯堪的纳维亚)各地城市的商贾都加入汇兑网络中,但是主导者是意大利人。他们在很多城市设立分支机构,将每笔交易的实际参与者从四方缩减为两方。因为票据不可贴现,所以

---

[1] Richard A. Goldthwaite,"Local Banking in Renaissance Florence", *Journal of European Economic History* 14(1985):5—55. 本书第九章将详述这个议题。

[2] 译者注:主要在阿拔斯王朝时期使用,涉及付款人、收款人、传递人三方,用于征税、划拨政府税金、商人转账,是行商普遍使用的信用工具,可以见票即付或者远期定日付款,可以背书。

[3] A. Udovitch,"Bankers without Banks",263,269,29

使用票据并没有创造信用或增加货币供给量。不过票据使商业交易完成时间提前并消除了运输硬币的成本和可能出现的损失，的确大大提高了现有货币供给的使用效率。尽管汇票原本由商贾发明并为商贾服务，但是它本身不是商品，而是以出票人资产为担保的货币交易。不仅商贾能享受到汇票的好处，教会和政府等大机构也得益于此。[1]

信用证是在中世纪蓬勃发展的另一种金融工具。银行给朝圣者、旅行商人、学生、神职人员、外交官出售信用证，后者类似现代购买旅行支票那样预付款项。信用证可以由开证人或指定受益人或按指令赎回。这种手段也没有增加货币供给量，因为买方的预付款是必须按需随时承兑的短期存款。

研究中世纪欧洲商业工具时若缺了算盘和记账符木这些随处可见的工具，工作就不算完整。这两种工具都源于古代，有据可查的符木可追溯至史前时代。中世纪使用的算盘是一块形态各异的棋盘样算板，有各种大小、形状、颜色的算子代表不同的项和数值。算盘仅是计算器，熟手用起来效率很高，本书关于算盘没什么要多讲的。符木虽然仅仅是记录工具，但是它使用中的某些复杂的特性，值得我们特别关注。

最简单的符木是一根刻有凹痕的木棒，表示商品、货币或时间的数值。中世纪欧洲普遍使用的较复杂的符木样式是劈开的符木棒，通常用容易劈开的榛子树或柳树树干做成。符木棒上划有刻度，通常还写上字，然后劈成长短不一的两节，长的节由出资人或发货人持有当收据，短的节由接收人保管。两部分完美对合，当即确认交易为真实的。

庄园、修道院、个人都喜欢用符木，国际商贾同样熟悉这种工具。但是符木之所以如此重要，还是因为政府用得非常多，甚至是滥用。尽管政府为了平衡收支煞费苦心设计制度，但收入很少会与支出匹配，所以他们的常规做法是给债权人符木而不是支付现金。[2] 符木的持有人有权找指定的财政收入来源方

---

[1] 请注意，当时大部分国际贸易商品采用寄售方式，不能用作信用票据的论据。本书第六章关于国际商贸的小节将详述寄售方式。

[2] 本书第四章和第九章将分别介绍相关制度。

提款,但这些纳税人并不全在交通便利之地,而且常常拿不出钱。尤其对小债权人而言,提款不易且耗时,所以持有符木又急需用钱的债权人就打算折价出售符木,主要卖给那些有能力左右政府拨款的人。他们还会与财政部门降价结算,试图提高拿到钱的概率。事实上,政府为了维持日常运作,常常逼迫经商者提供信贷,甚至进贡。

意大利的大金融家也身陷符木体系。诚然,他们在 14 世纪 30 年代至 40 年代给英格兰国王爱德华三世(King Edward Ⅲ of England)提供巨额贷款时的确有正式书面文件为证,比如:双联契约(Indentures)、债务凭证(Letters Obligatory)、财政收入转让书(Assignments of Revenue),但是他们在回款以及与王室的很多日常商贸往来中都涉及大量符木交易。到了 14 世纪,商贾个人使用符木的情况明显骤减(工匠并非如此),但是政府在整个中世纪乃至之后仍旧肆意使用符木。所以只要经商者为政府效劳,那么即便不情愿,他们也得放贷,于是继续被裹挟在符木体系之中。[1]

商业与教会

旅游业

人们常常忽略了旅游业也是中世纪欧洲的一项重要产业,虽然这一行业基本上是由宗教驱动的,但这的确是一门生意。几乎所有的"游山玩水"都是借由朝圣一个或数个圣地之名,其中三大圣地也因此成为最热门的旅游目的地。这

---

[1] 新近出版的评述这个问题的佳作,参见 W. T. Baxter,"The Tally and the Checker-board", in *Accounting History*, R. H. Parker and B. S. Yamey, eds. (Oxford, 1994);有关英格兰官僚机构的详细行政程序细节,参见 E. B. Fryde,"Materials for the Study of Edward Ⅲ's Credit Operations, 1327—1348", *Bulletin of the Institute of Historical Research* 22(1949),23(1950)。

三大圣地是耶路撒冷(Jerusalem)和圣地(Holy Land)[1]，罗马、西班牙西北海岸的圣地亚哥－德孔波斯特拉(Santiago de Compostela)[2]。朝圣人潮的消费不仅影响了这些朝圣地及其周边地区，他们还为沿途各地带来了商机，给原本一潭死水的集镇增添新的贸易内容，例如崎岖蜿蜒的"圣詹姆斯之路"(way of Saint James)沿途的集镇。朝圣之旅带动的生意不仅包括为游客提供衣食宿和纪念品，还有建造交通运输设施并为旅行者安排信用证等金融工具。因为大部分朝圣者喜欢成群结队行动，一求结伴、二图安全，所以组织旅行的行当生机勃勃，其中久负盛名的组织者是克吕尼修道院(Abbey of Cluny)。当然，十字军也是朝圣者，浩浩荡荡的队伍中既有斗志昂扬的"基督精兵"(Soldiers of Christ)，也有大批虔诚的和并不太虔诚的追随者，各有所图。

欧洲各地也都有行程较短的朝圣线路，但是即便是短途之行也必须花费大量时间和财力并做好充足准备。朝圣之旅往往是旅行者人生中的重头戏，所以他们一般都打定主意悠闲前行，途中随性歇脚逗留或绕路迂回，然后久久徜徉于目的地，享受一段有意义的时光。举例来说，乔叟(Chaucer)笔下的朝圣者从萨瑟克(Southwark)到坎特伯雷(Canterbury)的行程并不太远，他们的离家的时间却十分久。除了有特殊意义的地方，实际上几乎每一座名不虚传的市镇都会有一座引以为豪的大教堂或是主教座堂，其中保存着一样或是几样珍贵文物，大多数文物来自圣地和君士坦丁堡，与之相关的奇迹故事随着文物的到来而广为流传。因为拥有重要文物，为了相得益彰，安放文物的建筑就必须恢宏雄伟。所以，尽管13世纪兴建大型主教座堂热潮的主要目的是为了提升市民自豪感，但是多地的建设案例好像也证明了这些建筑当旅游景点也十分合适，如同今天建设大型体育场馆一样，对当地经济有利。有很多人能从中获得经济利益，如工匠、建筑工人、商贾，他们是一个社会群体的典型代表。不过真正吸

---

[1] 耶路撒冷同时是犹太教、基督宗教（包括天主教、新教、东正教）、伊斯兰教（包括逊尼派、什叶派）这三大亚伯拉罕宗教的圣城。圣地在欧洲中世纪指的是《圣经》中记载的大部分事件发生地，系东起约旦河，西至地中海，南达亚喀巴湾，西抵幼发拉底河的地域。

[2] 译者注：意为"繁星原野的圣地亚哥"，相传耶稣十二门徒之一的雅各(Jabob)安葬于此。

引朝圣者的是文物的身价,而非建筑物有多么雄伟壮观。举例来说,法国东北部雅致的韦兹莱修道院教堂(Abbey Church of Vézelay)是闻名遐迩的朝圣胜地,因此1146年圣伯纳德(Saint Bernard)发起第二次十字军东征时这里被选作出发地。这里是朝圣者出发前往君士坦丁堡的四个起点之一,托马斯·贝克特(Thomas à Becket)[1]、腓力二世·奥古斯都(Philip Augustus)[2]、狮心王理查(Richard the Lion Hearted)[3]、路易九世(Louis Ⅺ)[4]、虔诚的圣路易(Saint Louis)等显要人物都曾到访此地祷告。但是自1279年人们开始质疑这里保存的抹大拉的玛丽亚(Mary Magdelene)的珍贵文物是否真实后,该遗址连同令人叹为观止的教堂逐渐湮没无闻。

中世纪旅游业这种分散经营、多种多样的业态似乎不该定义为"产业",可这门生意因为教会的作用的确呈现出高度一致性。教会机构始终提供推广和指导服务,而且星罗棋布的修道院和客栈还会接纳徒步旅行者投宿,从之方面看,教会可谓是基础设施。虔诚的朝圣者这样流动全方位地增强了教会实力,使信徒更加坚定信念,笃信其信仰,而且赋能经济成效显著。罗马就是旅游业的最大受益者之一。这里虔心的朝圣者总是川流不息,此外教会官员、贵族、经商者为了大小事务寻求罗马教廷支持或评判也经常来到罗马。每年重大宗教节日仪式和罗马教皇常规之外的活动又会吸引人们蜂拥而至,导致到访罗马的队伍更加庞大。中世纪最成功的朝圣推广活动,除了十字军东征,当属1300年禧年(the Jubilee Year),为了鼓励人们前往罗马,教皇波尼法爵八世(Pope Boniface Ⅷ)宣布,当年到访神佑使徒圣彼得和圣保罗的教堂(the churches of the

---

[1] 译者注:1118年12月21日至1170年12月29日,英格兰国王亨利二世的大法官兼上议院议长、坎特伯雷大主教(1161年4月18日至1170年12月29日在位),被效忠亨利二世的4名骑士刺杀而亡。

[2] 译者注:法语名为Philippe Ⅱ Auguste,1165年8月21日至1223年7月14日,卡佩王朝国王,1180—1223年在位。

[3] 译者注:理查一世,1157年9月8日至1199年4月6日,金雀花王朝的第二位英格兰国王,1189年7月6日至1199年4月6日在位,因勇猛善战而号称"狮心王理查"。

[4] 译者注:1214年4月25日至1270年8月25日,被奉为中世纪法国乃至全欧洲君主中的楷模,绰号"完美怪物"。

Blessed Apostles of Saint Peter and Saint Paul)满15～30天的所有信徒皆获赦免全部罪罚。结果人潮涌动,他们给教会带来大量祭品,也给罗马的商贾和客栈老板带来了丰厚利润。

无处不在的基督教道德观和教会权威

商业与中世纪教会的关系密切、复杂而又不稳定。教会是西欧一项庞大事业的管理者,他们认可经商者对社会的贡献,懂得货币和商贸并频频参与其中,教会推动旅游业即为例证。但是教会又觉得商业活动疑似不义之举,所以有必要施加自己的威权。芬克尔(Finchale)的圣哥德里基(Saint Godric)的传说就反映了这一点。人们认为圣哥德里基的创业精神值得褒奖,但只有当他把财富捐给穷人并余生隐居寻求灵魂救赎后,他才成为全体经商者的楷模。

事实上,商业与个人价值观相互交融、密不可分,所以基督教教义和教会权威还在实践中深刻影响着日常商业活动。最普通的商贸文件里都有宗教观点无处不在的证据,如大部分公司账本的扉页是祈求生意兴隆、员工安康的祷文;意大利的会计日记账簿里密密麻麻夹杂着"以神的名义,阿门"等文字;经验老到的商贾互相签发汇票时的结尾语通常是类似"基督看着你"的话;佛兰德斯银行家的报表引言是"为了上帝的荣耀"。人们这么做不仅是虔诚地向神祈求,更是当真格的,给原本非正式的文件施加道德约束力和更强的法律效力。也有经商者在个人事业即将告终之际以圣哥德里基为榜样,给教会捐赠大量遗产和善款。

基督教《圣经》和教会法规远并不仅是对商业的干扰,它们也是商业生活的重要组成部分。中世纪"公平价格"(Just Price)的概念是经院神学家艾尔伯图斯·麦格努斯(Albertus Magnus)[1]和圣托马斯·阿奎那(Saint Thomas Aquina)[2]于13世纪正式提出的,其理论基础是《马太福音》7:12"所以,无论

---

[1] 译者注:也叫"大阿尔伯特"(约1200年至1280年11月15日),德意志多明我会主教、经院哲学家、神学家和科学家。

[2] 译者注:(约1225年至1274年3月7日),经院哲学家和神学家,自然神学最早的提倡者之一,也是托马斯主义的创立者。

何事,你们愿意人怎样待你们,你们也要怎样待人;因为这就是律法和先知的道理",这段话传达了推己及人的金科玉律和上帝的训诫。这个启示格外契合西欧的农耕和小市镇文化,因为当地生活中一人获益必然要以牺牲他人为代价,可谓零和博弈。因此,尽管公平价格的概念含混不清且变化无穷,但是工匠和本地交易商都践行这个理念,前文也曾谈到他们与教会、行会、市政府的密切关系以及如何参与到价格管制当中。因为众人皆知本地产品的成本,所以行会在确保收回成本并附加合理的人工报酬的基础上拟定限价,这并非难事。因为到处施行协定价格,且得到教会和政府的批准,所以几无可能哄抬物价,加工食品尤为如此。但是公平价格的原则也被解读为认可效用价值和需求,而非单论成本,经院哲学家和法学家的表述也日益反映出务实的态度,承认必须允许市场定价。上述观点非常符合采矿业和国际贸易的情况,这两个行业的价格主要由供需市场力量决定价格,反而很难看出成本。[1]

教会的神学家和法学家研究人类方方面面的行为,他们仔细审视各种经济交易,判定其是否道义与合法。12世纪和13世纪经济发展欣欣向荣之际,经济交换的数量和种类都成倍增加。教会内部的关系越来越紧张:一方面,教会管理者是贸易发展的重要受益者,他们赞成采取灵活的态度;另一方面,神学家认为商业浪潮高涨对道德构成威胁,因此需要严加管控,而不是放松管制。

高利贷信条和商业因势而谋

最易触发教会内部紧张关系、对经商者也至关重要的讨论是如何对待高利贷。中世纪关于高利贷的教义植根于《圣经》的《旧约全书》和《新约全书》,把任何利息都视为不可饶恕的大罪,而不仅仅针对过高的利息。《新约全书》中耶稣训诫道,借给人"不指望偿还"(《路加福音》6:35),这在325年召开的尼西亚公会议(Council of Nicaea)上得到确认。此外,世俗法律也摒弃收取利息,查理大

---

[1] John F. McGovern, "The Rise of New Economic Attitudes-Economic Humanism, Economic Nationalism-During the Later Middle Agesand Renaissance, A. D. 1200—1550", *Traditio* 26(1970): 217—253,此文回顾了大量学者、法学家、经商者有关中世纪私有财产、定价、利润的论著。

帝因循传统，规定神职人员和普通信徒都严禁放高利贷，并于806年将"要求归还的比给予的多"的情形一概界定为高利贷。古希腊哲学家认为取息贷款要求"钱生钱"，故而违反自然法则，13世纪的经院神学家引用他们的观点，长篇著述重申有关高利贷的教义。

高利贷信条在西欧根深蒂固之时，当地基本上属于农耕经济，大部分贷款属于满足消费型。借钱的人往往生活拮据，临时需要钱渡过难关，但是又因利息陷入更加潦倒的恶性循环。利息高的原因有两个，一是贷款人承受的风险，二是缺乏替代品。利息按周收取，复合利率达到约年化50%。从事这门生意的放债人和典当商觉得这营生太有诱惑力了，宁愿遭众人谴责并冒着永世诅咒的风险也要从事这门生意。他们中不少人是来自意大利北部和法国南部的基督徒，被蔑称为伦巴第人（Lombards）和卡奥尔人（Cahorsins）。但是大量放债人是不在意基督教教义的犹太人，尽管他们也禁止向犹太同胞取息贷款。犹太商贾不仅给穷人贷款，也会给富人提供重要资金来源，所以他们在西欧大部分地区受到君主的庇护，直到13世纪90年代才被逐出英格兰，14世纪初才被逐出法国。犹太人和基督徒出借的小额贷款并不都是给了穷困潦倒之人或恣意挥霍之徒，各行各业的企业主和商贾经常利用适量的短期贷款来弥补现金流缺口，很多成功的经商者经常频繁借款并迅速偿还。

这样我们看到了高利贷信条困扰中世纪经商者的主要问题：该教义没有将消费性贷款与生产性贷款区分开来，后者自11世纪起就是发展商贸不可或缺的助推剂。筹集资金的压力迫使经商者想办法绕过高利贷的障碍，结果商贾经常在他们眼中属于经营合法需求的事情上与教会剑拔弩张。教会内部同样矛盾重重，偏都市化的管理者与教条主义的神学家就到底如何区分罪恶的利益与合理的利润争来斗去。尽管在经济的推动下，容许适中利息的罗马法再次复苏，但在13世纪的大部分时间里，仍然是罗马天主教神学家们占据上风。1139年召开的第二次拉特兰公会议（the Lateran Council）明确宣布高利贷为罪孽；1180年教皇亚历山大三世（Pope Alexander Ⅲ）谴责抵押利息；1215年召开的第四次拉特兰公会议下令，只有犹太人才能恳请适用宽容高利贷的罗马法。后来，尽管罗马教皇与腓特烈二世（Frederick Ⅱ）激烈斗争时迫切需要商贾的亲善合作，但格列高利九世（Gregory Ⅸ）仍旧在1236年判定海事贷款是高利贷。在此期间及往后，脑子活络的神职人员和信众慢慢地琢磨出人们认可的界限来区分哪些放贷做法合规，哪些不合规。

谴责高利贷的道德依据是放债人在发放贷款时勒索借款人，要他承诺额外支付一笔预定好的费用。放债人要想免遭高利贷的指控，就必须在贷款本身之外找到要求额外补偿的理由。此外，也是最重要的一点是，绝不能预估补偿金额。因此，"康孟达"合同和其他形式的合伙制是可以接受的，因为现金提供者即便获取利润，也无法预测自己最终能赚到多少钱。相反，海事贷款被判定无效的理由是，虽然放债人要承担保险风险，但是他们预先确定了自己的报酬。教会神学家们显然将"保险"看作谋求利息的烟幕弹，只不过是给任何贷款都必然面临的违约风险增加一个内容而已。

截至这一时期，成功规避高利贷禁令的创意就是前面介绍过的汇票。汇票上写明借贷人将要偿还的金额，但是在其他地点用其他货币支付，所以如果这笔交易有收益的话，放债人也无法预计金额。尽管放债人做汇兑通常都能牟利，而且也视之为垫款的收益，但是教会当局裁定这种手段为合法。由于情形对放债人有利，雷蒙·德鲁弗等史学家指责神学家为了权宜之计，不坚持主张。这个论断似乎不公平，因为德鲁弗的调研没有涉及大量的盈亏情况，而这个事实证明了任何一桩买卖都无法预测收益。[1] 此外，教会神学家仔细审核汇票的实际操作情况，认为虚构交易和诈称无利的"干"交易等方法并未在境外进行最终结算，因此放债人肯定知道本币收益是多少，故而判定这些做法有罪。

另一个解决高利贷问题的重要对策是把放债人的意欲盈利变换成补偿使用其资金的损失。未能按照合同约定日期归还债务，那么向放债人赔偿因延期给他造成的损失就是正当的。"利益止遏"（Lucrum Cessans）指放债人借钱给

---

[1] Raymond de Roover, *The Rise and Decline of the Medici Bank* (Cambridge, MA, 1968), 116—120, 书中记载了1437—1465年间的57次交易，只有一次亏损，收益区间在7.7%～28.8%。

有盈利能力的人时，放弃了他自己潜在的交易可能获取的利润，这个概念进一步拓展了损失的定义，故而得到广泛应用。热那亚和威尼斯的商贾与意大利内陆城市的商贾一样，显然认为向投给初期风险项目的商业贷款收费是合理的，虽然人们很容易就辨认出这种费用是利息，但是其费率远低于消费性贷款利率，12世纪初大概是20%，一个世纪之后就低至7%。商贾"偷偷摸摸"地在承认货币的时间价值时表现得一视同仁，他们设定一样的存货款利率，委婉地将贷记利息和借记利息记载为"他们支付我们的钱"或"我们支付他们的钱于记账周期内的利润"。

其他回避高利贷禁令的方法需要借贷人和放债人共谋。有的简单做法是双方合同签订的金额高于实际借款。还有的借贷人精心炮制出"馈赠"放债人的假象，这种方法君主用得多。第三种常用的途径是签订的还款日期故意早于实际约定的日期，这样就能够要求评估"损失"费。

综上，教会以行动和教义从多方面对商业产生影响，其中很多是建设性的作用。而教会的质疑又激发人们采取对策，从而塑造出独一无二的欧洲商业特质。本书第五章将详细介绍教会是重量级的大客户、全欧洲资金流动的重要参与者、强大的商业发动机。教会发起的政治运动——十字军东征、与神圣罗马帝国（the Holy Roman Empire）的冲突、禁止与伊斯兰通商——都会对商业决策产生正面或负面冲击。下一章将阐述教会的愿望和需求如何极大地影响了政治在商业中的作用。

我们用两章的篇幅概述了欧洲中世纪鼎盛时期的商业组织方式和实践的"基本特征"，一览了人们是如何采取林林总总的措施，应对本书第二章开篇介绍的机遇与限制。根据上述材料，我们可以得出两个重要结论：第一，尽管本书研究时期的起点，也就是1200年时的经营单位体量小、组织简单、各自独立发展，但是商业本身非常复杂，需要无数经营单位进行很多交易才能把原材料转换成制成品并在各地间运输。正因为商业很复杂，导致贸易的成本高，从而阻碍了贸易。第二，这150年间确凿无误的趋势是经营单位变得更大更复杂，而商业流程更加简化。这种演变在纺织业体现得尤为突出，单个企业主不断扩大其控制的产品转换过程范畴,而且这种变化在其他大部分领域的商业活动中也很明显,尤其是国际市场营销领域。大范围应用改良技术和新型金融工具使得流程简化且成本显著降低,有力地推动了上述趋势发展。就面向大众的毛织品等产品而言,低成本转化为低价格,进而是市场扩张,使得这些低价产品至少在1300年之前,就能够从佛兰德斯大规模出口到西西里岛等遥远的地方。至于奢侈品,节约的成本往往转化为更多利润。如前提及,因为家事与商务被混在一起,所以即便从幸存的股息记录中我们也很难辨明利润是多少。但是,创业者如雨后春笋般涌现,甘愿冒着区域贸易和长途贸易的经济风险,甚至不惧人身安危也要行商,这一点说明收益足以抵消风险。

第四章

商业政治

就商业惯例而言，中世纪欧洲与当今发达经济体的最大差异或许就是政治在其中所扮演的角色了。今天的经商者和政府想尽各种办法，力图全方位影响对方的行为。例如，经商者说服政客的方式包括给政治献金、巧言善辩的说客大军、员工请愿、偶尔的直接贿赂。政府则采取选择性征税、反垄断立法、产品监管来推动商业走在政府想要的方向上。以上这些只是双方互相施压的大量手段中的寥寥数种，他们有一套周密的基本原则来约束双方动用的相关手段，这些原则历经长期发展而形成，政治篡改规则的余地有限。绝大多数发达经济体受益于普遍认可的公司法、银行业监管制度、欺诈和破产的成文法、产权保护条例、解决国内和国际争端的公约。今天的政府总是在应对诸如不公平行为和竞争环境机会不均等的指责，所以国内外贸易都是以人们普遍认可的法律为基本原则。

相比之下，中世纪经商者无法规避的现实是欧洲的所有的法定管辖权内没有类似"不可剥夺的权利"的概念，只有法律特权。因为特权本质上属于"私法"，所以决定一个人法律地位的要么是惯例赋予其作为贵族、农民、自治市镇公民身份的特权，要么是国王等最高权力者以特许状或其他契约方式赐予的独享权利。商贾出门在外时仅享有赋予本国或本市全体商贾的法律地位，但这种地位取决于变幻莫测的外交关系和国王、皇帝们的心血来潮，所以商贾即便持有王室颁发的安全通行证，在海外做生意仍免不了风险和无常。与商贾和国王的关系并存不悖且相辅相成的还有约束商贾之间贸易往来的法律习惯，尤其是他们遇到欺诈、违约及其他胡作非为时行使法定追索权的办法。经商者对这方面提出与普通司法诉求截然不同的特殊需求，简言之，商业要有稳定、可预期的司法环境,保护产权、惩戒欺诈和不诚实交易、人人都能享有快速裁决。

政商关系的演变

前文已提及,小型聚落随着贸易复苏逐渐发展成商贸中心,从而产生新型关系。这些商贸中心的一些定居者以支付地租的方式摆脱封建地主的束缚;还有些定居者本身是拥有土地的贵族,他们意识到贸易机会能够增加收入,这种情况以意大利居多。所有人联合组建誓约联盟(Sworn Association),通常被称作公社(Commune),公社与最高领主协商颁发特许状,赋予整个社会群体(Community)集体特权。主谈判人不管其来自哪个社会阶层,几乎都是经商者,而且之前已经负责起草了社会群体内部的行为规范,此时这些社会群体就变为公社或是市镇了,于是政治成为中世纪早期经商者的首要任务。镇民愿意诉诸武力来捍卫自己刚刚取得的利益,如1112年拉昂(Laon)发生的那场著名事件。当时拉昂的主教推翻国王之前赋予商贾的特权,向后者征税,而后商贾发动暴乱,猛攻主教座堂并杀了主教,他们的特权得以确认。

暴力手段有时可能是必要的,但是需要建立可被接受的共存机制来缓和暴力。12世纪初的西欧经商者几乎找不到可供效仿的范例,只得自行创新法律制度。这时的互动力量不再是之前农业经济所特有的"既合作,又强制",而是"既合作,又竞争"。不管是建立稳固的内部工作关系抑或是组成统一战线对付封建君主或相互竞争的公社,都要求必须合作。与此同时,自由公民为了追逐权力和显赫地位,不可避免地相互竞争,从而产生阶层分化,拥有土地的贵族和富商在塔尖,中间是工匠,贫穷的劳动阶层处于底层。

合作和竞争的双重力量虽然导致整个西欧市镇的组织架构模式都差不多,但也存在不少差异。这种相似性源于各地激励公民合作的目标大体一致,即实现有序的商业型社会。所有市镇都要组织公共服务,例如:治安、消防、公共卫生、食品供给、防卫,并要谋划税赋用于支付上述服务。造成差异的现实因素是，每个地方面临的挑战、具有的文化和参与者的个性都是独一无二的，所以应对方式都带有显著的本地烙印。但是到了 13 世纪初，人们已经可以从令人眼花缭乱的局面中辨识出四类代表性市镇及其法律制度的萌芽，从而表明政商之间的互动关系。

第一类，在欧洲大部分地区的小型集镇里，知名企业家享有少许自治权，但是他们几乎无法控制紧邻地区之外的事务。第二类，巴黎和巴塞罗那这两座王室所在地的商贾和工匠保留某种程度的自主权，但是服从最高统治者及其官员的直接管制。第三类，低地国家的根特和布鲁日以及德意志北部的吕贝克等实行自治的工商业市镇，那里的经商者基本上控制了当地政治，有权与大领主伯爵做生意，但也是低眉顺眼地臣服于统治者。第四类，真正独立的城邦。城邦的经商者不仅管理当地政治，还控制外交政策，他们运用外交谋求更大利益，以武力或金钱抑或兼而有之的手段来对外施加影响力。众所皆知的一个例子是在意大利中北部的两种不同类型的独立城邦：一类是强大的海滨城市威尼斯和热那亚；另一类是工商业中心城市佛罗伦萨和锡耶纳。

在上述所有类型的市镇里，只要涉及本地事务，真正的政治领导者都是城镇经商者。他们只有在真正独立的意大利城邦才能完全掌控并执行外交政策。不过所有地方充满雄心壮志的商贾都不断增强对所处地区统治者的影响力，特别是在那些逐步走向民族国家的法国北部、英格兰、意大利南部。从 12 世纪到 14 世纪，统治者和经商者逐渐演化出某种共生关系，尽管他们各怀心事，但逐渐成为利益共同体。最高统治者领悟到可以设法利用贸易来获取过路费、税金、关税收入，这些源源不断的资金能用于购买军事资源、奖赏追随者、获得象征威望的物品。统治者还以货币流动为抓手，构建以经商者为主要工作人员的行政机构，从而严密控制臣民并强化自己的权威。经商者则领悟到最高统治者有办法营造安全的环境，这样他们才能按照预期赚钱。

虽说经商者在家乡经商时会面临重重困境，但是相比异乡客（外籍居民）的遭遇，他们的问题就显得微不足道了。除了统治者行事反复无常，外来商人还要在生活工作中面对身边当地人总是矛盾的心态甚至偶尔的暴力相加。长途贸易商为了在异地更有影响力并更安全,通常与来自同一座城市或地区的老乡集中住到侨居区(Colony)或是"民族聚居地(Nation)"。这些商人在大多数贸易重镇,特别是港口,修建设施完备的街区,包括码头、仓库、办公区、教堂、生活休闲区,有的筑有围墙,但是大多数与主城区融为一体。意大利人称这种街区为"货栈"(Fondaco),德意志人称之为"商务办事处"(Kontor),外籍商人在这里享有一定程度的自由,如使用自己的度量衡和硬币,自定法律解决内部争议。除非他们能获得大领主授予的特权,否则在其他方面他们都要遵守所在国的法律法规和税收政策。

侨居区里的商贾与君主之间呈现出另一种关系。正如杰拉尔德·戴(Gerald Day)指出的那样,中世纪贸易有两个截然不同的层次。[1] 从事低层次贸易的商贾不仅要给地方政府缴纳常规的苛捐杂税,还要遭受地方官员的任意怠慢和索贿。相当多的贸易,尤其是与地中海沿岸的穆斯林城市开展的贸易,属于这种层次。高层次的是特惠贸易,受优待的商贾可减免过路费,享有获取原材料、进入市场、使用仓储、与官僚合作的特殊权益。中世纪商业的政治权谋就集中在这个领域。获得特权靠的是精明手腕,即对相关统治者投其所好,通常是提供资金或军事支持或者兼而有之。意大利城邦通过上述手段,有时外加暴力,在地中海地区获得特权地位并惠及该城邦所有商贾,使他们比其他城市的竞争者坐享先机。大部分城市竞相谋求商贸优势地位,也各自赢得不同程度的成功,结果出现了门类繁多的交易税和规章制度,并随着每座城市的相对影响力而一直改变。

但意大利的贸易城市在北欧无力为自己的经商者搞到特权。仅有部分企业在这里发展壮大,有能力为自己搞到特殊权利和豁免优待。而以14世纪初英格兰的威廉·德·拉·波尔等为代表的本地豪商巨贾,德意志汉萨同盟在伦敦和布鲁日的商站等外商联盟,也都能够获取特权地位。但是商贾与君主之间并非平等的合作伙伴关系,相反,这是地位不平等的双方达成的权宜共处之计,

---

[1] Gerald Day, *Genoa's Response to Byzantium*, 5—7.

而一旦议定模式对于优势方的君主不再适宜的话,双方的关系就会分崩离析。他们之间鲜有尊重,互不信任,所以都想尽办法提防对方的阴谋诡计。商贾也握有好牌:尽管最高统治者可以横行霸道,但是他对商品、服务、金钱的需求与日俱增,而这些东西只能靠跨国经商者供给,因此也制约了最高统治者的行为。

本章将聚焦开篇提及的四类市镇,介绍它们的商界与行政当局在本地和国际政治结构的演化过程中如何相互影响,由点及面,说明上述关系的特点。本章还论及商界与罗马教皇和拉丁基督教会其他支派的政治权谋,最后简要探讨欧洲各地搭建法律结构的情况。

市场与市镇:英格兰

在这个强权统治但通常并非高度中央集权的王国里,令人好奇的是政商之间的关系并不密切。毫无疑问,自1066年起,英格兰王室就是欧洲同期权力范围最大的统治者之一了。但是不同于佛兰德斯伯爵,英王既没有直接赋予城市自由权,也鲜有直接参与构建经济基础设施建设。英格兰的城市总体上的自主权比法国的城市要少,更无法企及佛兰德斯和意大利城市。英格兰的国王们虽说有自身问题,但是的确维护并确保了本王国的内贸商路在相当长时间内的安定有序。为了王室赋税收入不断供,英王政府也同意与市镇当局协商,英格兰的城市继而在12世纪末已经享有很多自主权来分摊并征收税款。有了税收特权,随之就是有权决定市长人选,第一个吃螃蟹的是1191年的伦敦,随后其他城市纷纷仿效。总而言之,相对欧洲其他地区而言,英格兰城市摆脱王室朝令夕改和无理要求的过程是渐进式的,争议也少得多。另一方面,这个时代的英格兰商贾很少甚至没有染指王室政治。

国王严格行使许可开辟新市场和举办集市的权力,以彰显王权之威,虽然是在诺曼征服后过了一个多世纪才明确王室享有这方面的权利并正规行使。例如,我们现在找不到"征服者"威廉在位时期的市场特许状,但是当时的《土地调查清册》(The Domesday Book)清楚地证明了1086年之前市场已经存在。这意味着未经王室批准的市场不晚于11世纪中期，私下就已经活跃起来了。王室政府直到1200年前后才关注集市和市场，结果如布里特纳尔(Britnell)所说，"取得法律形式上的全面胜利"，王室成功地独揽了市场和集市的许可权。[1]

英格兰王室政府同样是在1180—1270年间下令规范度量衡并制定面包、葡萄酒、麦芽酒的品质标准。尽管欧洲城市都会采取类似措施力图保证市面上交易稳定公平，但是唯有英格兰想要统一整个王国范围内的标准。亨利二世(Henry II)于1196年颁布《度量法令》(Assize of Measures)，目的是统一王国内的谷类食物、酒类、衡器和毛纺织物的度量标准。亨利二世还颁布了葡萄酒法令，他的儿子约翰(John)颁布了面包法令，后来在1202年又增加了麦芽酒法令，凸显了面包和麦芽酒这两种食物的密切关联。尽管当时广泛推广并监督实施这些准则，但我们仍然很难评判它们对于控制贸易活动的整体效果。最终，食品度量衡和品质标准被纳入城市和地方的司法管辖权限。

若说王室在保障度量统一和品质标准方面的历史评价是毁誉参半，那么英格兰在币制方面的声誉则无懈可击，主要是因为王室非常严格地管控着王国内的铸币流通和英格兰铸币的贵金属含量。与欧洲大陆诸多政府不同的是，英格兰君主不允许外国铸币进入本地市场流通，因此不管是银块还是银币，所有白银一律送到皇家铸币局重新铸造。英格兰直到13世纪都只有一种铸币，即银便士，其重量和成色一直非常稳定。人们批评这种制度不实用（银便士面值太大，无法用于日常小买卖），但是稳定可靠的英格兰货币无疑是开展大规模商业的福音。

---

[1] R. H. Britnell, *Commercialisation*, 85.

王室所在地：法国、西班牙、阿拉贡

法 国

　　法国的卡佩王朝（Capetian kings of France）自 987 年发轫之际就直接统治了包括巴黎在内的法国岛（Isle de France）。13 世纪初该王朝在逐步攫取大量新领土的同时，仍旧采用中央集权的官僚体制控制法国岛。腓力二世·奥古斯都征服诺曼底和英格兰约翰王在法国北部的领地后，将庞大的王国划分为诸个司法辖区，王室给每个辖区任命一位受薪的"司法行政官"，以国王的名义掌管当地的司法、税收、治安。然后以拍卖方式出让辖区的"行政官"等下属职位，官员们则指望通过执法收益捞回本金并赚钱。这种制度很容易导致滥用职权，路易九世率领十字军第七次东征长年在外，他回来后就决意加强管理。但他于 1254 年颁布的敕令并没有改变制度，而是在申明国王权力的同时，通过司法行政官轮岗和任命调查官查办纠正不法行为，促使行政体系尽责履职。他之前的历任国王也直接管控王国内的主要城市，征收重税，即便市长是选举产生的，也全都被视为代表国王在管理王国的一部分地区。路易九世进一步扩大控制权，他于 1262 年命令城市提名 3 位候选人供其遴选市长。与此同时，他还要求市长必须向国王的审计官上报账簿。自此以后，卡佩王朝的城市几乎丧失了自主权。

　　巴黎是西欧第一座王国定都之城，成为法国政治和行政权力机关所在地，同步发展为欣欣向荣的商贸中心，从而产生了特有的问题。一开始管理巴黎的职责分属两位中等职位的官员，两人干得不温不火，后来路易九世设立了一个新的职位，其职级和地位相当于省级司法行政官。他前后任命了好几位水平超凡的管理者担任这个高薪职位，这些官员创设了享有部分自治权的职位"行会行政官"[1],通过这种制度实现王权对商界的有序控制。"行政官"及其下属的地方执法官监管商事裁决和道路、治安等市政开支的评估工作。针对治安,国王路易还任命了能力超群的骑士担任警察总长并配备受薪警官维持市井秩序。这些新举措吸引人们更加愿意在巴黎做生意,以至于编年史作者茹安维尔(Joinville)激动地写道:"这座城市在路易统治时期呈现出名副其实的经济繁荣。"巴黎的这套市政府组织架构延续了数百年,尽管在此期间的运作效率高低不一,秉公执法的水平跌宕起伏,但是王室官僚机构的统治地位稳如泰山,没有给经商者留有几分政治权力。

繁荣稳定的市场大大弥补了经商者在政治影响力方面的缺憾,所以他们在这种环境下兴旺发达起来。但到了13世纪最后十年,这种环境舒适感开始消退,因为国王腓力四世(King Philip Ⅳ)越来越专制,一切利益群体都要服从他的个人集权,为他扩张领土的野心服务。为了达到这些目的,他收紧金融管理控制权,压榨并驱逐犹太人,镇压"圣殿骑士团"(Knights Templars),排挤意大利人。更恶劣的是,他与英格兰国王爱德华一世的战争耗资巨大,为了筹措资金,他采用了貌似便捷但是破坏经济的欺骗性手段——降低铸币的成色。随后几位法国君主在14世纪30年代和40年代纷纷效仿他,尽管币值波动让有些商贾赚了钱,但是商业本身受到了严重束缚。操纵铸币在14世纪末到15世纪成为欧洲广为流行的做法,本书下篇将做全面介绍。

西班牙和阿拉贡

伊比利亚半岛大部分地区在中世纪鼎盛时期的商业和贸易始终由政治势力主宰。穆斯林时代的西班牙(Muslim Spain)被称作安达卢西亚(al Andaluz)[2],最初这里的贸易和文化基本上与地中海周边北非和近东的伊斯兰世界基本完全融为一体。基督教徒在13世纪取得节节胜利,最终穆斯林占据点仅

---

[1] 译者注:这个职务的权限相当于巴黎市长。
[2] 译者注:该地区的阿拉伯语名称。

剩半岛东南端的格林纳达(Granada),从而彻底改变了半岛的产业和贸易结构。西班牙与穆斯林世界的东西方贸易急剧萎缩,这里作为欧洲与北非之间货物集散地的地位弱化了,丝绸和输往基督教地区的奴隶等某些出口业务彻底枯竭。虽然西班牙加大了区域内的商业活动以及与北欧之间的贸易都增强了,但也仅是填补了部分过去的生意。

这是个极为痛苦的转变过程。西班牙原本生产橄榄油、丝绸、皮货等一系列产品输往伊斯兰世界,此时变成向本地和北欧市场供给原材料(羊毛、铁、橄榄油)和半加工材料。此外,"光复运动"(Reconquista)带来的后果是基督教控制的伊比利亚半岛分成了三个独立的贸易区,每块区域有各自的特殊利益和定位。一个区域是卡斯蒂利亚(Castile)北部地区以及葡萄牙,这里参与到比斯开湾(BayofBiscay)和欧洲西北部的竞争。第二个区域是安达卢西亚(Andalusia)[1]和包括塞维利亚(Sevile)的西南沿海地区,这里的港口成为南来北往外贸商品的途径地和转运站,该地区的控制权主要掌握在外国人,尤其是热那亚人手中。

第三个区域值得重墨一笔,它就是阿拉贡/加泰罗尼亚(Aragon/Catalonia)地区,这里较早进入基督教文化统治下的欧洲贸易圈。该地区的主要港口巴塞罗那与重量级的意大利竞争对手相比显得羸弱,而且较晚才登上国际贸易舞台,但在地中海和南欧地区的贸易中扮演着重要角色,足以自信满满地站在这块竞技场上角逐。这个港口的优势在于身处阿拉贡王国,坐拥广袤的肥沃腹地。阿拉贡国王也是巴塞罗那伯爵,这个强势的王室深谙发展商业对政治有益。巴塞罗那早期的贸易品主要是农产品以及铁、盐、鱼。但是进入13世纪,特别是1229年阿拉贡国王海梅一世(King James Ⅰ)征服马略卡岛(Majorca)之后,巴塞罗那成为地中海地区综合商贸的重要竞争者。它在西地中海的影响力尤为突出,辐射到西班牙南部、北非、西西里岛、意大利、普罗旺斯(Provence)的市场上。

---

[1] 译者注:该地区西班牙语名称。

巴塞罗那国际商人的处境与意大利港口城市的那些商贾不一样,虽然他们不掌握自己的政治命运,但是他们确实为数位贤明的阿拉贡伯爵兼国王实现过扩张计划,立下了汗马功劳。与此同时,来自本地地主家族的竞争也没能妨碍他们。正如斯蒂芬·本施(Stephen Bensch)所言:"贵族集团在加泰罗尼亚首府是边缘化的小角色,因此,这座城市并没有像很多意大利市镇那样,笼罩在派系斗争的政治氛围里。"[1]经商者与王室通力合作构建市政府机构。海梅一世是一位在位时间很长的君主,他于13世纪中期颁布了一系列特许状,不断扩大商贾的自治权。他还编撰商法,并于1257年在巴塞罗那市内划定区域,设立"海事"城中城。他和他的继任者们还率先与东至亚历山大港(Alexandria)的北非穆斯林城市协商,为巴塞罗那经商者争取有利条件。13世纪阿拉贡王国领地扩张,吞并了普罗旺斯、巴利阿里群岛(Balearic Islands)、西西里岛,商贾自然也获益良多。王室与商界的这种共生关系起初似乎对巴塞罗那的经商者绝对是件大好事,但是自15世纪阿拉贡王国的内部政治态势严重恶化后,情况就不妙了。

工商市镇:佛兰德斯和德意志

佛兰德斯

佛兰德斯伯国(county of Flanders)的政治演化与法国王室的情况几无差异,亦为一幅统治者与商贾相互影响的画卷,盘根错节、引人入胜。11世纪到12世纪夹在法国北端和德意志帝国西翼之间的土地上是杂七杂八的部落,数位智勇双全的佛兰德斯伯爵打仗有英勇有谋,成功地将一大片土地上诸多部落统

---

[1] Stephen P. Bensch, *Barcelona and Its Rulers*, 1096—1291(Cambridge and New York, 1995), 5.

一起来。12世纪时法国国王实力增强,佛兰德斯伯爵丧失了部分领土,但他仍是叱咤风云的君主,统领着行事高效的官僚机构。

统治者干预经济往往说明他有实力,这一点佛兰德斯伯爵们在13世纪之前就已经淋漓尽致地展现出来了。由于11世纪的佛兰德斯海岸线附近大多是沼泽地,经常洪水泛滥,所以填海造地的意义重大,而这又要归功于伯爵下令筑堤排水的政策。佛兰德斯语将这种新增土地叫做"圩田"(polder),独属于君王,哪怕后来被修道院持有,其所有权仍归伯爵。伯爵以这样的手段限制当地贵族占据新增土地,自己攫取新开垦土地带来的收入和权力。这种模式也奠定了伯爵在佛兰德斯沿岸地区经济发展中的重要地位。

开挖水路将雏形中的城市中心连接起来,这一举措与填海造地可谓珠联璧合。运河既能为圩田排水,又能让船只驶向内陆,再加上斯海尔德河(Scheldt)、伊杰尔河(Ijser)和莱厄河(Leie),佛兰德斯西部地区在12世纪初期全部实现通航。佛兰德斯伯国在这个领域创新的巅峰之举出自阿尔萨斯的菲利普伯爵(Philip of Alsace),他于1160—1180年间亲自参与实施一项总体规划,将布鲁日、伊普尔、圣奥梅尔(Saint-Omer)等内陆市镇与拥有大型船只靠泊设施的沿海港口连通。1180年,一座意义非凡的大水坝在布鲁日东北十公里处建成,从此经由新建的港口城市达默(Damme)即能驶入北海。但是很多外国人觉得佛兰德斯的丰功伟绩是堤坝,甚至于但丁(Dante)在《地狱》(*Inferno*)诗篇中也有提及。[1]

伯爵的政策还能带动伯国发展城市社区和当地集市。中世纪很多佛兰德斯大城市的孕育,至少部分归功于伯爵在交通要塞兴建城堡。推进城市化的另一个重要因素是第一章介绍的12世纪初期前后在西佛兰德斯定期举办的5个集市。这是北欧最早出现的轮流举办的集市,佛兰德斯伯爵为每个集市都创造了和谐有序的环境,保障佛兰德斯境内水陆通行安全,并且给予外商特殊优待。2月到11月轮流举办的集市尽管都在斯海尔德河以西的5个市镇里,但是同样

---

[1] Canto XV, lines 3—5.

促进了佛兰德斯其他地区的贸易和经济发展。佛兰德斯其他市镇的商贾若前往集市，可以免交过路费，或是享受很高的折扣。

12世纪中后期，伯国里的城镇实体逐渐壮大起来，它们与伯爵的关系开始破局。一个显著的事例是1127年"好人"查理伯爵遭谋杀而引发的内战，这期间城市赢得了一系列特权。这些特权是拥戴伯爵继承权的主力军批准的，说明争取镇民支持已然是重中之重了。到了13世纪，市镇里财大气粗家族中的经商者已经接手负责伯国内的大部分新经济项目，掌握了填海造地、水路开凿、农业投资的主导权。到了14世纪中期，当伯爵的政治主张与佛兰德斯城市经济利益发生冲突时，布鲁日、根特、伊普尔三城已具备挑战佛兰德斯伯爵和法国国王权威的实力，佛兰德斯于是成为伯爵与城市由合作最终变为对抗的典型案例。

德意志

德意志帝国内部势力错综复杂，乍一看，这里的政治与商业似乎风马牛不相及。跟佛兰德斯和英格兰的统治者不一样，德意志的皇帝基本上无权干涉帝国疆域内的很多地方的事务，对于他们权势范围内的地方，则往往联合当地贵族反对给予城市自由权限。贵族与商界势力基本是在当地展开较量，而且往往以爆发冲突的方式为特征。因而一直导致历史学者认为德意志城市发展的本质特性是暴力，如同大陆板块运动一样，经年累月地互相碾压，造成地震频发。

人们经常以莱茵河畔的科隆为例证明上述观点。科隆的统治者是主教，有一位主教征用了一艘富商的船，结果引发了1074年的骚乱。研究城镇史的学者得出的结论是，该事件预示了12世纪初以谋求财产安全为核心目标的公社运动。但是这种定性为动荡中相互作用的理论模型存在缺陷，因为12世纪很多德意志市镇没有诉诸武力也摆脱了贵族获得了独立。此外，传统观点认为镇民的盟誓会是叛乱的前提条件，但实际上很多这种联盟的成立是贵族在背后怂恿并被其利用的。史学家苏珊·雷诺兹(Susan Reynolds)言之凿凿地表达了相反观点："12世纪部分德意志市镇获得自主权是当地政府聚沙成塔、逐渐累积职能的成果。跟意大利的情况一样,这是一个进程,在相对和谐的时期逐渐蚕食与在公开冲突中获胜或是官方妥协给予特许权的效果是一样的。"[1]

一旦我们不再囿于城市发展类似"地震"的观点,就更能看明白德意志帝国各地贵族与商贾合作的威力。在莱茵兰(Rhineland)古城集聚区以东,发展市场和集市与建立城市齐头并进,为德意志向东拓殖推波助澜。吕贝克是1143年在斯拉夫人聚落废墟上建立起来的,这座城市的建立淋漓尽致地展现了贵族、市镇、市场三者互帮互助、相互依存的关系。荷尔施泰因伯爵阿道夫二世(Count Adolph Ⅱ of Holstein)督导建设港口设施、城墙、教堂,因此立刻赢得了想在波罗的海地区开展贸易的商贾的拥戴。1159年阿道夫伯爵被迫将吕贝克拱手相让给实力更强的对手"狮子"亨利公爵(Henry the Lion),具有讽刺意味的是,即便如此,吕贝克仍旧繁荣昌盛。亨利接手这座城市后,一位编年史作家写道:"商贾们立刻遵从他的命令,欢天喜地地回来……开始重建城市的教堂和城墙。"[2]

人们最熟知的中世纪德意志商人组织是"德意志汉萨同盟"[经常被称作"汉萨盟(Hanseatic League)",但这个称谓会让人产生误解],其创立的缘由是今天人们熟知的很多因素:波罗的海沿岸出现新兴城市,德意志地区的莱茵兰等城市获得更多自治权,这些城市都意欲开辟贸易新疆域并排挤掉德意志以外的竞争者。跨城市网络在13世纪末初具规模,后来从下莱茵到波罗的海沿岸的大部分德意志城市都纳入了该网络。德意志汉萨同盟起初只是一个松散的联盟组织,成员是不同城市前往北方某个贸易站,主要是由诺夫哥罗德(Novgorod)和卑尔根(Bergen)的商贾构成。这些商贾结盟的目的是对抗外国统治者,谋求共同利益。这种联盟的实体形式是在国外城市设立"德意志人街区",即一个街区或是特定的几幢建筑。到了1300年,不仅欧洲北部和东部地区设立了这类被称作"商务办事处"的机构,连西欧两大贸易城市布鲁日和伦敦也有了。

---

[1] Susan Reynolds, *Kingdoms and Communities in Western Europe* (Oxford, 1984), 174.
[2] Robert Bartlett, *The Making of Europe* (Princeton, 1993), 192.

在那时，他们的主要贸易品是皮毛、木材和其他一些林产品，以及鱼和小麦这类重要的大宗食品。但是"德意志汉萨同盟"仍旧是一个商人合作组织，它直到1350年以后才具有类似国家或是官僚机构的特征，我们将在本书第七章予以介绍。

意大利的城邦：热那亚、威尼斯、佛罗伦萨

中世纪有句俗语："此乃热那亚人，故为商贾（A Genoses, therefore a merchant）"。这话可能言过其实，但也不算太过头，因为事实上，热那亚这座海港城市的确除了造船业和少量纺织制造业，其他人基本以贸易为生。若是说"此乃热那亚人，故为生意人"，就绝对不算夸大其词了。在热那亚，上至最尊贵的名门望族，下到店主、工匠甚至妇女，几乎人人涉足本地商业，他们的身份有商贾、船员、杂货店主、公证员、金融家、投资人、官僚以及武士。在意大利中北部地区，经商的家族随处可见并占据主导地位，因此中世纪高雅文化中的很多著名人物出自这类家庭。仅举几例，但丁和他的女神贝缇丽彩（Beatrice）、薄伽丘（Boccaccio）、圣弗朗西斯（Saint Francis）即都出生于经商家庭。每个市镇的经商家族行事风格和运筹帷幄政治结构的方式都不一样，不过在我们讨论代表性城市的差异之前，最好先谈谈它们早期政治历史的共性。

意大利的公社诞生于11世纪后半叶，当时随着帝国授权主教或世俗贵族管理地方，其统治逐步瓦解。旧的政治制度崩溃后，为了终止随之而来的无政府状态，地方上针锋相对的势力就得达成妥协。意大利中北部地区普遍采用的解决办法就是成立公社，即通过个人盟誓的方式结社，成员宣誓不论和平期还是战乱时期都要休戚与共，服从作为管理机构的政务会及其任命的数名执政官的命令，应召参加集会。公社并没有清晰地宣告其统治权，实际上却趁着当时的权力真空期登台秉政。因此，公社没有褫夺帝王和伯爵的权利，只不过绕道而行，它们往往还拉拢领地贵族担纲领导职位。它们成功说服大多数主教充当

不偏不倚的主席和有名无实的领袖,保持城市与教会的联系,保留守护神所赋予的特有身份认同。公社不仅仅出现在大城市和主教辖区,甚至下至村落,凡是想要平息乱局建立秩序的地方都有公社。[1] 其中有很多城市发展壮大,成为重量级城市,但是我们只能讨论与本书主题相关度最高的三座城市(热那亚、威尼斯、佛罗伦萨)的政治结构和领导方式特征。

热那亚规定,禁止公社成员吸纳拒绝宣誓的人参与风险项目,从而促使大家都加入公社。尽管从表面上来看,人人可以成为公社成员意味着民主,但是政务会通常是从势力强大的地主家族小圈子里遴选并任命执政官,召集成员大会不是议事而是批准决定而已。正是这些封建贵族靠着自家田产和出海远征私掠累积了资本,干劲十足地资助国际贸易。尽管13世纪初活跃的商贾开始分权,但是尚未成立商人行会,因此由公社履行行会职能,包括规范海内外贸易的细枝末节。

大家族集团及其客户的派系相互倾轧,一直困扰着中世纪热那亚的内政外交。这座城市能有如此实力,要感谢那些能干的经商者勇于抛开短期的个人利益和重点商务事宜,为了整个公社的福祉甘冒风险开创事业。例如,由于热那亚人自愿提供本市舰队支援第一次十字军东征,所以后来他们在耶路撒冷和拉丁帝国所有沿海城市都获得了贸易街区,其中博希蒙德(Bohemond)感恩热那亚人帮他守卫安条克(Antioch),故而把这里的一座教堂和一条街划拨给了热那亚人。后来,热那亚人因提供舰队帮助当地伯爵抗击敌人,作为回报,他们获得了法国南部圣吉莱(Saint Gilles)和蒙彼利埃外港的专用权。诸如此类的冒险行动以及数次试图在君士坦丁堡城内或周边建立殖民地的努力,尽管从长远讲是有益的,但是代价高昂,导致整个社会群体都要背负赋税和债务,做出巨大牺牲。

虽说不是所有海外贸易街区都由公社指挥创立,但这种情况很普遍,然而

---

[1] 读者若想了解有关意大利公社兴起的综述,参见 J. K. Hyde, *Society and Politics in Medieval Italy*。

热那亚和自己侨民的关系却是松散型的,而且渐行渐远。比如,黑海沿岸的飞地组建了自治公社,与东方专制君主建立直接外交关系。而且热那亚的军事冒险行动和外交新举措往往是商贾个人或组团实施的,他们的自主行事并不代表共和国。[1] 热那亚与威尼斯数次兵戎相见期间的大规模突袭往往系流寇所为,不同于后来伊丽莎白时代的探险者,这些流寇是自行策划并实施行动来给自己捞好处的。热那亚叱咤风云的舰队司令大张旗鼓地提供舰队外包服务,价高者得,例如,舰队司令多里亚(Doria)在 1338—1339 年间安排自己的海军中队为法国人效力,骚扰英格兰人并掳掠英格兰沿海市镇。[2]

威尼斯同样致力于商贸和航海业,热忱度绝不亚于热那亚,但是它们努力的方式有天壤之别。热那亚的惯常做法是竞争和冒险投机,而威尼斯的主流则是合作与控制。本书第二章谈到威尼斯的城邦政府管理该市的商船,后来经营造船厂,这个例子体现了威尼斯的上述特点。如此高水平的综合管理体系在中世纪西欧独一无二,这是威尼斯政治结构的产物,而其政治结构又脱胎于当地的地理条件和历史渊源。

令威尼斯人引以为豪的是他们与那些争夺意大利最高权力的主要势力都毫无瓜葛,不管是神圣罗马帝国还是罗马教皇,威尼斯人都不屈从。威尼斯坐落于诸多潟湖之中,易于防守,加之居民秉持合作共赢的美德,得以数百年免遭入侵。为了维护并合理利用空间有限和时常堵塞的航道,人们必须合作和自我规制。由于历史的原因,威尼斯与拜占庭帝国名义上的前沿阵地君士坦丁堡的关系源远流长,从而形成了一个传统,即由拜占庭帝国皇帝任命"首领"(dux)或是"总督"(doge)[3]来领导政府。拜占庭帝国丧失管辖权后,该政府机构仍旧存在,但是变成永久选举制,在早期贵族家庭的小圈子里轮值。因为不需要替代瓦解的旧政体,所以威尼斯公社直到 12 世纪中期才建立。尽管如此,威尼斯

---

[1] 参见本书第五章贝内戴托·扎卡里亚的案例,以之为例。
[2] 由于多里亚拖欠工资,很多船员哗变并返回热那亚,不过他本人坚持了很长时间。参见 Jonathan Sumption,*The Hundred Years' War*(Philadelphia,1990),265。
[3] 译者注:doge 为威尼斯意大利语,意思是 duke(公爵、君主);这个词来源于拉丁语 dux,意思是 leader(领导人)。

仍然跟其他城市一样,将权力移交给集体执政机构"总督议会"(Ducal Council),同时保留总督作为元首,这个职位虽然受监督控制,但是其权力仍旧很大。

威尼斯的政治中心是总督府,与位于里亚托岛(Rialto)的商业中心泾渭分明,然而这座城市的巨大财富和主要居民都源自这两个中心的巧妙互动。实际上,威尼斯是寡头政治,操控者是拥有大量地产和商业权益的经商者。这个执政团体的背后不是固定的官僚机构,而是遴选出来的几百名官员,他们在职权大小不等的行政岗位上轮岗。这些官员全部来自上流社会的家族,这个范围较大的群体组建了大议会(Great Council),并在 13 世纪末把议员身份确立为世袭制。这项改革措施为很多家族在威尼斯政坛保留了席位,也如愿缓解了派系斗争,而同期的意大利其他城市却在血雨腥风中挣扎。这种制度几乎没有余地来容纳其他形式的政治组织,这里没有国际商人、船员、法律工作者的行会,这些人的一切活动受公社监管。这里允许成立工匠行会,其中不少行会取得了一定程度的自治权,但是不得制定或采取违背公共利益和有损公社荣誉的规则和行动。

威尼斯管理其殖民帝国的方式也与热那亚大相径庭。威尼斯完全采用重商主义政策,不鼓励当地发展制造业,确保与殖民地贸易时必须全部用威尼斯的船只将原材料运到威尼斯并将制成品运到贸易站。威尼斯控制的每个港口和每块领地都由一名受薪的威尼斯贵族管理,任期两年,在此期间严禁从事私人生意。对其的监督很严格,并要求任期结束时述职。

威尼斯作为转口港和贸易中心的地位是其长盛不衰的根源。政治为开创并保持这个有利可图的地位发挥了关键作用。在海军的护佑下,1204 年的第四次十字军东征之后,从东方来的所有商品航行于亚得里亚海(Adriatic),绕开扎达尔(Zara)、安科纳(Ancona)、费拉拉(Ferrara)等潜在竞争对手,直接驶向威尼斯。下一步要让来自北欧的陆运贸易品改道威尼斯,而传统做法是经阿尔卑斯山东面山路南下,以费拉拉作为货物转运点。此外,威尼斯人还为客商提供住所和货栈（fondaci）[1]，要求他们在威尼斯进行所有交易，不要把商品运到海外。[2] 接着，威尼斯人与罗马教皇结盟抗衡腓特烈二世，在1240年威尼斯大胜费拉拉并签订条约，威尼斯夺走了费拉拉在亚得里亚海的贸易控制权。

威尼斯运用上述手段实际上成了亚得里亚海北部事实上的贸易中心城市，进出该地区的所有贸易品都必须运到威尼斯卸货并纳税。这步巧招并没有阻止海外交易商，相反，这种安排将交易商引流至威尼斯，确保他们的所有交易在这里进行并接受监管。格外重要的"商品"有德意志的白银，后来还有匈牙利的黄金。经由威尼斯输送贵金属使这座城市在利润巨大的东方贸易中占据首要地位。威尼斯之后的大部分历史事件，包括15世纪占领意大利东北部领土，都是为了保有并扩张转口贸易这门暴利营生。

佛罗伦萨的公社组织相对羸弱，直到13世纪末才开始主导城市生活。其缺乏影响力的原因是很多被吸引到市镇的人并没有抛弃乡村。特别是地主贵族仍旧保留乡下的地产，把族规家训、风俗习惯、世仇恩怨带进这座城市，筑造高耸坚固的城市塔楼，彰显自己的威权和声望。为了抗衡世系家族的塔楼，本不相干的家庭抱团自卫，成立塔楼协会建造自己的塔楼。在这种氛围下，暴力事件随处可见，公社举步维艰，很难控制住不同利益团体。不过尽管各方互存敌意，所有人却都兴致勃勃地投身于这座城市的商业生活。

佛罗伦萨的内部派系纷争在13世纪公开化，当时罗马教皇的支持者，即所谓的教皇党，与拥趸腓特烈二世的皇帝党展开全面斗争，各路人马选边战斗。腓特烈二世在1250年撒手人寰，罗马教皇立志摧毁霍亨斯道芬王朝（Hohenstaufen dynasty），斩草除根、清洗党羽，于是佛罗伦萨等城市乃至家族内部彻底撕裂了。1260年，皇帝党人取得蒙塔培尔缇战役（Battle of Montaperti）大捷，夺取佛罗伦萨，将教皇党人驱逐出城。但是到了1266年，教皇派势力安茹伯爵查理（Charles of Anjou）集结一批佛罗伦萨教皇党流亡分子在意大利南部打败

---

[1] 译者注：fondaci是意大利语fondaco的复数形式。
[2] 最著名的是专供德意志经商者使用的"德意志商人货栈"（Fondaco dei Tedeschi）。参见F. C. Lane的Venice，这是迄今为止对威尼斯历史和制度最好的综述。

霍亨斯道芬王朝队伍,并于1268年彻底消灭了该王朝。获胜的教皇党人夺回佛罗伦萨并控制了该城的政治,经罗马教皇撮合,教皇党与皇帝党的流亡家族于1280年达成全面和解。即便如此,佛罗伦萨的政治仍掌握在教皇党手中。

在这动荡的岁月里,商业、制造、佛罗伦萨的人口一直都蓬勃发展。这段突飞猛进时期的主要参与者和受益者都是进城的地主贵族和出身卑微的富商,后者被唤作"胖人"。特别是教皇党的经商者曾经给安茹王朝的盟友提供亟须的资金,他们英勇善战,所以获得了丰厚的商业回报。战胜霍亨斯道芬王朝的成果是与教会的商业合作机会更多了,并获得意大利南部以谷物为主的原材料资源和财源滚滚的意大利南部市场。后一项优势对于佛罗伦萨经商者来说显得弥足珍贵,因为统治那不勒斯王国的安茹王朝给予他们的优惠待遇不仅是比萨和锡耶纳的皇帝党派竞争者无法享受的,也是当地商人无缘涉及的。

佛罗伦萨的行会不肯接受像热那亚和威尼斯的行会那样的从属地位,于是本就复杂的政治生态更是雪上加霜。此地势力最大的行会有:国际商贾和面料整理商的行会(洗染行会)、货币兑换商和银行家的行会(金融行会)、羊毛制造商的行会(羊毛行会)。其中的重要岗位由商界大亨担任,他们常常联手影响公社的政策,抗拒公社试图管理行会的举措。这么多势力争夺控制权,公社管理时常出现混乱也就不足为奇了。但是不管哪一派掌权,可能除了梳毛工起义的小插曲,中世纪佛罗伦萨政府一以贯之地高举着亲商助企的鲜明旗帜。

西欧的意大利经商者

本书之前介绍过13世纪意大利中北部城市的企业在意大利南部、法国、英格兰、佛兰德斯开设分支机构的情况。一旦他们想要开设分支机构,他们的活动立刻就与政治挂上钩,因为他们要想做生意,通常必须寻求最高统治者的庇护。意大利南部自从诺曼人起的漫长岁月里,当地经济都受最高统治者的严密掌控,所以出现前述情形自在情理之中。这里的国王认为地上长的和海里游的物产都是上帝赐予自己的财产,要想出口这些物产必须听从自己管辖,因此自己享有收税的特权。他们对当地商贾心存怀疑,视之如草芥,更乐意跟外国人打交道,因为他们能随心所欲地控制和驱逐外国人。征服者安茹王朝的观点也基本一样。新国王查理一世[1]习惯从外地招募人员担任法国南部领地的管理者,从而保证这些人对他的政权感恩戴德。由于锡耶纳和佛罗伦萨的商业银行家曾经在安茹王朝夺权战时提供资金,所以他们在这里的经商环境十分友好,仿佛量身定做一般。[2] 尽管查理一世有意偏袒意大利人,可是一开始他们并没占到什么便宜,那时占上风的是普罗旺斯商贾。1282年西西里岛起义后战火连绵,安茹王朝又迫切需要援助,意大利仅提供了大量经济援助。当战争于1302年正式结束时,意大利人的地位已经稳如磐石了。于是巴尔迪(Bardi)、佩鲁齐、阿恰伊沃利(Acciaiuoli)这三家佛罗伦萨最大的企业持续提供贷款,换取出口巨量谷物的特许经营权。这些公司的经理人设立银行,包征税款,担任政府高官,简直完全掌控了这个王国的经济命脉。且待下一章讨论佛罗伦萨超级公司时展开细说。

在13世纪的大部分时间里,意大利经商者都活跃在法国,给政府提供贷款、管理铸币、收税服务。有的当上王室银行家,比如人称"比奇"(Biche)和"穆奇"(Mouche)的阿尔比佐·圭迪(Albizzo Guidi)和穆斯卡托·圭迪(Musciatto Guidi),腓力四世亲自雇请他俩长年担任税收官、司库、财务顾问、大使。但是前面提到过,腓力四世一点儿都不信任任何外国金融家,决心将影响自己金融控制力的外部因素清除干净。所以当圭迪兄弟在1306—1307年相继过世之后,除了佩鲁齐公司,腓力四世不准其他任何意大利人参与政府事务,驱逐犹太人,强行解散"圣殿骑士团"并摧毁其重要的银行职能。意大利人还在巴黎和法国的其他地方做买卖,但是腓力四世过世后,他们再也不能影响当地政府,反而常常遭受苛刻对待。

---

[1] 译者注:1266年以后,安茹伯爵查理后又成为那不勒斯国王和西西里国王。
[2] 尽管锡耶纳是皇帝党派操控的城市,但是该城最大的公司邦西诺里(Bonsignori)是长期服务罗马教皇的银行。

第三次十字军东征后，第一波意大利商贾登陆英格兰，当时理查一世需要外资支付海外巨额花费，包括他被德意志帝国俘虏，为获释所需缴纳的高得吓人的赎金。不过意大利人在备受垂涎的羊毛贸易里没什么地位，亨利三世（Henry Ⅲ）在位的大部分时间里，这个行业基本上控制在佛兰德斯商人手中。1272年爱德华一世即位之后，佛兰德斯人不幸成为英格兰和佛兰德斯政治对抗的牺牲品，失去了头把交椅。爱德华一世从圣地悠闲回国登基途中第一次听说可以利用意大利金融家的事情。很快在1275年，他办成了给几乎所有出口羊毛设置高额关税这桩事。有了这个稳定的收入来源为自己的宏图伟业做后盾，爱德华一世找到来自卢卡的里奇阿尔迪家族（the Ricciardi）这个商人财团，以海关收入为抵押要求贷款。爱德华一世的麻烦在于无论是财政收入和税收，抑或新增的税赋，这些进项流入都不稳定，还时常延期到账，同时，他对外征战的雄心壮志耗资巨大，经费需求刻不容缓。里奇阿尔迪设计出贴合国王收支状况的方案，囊括了王室的绝大部分收入来源，并为王室提供一系列金融服务。

里奇阿尔迪妥帖操盘上述方案的奖赏不是利息或酬金，而是享有英格兰羊毛贸易的大部分份额，这可是堆金积玉的生意。13世纪末，这类贸易品大部分仍旧运往纺织产业发达的低地国家，意大利人的角色是掌控着众人垂涎的产品的中间商。但是国王这类合作伙伴是会出尔反尔的，当爱德华一世对该方案心生不满后，就于1294年将其废止并把里奇阿尔迪公司的人抓进监狱。这套方案几年之后又起死回生了，这一次掌舵的是佛罗伦萨的花思蝶公司（Frescobaldi Company）。1310年贵族立法团（Ordainers）反抗爱德华一世的继任者爱德华二世（Eluard Ⅱ），斗争结果是这家公司也被驱逐，人员落荒而逃。尽管爱德华二世有很多过错，但是他在位期间没有挥霍无度，而是厉行节约，也几乎没寻求外部金融家帮忙。他的继任者爱德华三世是一位超级雄心勃勃和千金一掷的君主，他能弄到手的资金来源一个都不放过，向数不清的意大利、佛兰德斯、德意志以及本国商贾借款，数额惊人。他青睐的意大利金融机构是佛罗伦萨的巴尔迪公司，后来是佩鲁齐家族，直到这两家企业在14世纪40年代倒闭。

意大利大企业为了保住出口羊毛的特许经营权，一步步掺和到王室的日常事务。它们允诺每月都需要向王室家族提供定额津贴。同时，他们要做的事情包罗万象，既要为王室家族成员或宠臣搞到稀世物件和美味珍馐，还要从事间谍活动。有一次，巴尔迪公司为了谄媚王室，到西西里岛追捕一名叛徒并将其带回英格兰绳之以法。要想拿到王室还款可是个极其复杂而费劲的过程，王室往往用征税的款项偿付，很难兑现，得坚持不懈地追债。它们与政府的交易五花八门，经常要接受详细审计，使得他们总是要与官僚机构打交道，处境棘手。英格兰商贾还嫉妒意大利人享有特权，对他们强烈不满，在广大民众的热烈支持下，竭尽所能地拆意大利人的台。

布鲁日等佛兰德斯市镇的支柱产业是纺织业，那里有大量意大利侨民，因其能为这个行业所提供的服务而在当地社会占据举足轻重的地位。意大利企业进口大量原材料，提供很多融资服务和创新金融工具，为大部分的成品找到市场。但同时，他们之间的关系也很微妙，这并不仅仅是因为意大利人取代了佛兰德斯商人在英格兰羊毛贸易中的地位。佛兰德斯人从14世纪初叶开始频频暴动，血腥抵抗法国统治者，这时候他们发现意大利人居间充当法国王室的代理人。比如，腓力四世挫败了1302年起义后由佩鲁齐公司代为收取赔款，后来在14世纪20年代，该公司驻布鲁日分支机构的经理被任命为佛兰德斯伯爵的税务官。后来，佩鲁齐公司给了佛兰德斯伯爵一大笔贷款，助其镇压了1328年的那场叛乱，却指定由布鲁日市用5年时间还款。最后还是这家公司，它与巴尔迪公司一起在1337年之后效忠英王爱德华三世，在英法战争期间帮助爱德华三世促动佛兰德斯配合英格兰作战。虽经历各种波折，但意大利人在低地国家的生意仍旧风生水起。

最后要说的是，意大利经商者与教会的政治关系源远流长且错综复杂。前文已经讲过佛罗伦萨商贾如何谄媚讨好罗马教皇，支持后者与神圣罗马帝国，尤其是与霍亨斯道芬王朝作斗争。基于此，这些商业机构在意大利南部由教皇的附庸安茹王朝所掌控的领地内获得了巨大的经济优势。它们也负责收缴国王给罗马教廷的年贡。与教会亲王做生意的意义非凡，油水也很大，但是此等幸事往往要靠在政治上提供帮助去赢取。企业要想参与在欧洲各地划转教会资金的业务，必须得到圣座（Holy）的垂青，这个活儿本身无利可图，却能带来声名远扬的威望并对构建金融网络大有裨益。当企业遇到棘手的债务人，背后撑腰的教皇官僚会出面干预，向那些世俗显贵和高级僧侣施加压力，这作用弥足珍贵。

对于那些直接违抗罗马教皇的人，反之亦然，意大利南部皇帝党派城市的商贾被晾在一边就是例证。但是也不能一概而论地定性一座市镇及其经商者与教会的关系。罗马教宗组织派系林立，复杂程度绝不亚于市镇的情况，而且在1250—1350年间，大部分教皇任期不太长，造成教廷政策也随着掌权派别更迭而变换。即便在忠于教皇的佛罗伦萨，教皇波尼法爵八世也会使出阴谋诡计加剧内斗恶化，愤懑的失败者中有一位声名远扬的人物就是但丁·阿利吉耶里（Dante Alighieri），他在《地狱篇》中用两章（第19章和第27章）极尽能事地贬损这位教皇。有时候佛罗伦萨领导层与大主教关系敌对，结果这座城市遭到教会禁罚[1]。这项禁令对于经商者来说可是很严重的大事。教堂关闭，鸣钟不再，这就打乱了商业活动的正常节奏。一座城市遭到教会禁罚，就意味着外部人没有道义责任去遵守与该市经商者签订的合约，这对于从事国际业务的商业银行家来说，后果可能不堪设想。

法律的演变

本书已经介绍了国王等最高统治者为了从贸易中获得好处，采取措施，补救商务活动缺乏法律保障的问题。基本措施体现为授予市镇的特许状，其中除明确规定惯例过路费和其他赋税外，往往还设定条款承诺自治市镇居民的私有财产神圣不可侵犯。批准设立集市的特许状中也给予法律方面的便利，例如给所有前往集市的商人都发放通行证，保障商贾的财产安全，以及特设法庭力求

---

[1] 译者注：指罗马天主教停止教权的禁令，将某人或某地区排除在大部分圣礼之外，并不准其以基督教形式安葬。

快速解决商业纠纷。本书多次提到的外商社区在所驻城市或者商贾行会下设特别法庭,遵循的是《商事法》(Lex Mercatoria)。《商事法》集惯例与特殊许可于一身,各地区的版本都不一样,但大多依据确定的法则和商贾们认可的原则,坚持快速审判,强调公正、契约和人们普遍认可的公平经商的概念。

就大的法律环境而言,13世纪之初取得了四项重要进展。第一,11世纪末重新发现查士丁尼一世(Emperor Justinian)的《民法大全》(Corpus Luris Civilis)并在12世纪得以逐步阐释。第二,如前所述,各区域最高统治者和城邦政府开始编撰法规,明确规定法规经民众认可方能颁布。第三,设立法学院,博洛尼亚(Bologna)首开先河成立法学院,师生在这里研习、释义、宣传教会法和民法的条文,也汇编了很多民法典。第四,教会法和民法律师对私有财产的看法发生了剧变,他们都将其定性为自然法则演绎出的神圣不可侵犯的原则。[1]

意大利的城邦毫无疑问属于最先践行法学新潮流的政体。比萨公社早在1156年就召集了精通法律的"智者"委员会,依据《罗马法》准则、伦巴第国王们的法律汇编和当地惯例编撰新法典。这部法典于1160年颁布,分为两部分,一部分是包括婚姻、继承在内的民事诉讼法,另一部分主要涉及商事法、海事法、封建法。在之后的大约100年里,意大利所有主要的城邦基本如法炮制,适当改编而已。因为各地经年累月已经制定了太多法律法规,散见于若干卷宗,往往混淆不清、自相矛盾,所以有必要编撰法典。此外,编撰法典时必须保持一致,要应对迅速变化的环境、调和众多(各自订立有章程的)行会之间的关系,规定商业合作的公司结构。

《罗马法》在意大利之外地区的渗透影响有限。《罗马法》能在法国南部和西班牙的基督教领地轻而易举地复兴,是因为这里能够追本溯源,基于古罗马的传统来传授其学说。而《罗马法》在法国北部教会法院以外的地方推广缓慢,则是因为这里法律书籍的基础是惯例和国王们颁布的官方核准的成文法。尽

---

[1] John F. McGovern,"The Rise of New Economic Attitudes in Canon and Civil Law, A. D. 1200—1550," *The Jurist* (1972):39—50.

管如此，《罗马法》在确立准则方面仍然发挥了重要作用。举例来说，奥尔良（Orléans）的大学法学院援引《罗马法》赋予帝国皇帝的司法权，为路易九世自称是本王国内顶级秉承司法和伸张正义之人的说法辩护。但是《罗马法》在英格兰推广之初遭到激进派国王的阻挠，亨利二世首先发难，他根据惯例做法并发挥国王自身的聪明才智为日后健全的普通法系奠定了基础。英格兰的国王们还批准商事法庭将陪审团里一半席位给外商，从而确保了商业利益至上并创建了依据司法实践和判例来进行裁决的真正国际法庭。[1]

有了越来越多的法典，至少在一定程度上保护了跨国经商者免遭最高统治者及其官僚滥用权力之苦。虽说庆幸的是商贸殖民地和某些外国地方定期举办的集市享有法律特许权，但是海量的法律加上各地适用的法律也不一致，仍导致不少问题。而且地方当局随时会执法不公、无视法律甚至肆意践踏法律，这不仅指诸多法律，哪怕仅有一部法律也会遭此待遇。因此，巧妙借力、政治施压仍旧成为中世纪欧洲大部分地区经商的阻碍。

本章论述了中世纪政治对于商业具有至关重要的意义，并介绍了政治在不同时期和不同地区如何以形形色色的方式影响商业。不过直白地说，政治干预的首要动机都是统治者狭隘的个人私利，即便统治者恰巧是经商者也概不例外。政治对商业的影响有时候显然是建设性的，例如佛兰德斯伯爵和荷尔施泰因伯爵兴建基础设施；而有些显然是有破坏力的，例如很多最高统治者滥征税费和重商主义的做法。多半情况下，随着统治者和经商者之间的共同利益越来越多，会促进前者出现更有利于商业的行为和政策。不过自14世纪初开始，有些统治者，尤其是英格兰和法国的君主对外扩张耗资巨大，于是贪婪地想办法敛财，对商业造成严重危害。英格兰主要是压榨羊毛业，法国则是操纵铸币价值。中世纪末期一直不乏王室漠视商业利益的类似实例，不过本书下篇将谈到最高统治者越发敏感地意识到商业有利于满足其私利。

---

[1] 爱德华一世于1303年颁布的《商人宪章》（Carta Mercatoria）中正式明确了英格兰商事法庭陪审团由本地和外籍陪审员共同组成。中世纪末期主要依据法庭案件进行法律裁决，请参见本书第九章脚注中的事例。

第五章

商业壮大：超级公司现象

13世纪后半叶西欧萌发了一个新的商业现象,并于14世纪头25年达到顶峰。这就是出现总部设在意大利中北部内陆的皮亚琴察(Piacenza)、阿斯蒂(Asti),尤其是佛罗伦萨等城市的超大型国际企业。这类企业往往被误认为是银行,但其本质是大型商贸经营机构,国际银行只是一项其中主营业务,因此称之为商业银行更妥。

这种新型商业组织出现在意大利一点儿也不足为奇,因为这个地域扼住北欧和地中海地区的商路要冲。按说最有可能孕育这种企业的地方不应该是内陆市镇,而应是威尼斯和热那亚;但这两座城市以陆路和海运方式与北欧开展贸易,专注于利润丰厚但竞争激烈的地中海贸易以及自身作为转口港的地位。此外,即便个别企业临时或永久性地合并成较大企业,他们的商业组织仍旧围绕风险项目运作,例如护航舰队或海外殖民地。这种合作通常是由城邦政府安排的,目的是确保行商安全并受政府官员监督。在这种情况下,从事大宗贸易的主要是临时合资的个体创业者,极个别是由政府运营的一家常设实体机构,例如威尼斯兵工厂。

诚然,这些城市里某些商业机构规模的确非常大。最突出的例子是13世纪末至14世纪初热那亚秉性粗暴的大家族里大名鼎鼎的一员——贝内戴托·扎卡里亚(Benedetto Zaccaria)。此人不仅是舰队司令、外交官、海盗、外籍雇佣兵,还是从事大宗交易的商贾,他构建了一个涵盖船运、采矿、贸易业的帝国。他骁勇善战、精于谈判,从拜占庭皇帝手中获得了两样一本万利的专营权:采集爱琴海(Aegean)希俄斯岛(Island of Chios)的乳香和开采小亚细亚(Asia Minor)的福西亚(Phocaea)的矾矿。乳香提取自一种几乎仅生长在爱琴海希俄斯岛的灌木,是近东地区妇女非常喜爱的芳香树脂,被用于洁齿和清新口气。扎卡里亚家族控制了这种稀缺资源的生产和分销,其技巧高超、冷酷无情,即便是当今的奥本海默家族(Oppenheimers)也会嫉妒不已。矾作为一种染料固定剂,是西欧蓬勃发展的纺织业不可或缺的矿产。扎卡里亚家族同样操纵采矿,用自家的舰队控制分销,对皇帝施展政治诡计和蛊惑来压制竞争,从而把利润做到了极致。尽管这个家族生意的体量、影响面、门类达到如此程度,但不具备长久发展的根基。1307年贝内戴托过世后,他的财富和财产留给了继承人,商业帝国却灰飞烟灭了。

内陆市镇的商贾并未有意回避地中海地区贸易,他们也看到了将其与欧洲西北部市场贯通起来的巨大商机。本书前文已经谈到过,他们参加"香槟集市"后就开始在北欧商贸中心(布鲁日、巴黎、伦敦)成立常设代表处。内陆市镇不具备威尼斯和热那亚那样建立殖民地的军事资源;相反,内陆市镇的商人只能通过搞到地方当局渴求的商品以及掌握获取商品的途径,从而证明自己的价值,才能在地中海区域发展贸易。其结果是从事必需品大宗贸易的成功商人越做越大,资金实力也更加雄厚,他们将总部设在家乡,在海外建成代表处网络,业务量充足的大型企业有实力在商业机会特别诱人的城市设立分支机构并雇佣若干员工。

需要大型企业的生意

这会是什么生意呢?13世纪初常见的生意是用南欧和东方国家的商品——香料、宝石、优质面料——交换上好的佛兰德斯毛织品等物品,但主要是白银。1275年以后意大利人开始插在英格兰羊毛生产商和佛兰德斯纺织厂中间,拿走这项贸易的大部分份额。此外,以佛罗伦萨为主的意大利市镇逐渐转向生产上好的毛织品,起初是进口佛兰德斯的半成品面料做后整理,后来就是进口英格兰顶级羊毛全部自行织造。尽管上述发展有助于缓解南北方贸易失衡，但是铸币仍旧是北欧的主要"出口商品"。

意大利北部地区的创业者还同步反向进军——到意大利南部和西西里岛去，那里有两个吸引力。第一个是上一章介绍过的，佛罗伦萨等市镇助力罗马教皇和安茹王朝征服这片领土，继而打开了一个前程似锦的新市场。第二个是安茹王朝在意大利的领地拥有丰富的原材料资源，最重要的是储存特性极佳的特级小麦。由于意大利北部市镇的本地粮食供给难以满足持续增加的人口，所以对这种资源的需求年年增长。佛罗伦萨公社早在1258年就禁止出口"乡村腹地(Contado)"（指其市郊农村）产出的粮食，1274年设立专门机关管控该市的粮食供销。据说，14世纪初佛罗伦萨"乡村腹地"生产的粮食只够维持该市1年12个月里5个月的需求，所以佛罗伦萨必须大量进口粮食谷物才能保持工商业健康发展。

在意大利中北部地区万事俱备、蓄势待发的商贾眼前，北方和南方遍地是商机，而且这些生意本身特性预示着它们绝非是小买卖人能抓住的机遇。普通商行完全有能力运输各种谷物和原材料，因为他们已经这么经营了数百年。而必须搞超大规模商业机构的原因是英格兰和意大利南部的统治者越来越意识到自己掌控的大宗商品价值连城。他们的权力越大，开销也与日俱增，越发需要资金源源不断地流入。为了保证搞到钱，他们乐意给那些能够提供大额贷款的商业机构授予特许贸易经营权，然后征收出口商品关税或赋税来偿还借款。前一章介绍过卢卡的里奇阿尔迪家族通过给爱德华一世提供稳定的资金支持得以霸占大部分的英格兰羊毛贸易，以及佛罗伦萨的大企业以大额贷款换得的几乎垄断的意大利南部的谷物出口生意。到了13世纪末，昭然若揭的现实是，只有体量超大、资金实力非常雄厚的企业能够染指这些利润丰厚的大宗商品生意。同样地，这些公司也建立起了庞大的分支机构网，掌握了分销这些商品赚钱所必需的营销技能和资源。

这里应提一下意大利之外的大型企业，而且有些企业规模相当大。以戈弗雷·德·蒙(Godfrey de Mouns)为例的布拉班特(Brabant)商贾和以戈德基努斯·冯·雷维尔(Godekinus von Revele)为例的德意志商贾都是14世纪30年代后期爱德华三世在低地国家穷兵黩武之际的主要借款人。赫尔的威廉·德·拉·波尔是知名的英格兰羊毛和纺织品商,其经营规模跟巴尔迪和佩鲁齐的英格兰分部旗鼓相当。但是波尔实质上领导着一个强大的英格兰商人联营财团,并非是他自己掌控经营的复杂组织。[1]尽管北欧的上述企业以及其他资金雄厚的商人的确开展了大量跨国业务,但是没有谁能够媲美意大利杰出的合伙企业所具备的组织体系、分支机构网络、持久性。

意大利内陆城市造就了一连串的这类企业,每一家都各具特色。锡耶纳的邦西尼奥里(Bonsignori)家族是安茹王朝在意大利南部的早期资助者;里奇阿尔迪、花思蝶、切尔基(Cerchi)家族积极经营英格兰羊毛生意;斯卡利(Scali)家族是大名鼎鼎的罗马教皇的银行家,在意大利南部的势力也很强大。这类企业大部分拥有至少50多年的悠久历史,不过14世纪第四大企业佛罗伦萨的波纳科斯(Buonaccorsi)在短短20年里经历了从起高楼到楼塌了的沧桑巨变。尽管公司的控制权通常掌握在企业冠名家族的某些成员手中,但是大部分公司有外部股东。每一家企业最终都会扩张过度、跌跌撞撞直至失败解体,然后出现更大的实体攫取前人的生意。

超级公司的萌芽

佛罗伦萨的巴尔迪、佩鲁齐、阿恰伊沃利这三家公司的规模之大、复杂程度之高,需要单独归类命名,与那些单纯体量大的商业机构以示区分。"超级公司"(Super-company)是能够最贴切表达这些组织本质的词汇。它们的规模异常庞大,性质迥异,经营活动范围极其广泛(涵盖一般贸易、大宗商品交易、银行业、制造业),业务覆盖地域广,经营时间长。它就是第二章介绍纺织业时提到

---

[1] 关于此人及其生意的更多资料,参见 E. B. Fryde, *William de la Pole, Merchant and King's Banker* (London, 1988).

的那种实体：意大利发展到有实力承担毛纺织业全产业链的经营和融资的大型商业银行。这种全程监管的机遇肇始于14世纪20年代，当时佛罗伦萨的呢绒制造商开始产业升级，进军奢华面料生产领域，为此需要稳定的英格兰细羊毛货源。大型商业银行对于薄利的制造业没什么兴趣，例如，佩鲁齐公司在佛罗伦萨的生产企业规模很小。它们的目标是从事利润丰厚的羊毛供给和面料营销环节，操控从获取原材料到在欧洲和地中海地区的各个市场销售成品的商业全流程。

这个过程的起点是采取措施，确保持续从羊场主处直接获取特定品质的原材料。这些公司的代理商见多识广，不仅考察采购当季新剪的羊毛，而且往往签约付款给羊场主预订数年后的收成。这样一来，这些公司不仅确保以预定价格拿下货源，而且享受了数目可观的现金折扣。这些交易所需现金大部分来自七弯八拐的渠道，很少直接调运资金。英格兰国王通常禁止铸币出口，即便是英格兰信众给罗马教皇的捐赠款也不能出口。罗马教皇如需要欧洲大陆各地，包括罗马教廷本身的此类资金，就会请意大利商业银行安排资金划转。教皇在哪里需要现金，意大利人都能为其提供，然后再用教皇在英格兰收到的捐赠款购买羊毛。英格兰很多羊场主是西多会修道院（Cistercian Monasteries），它们是一些教皇的私产，罗马教皇的部分教会捐赠款恰恰来自这里，所以支付给罗马教廷司库的部分资金实际上没有出国就物归原主了！

把羊毛从英格兰运到佛罗伦萨的路途遥远，历经艰难险阻，第二章有关运输业的小节对此做过介绍。羊毛运抵佛罗伦萨后，公司出售一部分，留一部分用于自己生产，还有一部分委托给制造商，生产全过程的费用由公司承担且商品产权自始至终归公司所有。公司还监控染色和后整理流程，确保色泽手感符合目标市场的需求。接下来由公司分销成品，部分从公司在佛罗伦萨仓库的配楼出售，部分销售到遍及意大利、西欧、地中海地区的商贾，还有部分销往该公司在意大利和海外的分支机构。从开始到结束的整个过程历经千里迢迢的运输，因此投入的资金好几个月不能流动。因为公司不仅要覆盖市场营销和运输途中遗失损坏的常规风险，还要弥补上述成本，所以相对售价，成本的加成必然很高。

对于超级公司而言,更重要的业务是在佛罗伦萨与南欧之间开展谷物和纺织品的双向贸易。超级公司与英格兰国王的关系时断时续,但它们在意大利与王室的关系从大约1300年一直保持到14世纪40年代中期,而且它们的贸易量巨大。这些公司操控从南欧出口的谷物,通常年均12 000公吨,1311年总计达到惊人的45 000吨。这些数量远远超过佛罗伦萨的需求,于是多余的谷物被装载上从威尼斯、热那亚等海港租来的散装货船,发往意大利各地乃至整个地中海地区的基督教和穆斯林城市。超级公司还享有该地区其他商品的特惠贸易待遇,尤其是意大利北部需求量很大的食用油和葡萄酒。他们反过来还控制了安茹王朝的优质纺织品市场(本地仅生产低端产品)并开展各种商贸活动。它们日益渗透到这个王国的经济活动之中,1316年它们成立了辛迪加财团,不仅开展谷物和葡萄酒贸易,还负责征税、运钞、支付官僚的薪水和军队报酬、管理军需品。它们与政府官员打交道,其中很多官员是佛罗伦萨老乡甚至公司同事,一直对朝廷具有强大影响力,这种状况在国王罗伯特(King Robert)在位期间尤为突出。

超级公司维系这种油水丰厚的关系靠的不是曾经给予的军事支持,也不是继续表达亲善诚意,而是源源不断地向王室输送大量贷款,助推它们登上了霸主的宝座。部分贷款纯粹作为预付出口谷物税,其他贷款各有名目,由王国的一般收入偿还,但清偿资金马上会转为新贷款,如此循环往复。这些公司的利润来源主要不是来自贷款本身的利息或类似收益,而是国王针对贷款投桃报李,慷慨回报的贸易特权。

这三家超级公司又是如何钻进这个福窝的呢?起初,它们都在那不勒斯经商多年且跟同行一样发展缓慢,但到了13世纪末,这些公司的老板觉察到超大金额的资金池可以带来重大机遇。于是他们从控股家族内部和外部调集了一批有资金有才干的投资人和经理人,迅即整装待发,承接下安茹王朝要求的大单子。超级公司就这样横空出世,跳上舞台,并在随后40年里成为中世纪欧洲"大生意"的化身。巴尔迪又是当时这三家超级公司里的典型。很可惜我们找不到巴尔迪公司的分支机构、员工、资金方面的具体数据,不过零散的利润和资产指标都说明巴尔迪公司的规模比屈居第二的佩鲁齐公司的规模至少超出50%以上。巴尔迪与佩鲁齐在法国以外的其他市场至少是平分秋色的,而且巴尔迪在13世纪70年代甚至更早之前就开始在英格兰做生意,在这里占据遥遥领先的地位。超级公司排名第三的阿恰伊沃利积极开展业务的地区与前两家公司基本上一致,仅在英格兰为了规避与王室产生瓜葛,所以明显低调很多。

超级公司

法律架构

尽管本节大部分内容也适用于之前介绍的规模次于超级公司的企业,但是有些特质是仅适用于"三大超级公司"的。如前所述,一个特质是这些公司不是顺应经营发展而逐渐扩张起来的,而是针对目标"组建"起来的大型企业。佩鲁齐公司在1300年重组时资本金为124 000里拉的弗罗林银币,相当于85 000弗罗林金币,其中60%股份由佩鲁齐家族的7名成员认购,40%股份认购人是家族外人士,他们是佛罗伦萨商界的10位精英。这在当时是令人咋舌的巨款,该公司成立之初就立刻成为欧洲资金最雄厚的公司之一。但是在该公司43年的存续期中,尽管后来业务取得发展并开设了新的分支机构,除了1308—1312年间,其资金量再也没有突破成立时的水平。

超级公司与大多数意大利的大企业一样,依法设立为拥有多名合伙人的准永久合伙企业。准永久的意思是企业不因合伙人过世或退休而解散,甚至"解散"后又立即重新建立合伙关系。每家合伙企业按照合伙人的意愿安排存续期,有的2年,还有的长达12年。通常结束合伙关系的原因是股东想调整股权关系,或是分配利润,皆有可能。无论如何,它们的经营不受影响,几十年里无数次公司重组,但生意从不间断。

佩鲁齐公司在1300年成立时有17名合伙人，这个例子已经说明企业有多名合伙人。不过这里要解释一下为何本书称这些大企业为"公司（Company）"，其所有人为"股东（Share Holder）"。因为每一位合伙人持有的股份及其享有的利润分成都取决于其注资金额占总资本的比例。因此"合伙人（Partner）"和"股东"的表述可以互换。但是这些公司也是现代意义里的合伙企业，因为公司破产时每一位股东要以全部个人财产承担无限责任。于是，利润分配都是不确定的，最初注资后要数年甚至数十年后才结算，盈利或亏损都有可能。

包括家族成员和外部人员在内的大部分股东不仅要投入资金，还要贡献聪明才智，他们就任核心岗位，例如负责管理那些意义重大且在政治上敏感的海外分支机构。这些人驻守海外机构可以给予客户信心，确信这家公司即便经常解散，仍是一个经久不衰的组织。公司设计并使用具有鲜明特色的纹章图案作为标识，就更让人感觉它将亘古不变，罗马教皇尤其看重这一点，认为有徽章的商业机构说明其运行稳定。[1]但是不管执行合伙人拥有多大权力，他们显然都必须听从"头儿"（capo），也就是董事长的命令，担任这个职位的往往是家族掌舵人，其名字也出现在公司名称里。

组织与人事

尽管我们没有直接证据说明哪一家大企业曾拟定了正式的责任分工或是权限，但是佩鲁齐公司在佛罗伦萨和海外运营的账簿中有多处资料说明这些公司实际是如何运作的。资料显示，佩鲁齐公司的组织形式给经营层下放了一定权力，但是重要事项决策权仍属于佛罗伦萨总部执掌实权的董事长。表5—1是按照佩鲁齐公司的组织形式绘制的该公司的构架。

---

[1] 巴尔迪公司的标识是菱形纹章，佩鲁齐公司的标识是蓝色背景映衬着三枚金梨。

表 5—1　　　　　　　　佩鲁齐公司组织架构(1335 年 7 月 1 日)

佛罗伦萨运营部门	董事长	
	海外分支机构	
	合伙人负责的机构	代理人负责的机构
总部 (Co. della Tavola)	那不勒斯 多纳托·佩鲁齐(Donato Peruzzi)	巴勒塔
商品公司 (Co. della Mercanzia)	西西里岛 F. 佛宰蒂(F. Forzetti)	塞浦路斯
布料公司 (Co. della Drapperia)	阿维尼翁(Avignon) F. 维拉尼(F. Villani)	罗得岛
救济金公司 (Co. della Limosina)	英格兰 G. 巴伦切利(G. Baroncelli)	撒丁岛
	布鲁日	突尼斯(Tunis)
专设账户	圭多·佩鲁齐的儿子帕西诺 (Pacinodi Guido Peruzzi) 巴黎 菲利波·佩鲁齐(Filippo Peruzzi)	马略卡岛
		威尼斯 比萨

佛罗伦萨的经营比较集中,几家"子公司"直接向董事长汇报。简而言之就是,"总部"(Tavola)主要负责在佛罗伦萨的银行相关业务,"商品公司"(Mercanzia)负责佛罗伦萨以外地方的贸易和物流。"布料公司"(Drapperia)管控委托生产少量纺织品业务。"专设账户"(Special Accounts)指在佛罗伦萨直接监管的一些重要海外客户,例如"医院骑士团"(Order of the Hospitalers)和某些教会显贵。"救济金公司"(Limosina)账户其实就是佩鲁齐公司运作慈善资财的渠道。该公司拨备了大约 2% 的资金用于上帝的使命,"救济金公司"接收该笔资金分配的利润。巴尔迪公司实际上将慈善事业股份放在"Messer Domeneddio"账户名下,这句意大利语的意思是:致上帝。由于股息分配不定期,金额不确定,所以公司还在每年一月份拨付一大笔钱,用于当年捐赠给慈善机构和穷人。

尚不清楚总部下属"子公司"的经理是否直接向董事长汇报。我们掌握的唯一确凿证据是乔托·佩鲁齐(Giotto Peruzzi)一度担任司库负责"总部"事务。

然而，海外分支机构确实会明确地任命经理并分为两类组织：一部分由合伙人负责，另一部分由雇员负责。划分标准似乎以政治因素为主，远超对经济因素的考量。为此，安排合伙人管理那不勒斯、西西里岛、英格兰、巴黎、阿维尼翁、佛兰德斯这些政治敏感地区的分支机构，因为需要运用他们的社会地位、社交技巧、智慧以及在公司的权力来应付那些难搞的达官贵人。但是，如果分支机构主要从事贸易和物流工作，那么，即便是像意大利南部主要粮食港口巴勒塔（Barletta）这种业务量大的地方，安排训练有素的雇员管理也足够了。超级公司还会经常根据分支机构的环境变化而调整领导的等级。例如，佩鲁齐公司的罗得岛（Rhodes）分支机构成立之初，就由一位合伙人负责；业务走上正轨后，就由一名雇员负责了。

如何安排人员报酬呢？关于雇员的答案相对简单。他们根据年龄、经验、职责高低赚取工资。有些人也因工作出色而获得奖金。大多数人，尤其是派驻海外的人员能享用公司的商品和服务。总之，他们的总体收入高于佛罗伦萨的平均水平，而且稳步加薪。1335年佩鲁齐公司一半的受薪雇员年薪超过70弗罗林金币，这个收入相当可观。但担任管理岗位的股东的报酬问题就很难说清楚了。当然他们有分红，但是我们没有证据显示他们拥有其他形式的报酬，明确地说，即工资奖金。他们的确享用了大量公司资源，股东很可能还有很多额外补贴，可以使用公司的面料、食物、奢侈品、服务。罗伯特·雷诺（Robert Reynolds）的研究颇具说服力，他证明了公司费用与执行合伙人的开销混杂在一起，这也许有助于我们解释这个怪异现象。他注意到，许多属于个人消费的支出往往由企业承担，还有些明显公司受益的费用却是由合伙人支付的，"这是一个共同体……这在当时真的无所谓，只是现在我们想利用成本会计方法核算有关情况时才感到困惑。"[1]但是公司一旦进入破产程序，这就有关系了。现存的佩鲁齐账簿显示，个人数年前的若干项支出又记到合伙人名下，说明破产

---

[1] Robert L. Reynolds, "Origin of Modern Business Enterprise: Medieval Italy", *Journal of Economic History* 12(1952): 360.

法院此时下令收回曾经司空见惯的特殊待遇,转给公司的债权人。

中世纪意大利公司的雇员,不管是在本土还是海外,都有一个共同属性:全部是意大利人且基本来自公司所在的家乡城市。当然公司也会聘用意大利以外的人承担运输商品等工作,但是不会成为长期员工。必须雇用意大利雇员的原因,除了语言相通的便利和至关重要的信任问题,还因为外国人基本上无缘他们所接受的商业培训制度。他们都曾跟随私人教师学习,而且1300年之后,他们基本上都曾到一所"算术学校"(Abacus School)就学。[1]他们在这类学校学习各种解决实际商务问题的计算方法,包括使用阿拉伯数字。他们培训的重点不是运用逻辑得出解决方案,而是掌握解决问题的方法以及培养好记性。毕业生经过适当的学徒期,便会前程似锦,甚至可能进入某一家大企业。

佩鲁齐公司在1331—1343年间雇用的133人和巴尔迪公司在1310—1345年间雇用的346名员工就是从佛罗伦萨经商家族中遴选出的资优聪慧者。但是很有趣的是,他们当中没有一个人出自该公司主要竞争对手的家族,更令人惊讶的是,其中也鲜有股东自己家族的成员。前面提到佩鲁齐公司的133名驻外代表中只有23人与公司所有者有关系,而且他们大多工资水平一般。没有竞争对手的后代不足为奇,因为人们认为一个人对家族效忠,就要对家族企业效忠。同时,家族企业里本家族子嗣少,说明没有裙带关系,风气清正。因为商业太重要了,不管相互关系多么亲近,也不能放手交给无能之人。对于所有雇员来说,最重要的是保住饭碗。在生意兴隆的企业里,终止聘用的原因通常是欺诈,相应处分很严厉。即便是在佩鲁齐公司逐渐步入破产的漫长岁月里,也仅是慢慢减少员工招聘,而不是减薪。

我们没有大部分公司在当时的雇员人数数据。但我们明确知晓的是,1335年佩鲁齐公司除了在职股东,还有90名受薪雇员,其中48人驻在分支机构。我们还知道规模稍逊的阿恰伊沃利公司的海外分支机构有43名代理人。巴尔

---

[1] *Merchant Cultures in Fourteenth-Century Venice: The Zibaldone da Canal*, trans. John E. Dotson(Binghamton,NY,1994),书中提供的零碎信息显示,学生会遇到纷繁复杂但紧扣实务的问题。

迪公司的总人数不详，很可能在120~150人之间。除了受薪雇员，公司还定期聘用很多非在编人员，例如股东的儿子、法务文书、航运商、客栈老板、纺织工人。总人数按现代标准看不算多，但是在14世纪算是很可观了，比一个世纪之后拥有57名雇员的美第奇家族银行（Medici Bank）还庞大。对比来看，阿维尼翁教廷是当时势力最大的官僚机构，其管理人员是250人，而其他大多数政府机关规模比阿维尼翁教廷小得多。

会计制度

大部分人研究超级公司的活动时将视线聚焦于谷物和羊毛，但是这些公司不仅仅是大宗商品交易商。它们还跟其他大型企业一样，非常积极在整个西欧和地中海地区开展各种商品的购销活动，生产少量纺织品，并为经营活动、君主、政府、罗马教皇提供国际化程度很高的银行业服务。开展这些业务都需要一套管理和控制制度，保障公司能在国内外沟通缓慢、政治动荡、充斥暴力的环境下成功经营。

很可惜，现存有关超级公司经营状况的数据差异太大，并且也没有完整的财务报表或经营分析。好在巴尔迪、佩鲁齐、阿尔伯蒂（Alberti）、德尔·贝尼（Del Bene）等公司的现存档案向我们披露了14世纪初期大企业的组织架构、会计和管控制度方面的大量信息。其中最完整的一套账目是佩鲁齐公司1335—1343年间的账簿，尽管它展现的是一家万劫不复地陷入破产的公司，但是其中丰富的细节足以让我们容易地判断出公司制度的运作方式。

大企业的主分类账是资产账簿和秘密账簿，两者合起来看大致类似现代跨国公司的合并账户。这些账户期初余额从老公司结转而来，把控的是不会转出的某些收支项，尤其是利息。同时它们也会登记总部管理的借款人和存款人的个人账户。资产账簿与秘密账簿的区别在于后者涉及事项较敏感，例如股东账户和雇员工资。最终损益表也是依据这本账簿编制的。因为这本账簿属于保密文件，所以通常由董事长保管。上述账簿的账目显示还有若干明细分类账，说明当时的会计工作量巨大。有一本商品贸易登记簿，也记载有海外分支机构的应付账款和应收账款余额。还有一本股权账簿记载某些费用,包括预付给海内外合伙人和雇员的现金和现金等价物,每次结束合伙关系时不留未结余额。还有些账簿是关于法定索偿、租赁费、股东出资额、其他地方不合适登记的零碎收支款项。

上述文件展示了这类企业所采用的制度及其达到的成熟度。首先,它们将全部本地交易和分支机构余额换算成虚拟的记账单位,例如佛罗伦萨用的是"弗罗林银币里拉"。这些公司现实经营中使用的货币种类繁多,令人眼花缭乱,之间的汇率关系总是变来变去,而且所有分支机构上报业绩用的都是所在地的货币。总部的会计不得不将一团乱麻理出头绪,用同一种价值尺度来统计公司所有经营业务。大部分意大利商贾采用这种技术或是类似的方法,而像佩鲁齐这种国际化经营范围如此广泛的公司就必须更加谨慎。这种付出是值得的,对于当今跨国企业而言同理,这意味着执行股东只需要按"弗罗林银币里拉"为单位来了解公司的全球业绩并最终取得分红就可以了。

其次,这些公司运用复式记账法,账页的前一半登记借方账项,后一半是贷方账项。所有分录设置逻辑清晰、标注明了,查看账簿的人对在哪里抵销过账一目了然,能方便地追溯合伙期内每笔账目的来龙去脉。新的合伙关系建立之初,会计人员会将公司过去的未结余额转过来,在新公司资产账簿和秘密账簿的借方和贷方栏目的开篇设置相同分录和相反分录并计算出总和。之后将该余额过账到这些账簿中新设的个人账户或各现有明细账簿进行抵销,因此新公司可以与老公司的数据无缝对接,延续经营。阿尔芒多·萨波利(Armando Sapori)将期初余额形象地定义为老公司的"现存残值",实际上是其镜像;也就是说,借方实际是负债,贷方是资产,这些必须与开立的新公司账户要做的分录进行抵销。

这些账簿还显示公司一丝不苟地计息,委婉地写成时间的馈赠或利润,计入借方和贷方的全部余额。佩鲁齐公司的利率在1326年前一直为8%,而在该年降到7%,公司司库乔托·佩鲁齐认为:这个数值"合理且令上帝满意"。分录还显示会计人员熟知权责发生制原则。例如,全体雇员工资被记入佛罗伦萨的秘密账簿中雇员个人的账户。为了保密,它们不会给在海外分支机构工作的雇员发放工资,而是预支生活费。这些费用从雇员在佛罗伦萨个人账户中的应计薪金里扣除。所有余额,不管为正还是为负,都按年化7%的标准利率计息。

此外,账簿里实际上缺少了两个科目,这一点值得关注。第一是固定资产。没有房产不是会计异常现象,而是有意为之的策略。大企业明显地避免用固定资产占用现金,它们更倾向于租赁而非自持店铺和仓库,所有水陆交通运输也采用租赁方式。第二是佩鲁齐公司资产里没有存货。这的确属于会计惯例,因为这家公司在佛罗伦萨和海外分支机构以及运输途中有大量的原材料和制成品。佛罗伦萨的账目没有体现这些存货的原因是佩鲁齐公司采用的是中世纪商贾普遍运用的风险项目会计程序。[1] 这套体系是将每一批货物都单立账户进行管理。仓储、货运、损毁等成本全部计入该账户的借方,全部销售额计入贷方。货物一旦全部处置完毕,会计就会结清账户并将余额结转损益。这实际上是成本核算的早期做法,方便管理人员了解每项生意的盈利能力。因此,企业会计期末应收账款总额里有相当份额是未结清的风险项目账户余额中的存货。

至于分支机构的会计工作疑点颇多,因为没有哪家超级公司分支机构的账簿保存了下来,我们只能依靠零碎信息大概获知账簿中包含的内容和记账方式。分支机构编制财报时似乎享有一定程度的自主权。有的仅仅提供一个净余额数字;有的显示应收账款和应付账款的数额;还有的增加了账户数目和类型等有用信息。但是即便是做得最好的报告,其信息量对于总部的会计人员来说都不够充分,后者的明细账簿里肯定有其他数据。

佩鲁齐公司精心搭建的会计管控体系理所当然地博得了各领域历史学者的赞叹,甚至令人感到惊诧。毋庸置疑,这家公司组织经营和信息流动的方式都相当精密成熟,用作现代商学院的案例也不过时。但是现代学者们过于强调账簿中表达的抽象概念是多么明显"现代"。这些概念的确很棒,但是相关资料

---

[1] 这套体系虽然常见,但是应用并不普遍,有证据显示,与佩鲁齐公司同时期的阿尔伯蒂公司在报表中将存货视为一项资产。

汇集速度太慢，所以对于现实中经营生意没有实操价值，这些超级公司的成就靠的是经理人意识到机遇时训练有素地将自己的知识、经验和商业头脑付诸实践。

超级公司与家族、佛罗伦萨、教会、相互之间的关系

尽管这三家超级公司的控制人是与公司同名的家族的成员，但是公司似乎并未将家族利益放在首位。换言之，超级公司不是世家血脉相承的企业，而是那些为这家企业奉献年华、才智、金钱的个人的事业。不过对整个家族来说，公司不仅是利润来源，还能提升自豪感与名望。如果单纯从财务角度考量，超级公司的股东早就应该解散公司了。但是超级公司似乎超脱了纯粹的家族利益，我行我素地过着日子。1335年佩鲁齐公司结账时已经明摆着不赚钱了，促使三位外部股东在当年分道扬镳。但是所有超级公司的家族成员仍旧坚守着，挺过了一波又一波的灾难，直到1343年企业轰然倒塌。阿恰伊沃利与佩鲁齐大约同期倒闭，巴尔迪多撑了3年，最终于1346年缴械投降。

公司与家族世系紧密共生。家族成员不管是否会参与到企业管理之中，他们都会通过在主要行会和公社担任要职，从而增强企业的实力。比如，佩鲁齐家族积极参与了佛罗伦萨至少四家大行会（洗染行会、银行家行会、羊毛行会、医药行会），并在1310—1342年间六度担任公社的最高执政官。超级公司财大气粗，佛罗伦萨市要仰仗超级公司的国际关系网和无以匹敌的调集资金的能力，实现扩展海外贸易的雄心壮志。虽说佛罗伦萨市自1293年起就禁止任何巴尔迪家族成员担任公职，即便在这种不利条件下，巴尔迪公司仍对佛罗伦萨市的政治具有举足轻重的影响。也因为这个原因，后期代表巴尔迪公司的不是巴尔迪家族的重要人物，而是能力超群的外部股东塔尔多·瓦洛里(Taldo Valori)，他也是佛罗伦萨政坛一言九鼎的人物之一。因此，巴尔迪家族成员才有充分理由尽可能长久地紧握公司的主权不放。

前文已指出，超级公司与公社的关系不只是体现为家族显贵的利益和影响力。这些企业给佛罗伦萨市创造了大量生意和就业，是公社稳固的重要收入来

源,尽管主要采取自愿或强制性贷款的方式获得。它们在商界和金融领域的影响力提升了佛罗伦萨在全欧洲强势统治者、教会亲王、城邦面前的地位,这一点对于这座军事力量羸弱的城市来说弥足珍贵。反过来,公社也善待超级公司等商界精英。除非遇到严重危机,平时公社停止征收财富税和财产税,而严重依赖消费税(盐税),这些商品主要是底层阶级购买。此外,企业往往包征盐税,通常这是门有油水的营生,但不能保证总是赚钱。[1]

不过,公社也绝不是商贾阶层的哈巴狗。前文已经介绍过,公社控制谷物市场,密切关注价格动态,为此不惜雇佣间谍。公社能够而且现实中的确在饥荒时期给超级公司施加了巨大压力,要求他们"做正确的事情"。公社还颁布了一系列规范商事活动的法律,如果严格执行,所有企业都得上缴巨额税款。但是这种情况几乎没有发生。事实上,正是因为佛罗伦萨独裁者布里耶纳伯爵沃尔特(Walter of Brienne)在1343年下令严格执行这些法律,激怒了精英阶层并导致了他自己的垮台。尽管如此,公社还是制定了清晰明确的商业行为守则并要求公司认真执行。破产程序虽说有时混乱不堪,但至少人们都了解并愿意接受公众监督,对佛罗伦萨人来说,该程序较好地体现了衡平法的正义原则(Equitable Justice)。而外地的债权人,除非关系够硬,否则基本上结局糟糕。

本书第四章描述过佛罗伦斯商贾与罗马教皇勾结串通,这种关系在超级公司身上体现得更加淋漓尽致。教会是尊贵的重要客户,修道院是重要的供应商。超级公司替罗马教皇收钱并代理国际转账,在与贵族和政府官员打交道时利用教会组织的强悍政治权力和威望为己撑腰。与此同时,超级公司实际上就是佛罗伦萨公社的特使,往往与教会直接达成政治同盟。

他们之间作为客户与供应商的关系体现在很多方面。超级公司为全欧洲高级神职人员和主教们提供大量华丽的圣衣和器皿。罗马教廷迁至阿维尼翁期间这方面的生意格外兴隆,所有超级公司都在那里都开设了重要的分支机

---

[1] 个人或企业可以竞标指定时期内特定物品的征税权。中标者向公社支付的款项与其征收税款的差额就是其盈亏。14世纪30年代末萧条期的包税亏本情况太严重,所以竞标活动中止了一段时间。

构。前面也介绍过,英格兰教会的修道院是细羊毛的重要供货方,超级公司向其大量采购,经常提前数年就交了预付款。修道院利用这些钱扩大生产或是资助慈善事业,当然有时也用于意义不大的事情上。举例来说,贝德福特修道院(Abbey of Bedforshire)的执事为了重建富丽堂皇的教堂,不仅动用日常的羊毛合同款,还向佩鲁齐公司贷了一大笔款项。

罗马教皇与超级公司在14世纪中期之前的金融往来还是审慎无误的。13世纪后半叶,教皇愿意在意大利商业银行存贷适度金额的款项,但在1350年前后停止了这种做法。事实上,在阿维尼翁首任教皇克莱蒙五世(Clement Ⅴ)时期,双方全面中断正式往来。他的继任者约翰二十二世(John ⅩⅫ)胸怀政治野心,需要借力超级公司无与匹敌的组织管理人才和专业技能,所以在1316年恢复了双方关系。尽管如此,他也仅将关系局限于收款和转账业务,例如本章前文介绍的在英格兰的那些政策。教皇司库注意到里奇阿尔迪和花思蝶这些大企业倒闭,认为小心驶得万年船,而当著名的斯卡利公司在1326年也破产之后,他们便改变合作政策,确保任何一家商业机构出现风险都不会对自己造成太大影响。尽管它们的收款业务覆盖了除法国以外的整个拉丁基督教世界,对教会来说几乎没有风险,但即便如此,当罗马教皇看出超级公司的危机端倪时,仍在1341年另选了一家名不见经传、资质也不够的锡耶纳商业机构进行合作。

与基督教会做生意的意义远不止于交易带来的账面收益。超级公司与教皇财政部门的官方往来及其与教会亲王的私交成为他们走进欧洲各地贵族社会的通行证,而这是普通商贾无法企及的。与此同时,罗马教皇的很多政治冒险行动靠超级公司提供财力支持。[1]但这并不是说双方的关系雷打不动。当时的政治阵营瞬息万变,教皇和佛罗伦萨在这个沸腾的大熔炉里不时地翻滚到对立面,不过他们在大部分时间里是铁杆联盟,经常打得火热。

现有数据提供的信息交错混杂,所以超级公司之间的关系具体如何并不明

---

[1] 例如,巴尔迪和佩鲁齐公司,尤其是后者资助"医院骑士团"在1309年征服罗得岛,并在随后几年里又提供防御所需的资金。

朗。它们在佛罗伦萨和"乡村腹地"也有可能存在某种竞争关系。它们向同类型的客户销售相似品类的商品,但没有留下证据反映或明或暗的市场分配情况。巴尔迪和佩鲁齐在1337年成立英格兰合资公司之前,很可能已经展开了寻找进口羊毛货源的商战。此外,我们了解到巴尔迪家族的三名成员在佩鲁齐公司有存款,意味着当时存在一定程度的揽储竞争。最后,它们不会雇佣其他家族成员,这个事实表明它们想保守商业秘密不为他人所知。但这些证据不足以让我们得出佛罗伦萨内部竞争激烈的观点,因为实际情况是当时很多商品(尤其是谷物)价格受行会或是公社的调控。

在佛罗伦萨以外的地方,不同城市的商贾相互残酷比拼,而来自同一座城市的商人基本上抱团合作,除了热那亚这个明显的例外。至于超级公司,如前所述,它们占领了意大利南部地区的大部分市场份额,巴尔迪和佩鲁齐还在英格兰成立合资公司。尽管如此,大企业仍要四处争夺最优质的羊毛和价格最优惠的商品。而且每一家公司都想方设法一方面维护自己的内陆运输客栈网络,另一方面寻找最优价格的航运载位。不过,它们在佛罗伦萨和海外是政治同盟,常常利益一致,这个现实抑制了他们与生俱来的竞争欲望。

超级公司解体的原因

中世纪一桩记载最完善的商业新闻事件就是超级公司在14世纪40年代轰然倒塌。传统观点认为,超级公司倒塌是自身贪婪的后果,因为它们在百年战争之初给英格兰国王爱德华三世提供太多贷款并损失惨重。多加缜密思考的经济史学者认为,超级公司的灭亡原因是金银比率逆转。本书将分析上述两种理由并提出我们认为的更令人信服的超级公司破产缘由,即国际谷物贸易出现不利变化。

给爱德华三世的贷款损失

持这种观点的学者的主要依据是他们断定英格兰国王赖账，总计欠了佩鲁齐公司 600 000 弗罗林，欠了巴尔迪公司 900 000 弗罗林。时至今日，仍有历史学者无视大量信息相互矛盾的事实，反复引述这句话来解释这些公司破产的缘由。虽然人们早都知道英格兰王室事实上从未违约，而是经过一系列审计后迫使这些公司承认债务的金额少得多而已。

这种观点主要源于 14 世纪的编年史作者乔凡尼·维拉尼，他在记载佛罗伦萨史时描述了超级公司的倒闭情况并认定爱德华三世是罪魁祸首。很多历史学者认为维拉尼是值得信赖的权威，因为他本人于 14 世纪早期做生意，对彼时佛罗伦萨的商贸和政治情况非常熟悉，这一点的确没错。他年纪轻轻就于 1300 年加入佩鲁齐公司担任股东兼管理人员，说明他属于富豪名流阶层。他于 1308 年离开佩鲁齐公司，随后担任波纳科斯公司的执行股东，这家公司迅速壮大成为佛罗伦萨第四大商业机构。维拉尼还积极参政，曾担任佛罗伦萨新城墙建设项目财务总管等数个声名显赫的职位。但他遭到受贿指控后想尽办法采用法律上的拖延战术，尽管他从未被判有罪，但是名誉受损，之后被降级使用。此外，维拉尼仍旧是波纳科斯公司合伙人期间，这家公司在 1342 年也轰然倒闭，公司在那不勒斯和阿维尼翁的代表不见踪影，留下一群愤怒的债权人。公司设法在佛罗伦萨将诉讼程序拖延了好几年，但是维拉尼在 1346 年 2 月被捕，关在臭名昭著的"斯蒂奇"（Stinche）监狱，并于 1348 年死于瘟疫。

上述事实说明，在超级公司最后的岁月里，乔凡尼·维拉尼已经长时间身处局外并忙于处理自己的麻烦事，不再是消息灵通的社交达人。因此，他很可能是从公社法庭外道听途说的"八卦"来预测巴尔迪和佩鲁齐公司的损失。而官方记录也的确含混不清。佩鲁齐公司申请破产后的第一份报告中没有提及数额，仅仅说绝大部分债务是英格兰、法国、西西里岛等海外地区债务人欠下的巨额应付款，因"战事原因，无法收回。"

最终清算结果显示超级公司的亏损规模小得多。1347 年佩鲁齐公司协议同意向债权人偿付大约35%的索赔款。巴尔迪1346年初申请破产后以惊人的速度立刻达成协议,偿付债权人超过46%的索赔款。维拉尼也声称大部分英格兰亏损是由佛罗伦萨人承担的,能偿还这些钱说明它们在英格兰的巨额亏损是虚假信息。之前没给爱德华三世贷款的阿恰伊沃利公司与佩鲁齐同期寿终正寝,给债权人偿还了50%的款项,比其他两家超级公司的赔付率也就高了一点点。最后,仔细研究英格兰的档案后可知,这两家公司,尤其是佩鲁齐公司把贷给王室的大部分钱搞回来了。它们的贷款的确亏本了,但是远远不及维拉尼所说的程度,而且它们凭借羊毛出口特许权赚的钱也弥补了部分贷款损失。

金银比率变化

西欧商业经营采用复本位制,也就是说,在中世纪鼎盛期和末期的大部分时间里金银货币同时并存。在13世纪中叶之前,白银是绝对主要的流通铸币,但是热那亚和佛罗伦萨都自1252年开始大规模铸造金币,之后佛罗伦萨的弗罗林金币立刻大受欢迎,尤其受到罗马教皇的青睐,于是很快取得国际货币的地位。威尼斯人由于他们发行的银币格罗索(Grosso)地位重要,所以这方面进展缓慢,但是到了1284年也开始铸造达卡特金币(Ducat)。欧洲的复本位制并不是标准意义的复本位制,虽然它们也时不时地尝试固定这两种金属的兑换率,但在现实当中,金银兑换率随着每个地区每种金属的供求变化而相应波动。结果催生出大量金银铸币和金银块的贸易。

对于经商者来说,兑换率变动带来的不仅是套利机会。他们绝大部分支出,尤其是工资支付用的是白银,而他们在国际市场的大部分销售业务用的是黄金,主要是弗罗林金币。简而言之,金价相对银价升值对于经商者来说是收入增加的好事情,而银价相对金价升值对他们来说是收入缩水的坏事情。1252年刚刚铸造弗罗林金币时的兑换率暂时固定在8.96盎司的银兑换1盎司的金,也就是大概9∶1。该比率到了1280年升至10∶1,之后持续上涨,从1310年至14世纪20年代后期达到峰值14∶1,然后开始下跌。这股逆流在欧洲各地进展速度快慢不一,严重影响威尼斯是到了1331年,佛罗伦萨是到了1334

年,法国是到了 1337 年,英格兰是到了 1344 年。

兑换率从 13 世纪后半叶到 14 世纪头 25 年的走势显然非常有利于跨国经商者。诸多经济史学家把 14 世纪 30 年代中期开始的兑换率逆转当作超级公司走向灭亡的重要因素。这种观点貌似合理,但是仔细研究就会发现这种观点在事件发生时间和细节上存在漏洞。事实上,从 1325 到 1345 年,也就是超级公司衰亡期,佛罗伦萨弗罗林金币与这些公司的大部分重点贸易地区(意大利南部地区、地中海地区、英格兰)的银币之间兑换率几乎一成不变。金银市场剧烈波动固然为困境中的超级公司又添新愁,但是这类商业机构拥有国际贸易商网络,绝对具备应对这个挑战的能力。当兑换率急转直下并对商业产生严重危害的时候,这些超级公司已经由于其他因素走到了穷途末路。

国际谷物贸易形势恶化

佩鲁齐公司 1331—1335 年合伙关系的档案显示,该公司尚未进入英格兰的冒险生意以及金银兑换率变动显著影响公司财富之前,显然正滑向破产的深渊。即便有利润丰厚的英格兰羊毛生意做后盾,佩鲁齐公司仍亏损惊人,连同实力雄厚的巴尔迪公司也是如此,利润缩水得很厉害。这两家公司以及阿恰伊沃利和波纳科斯公司产生这样的问题是它们赖以发达的根基,即国际谷物贸易陷入大衰退。

14 世纪 20 年代和 30 年代爆发了一系列耗资巨大却徒劳无益的战争,阻碍商贸活动且增加税负;断断续续出现粮食歉收的年景;1333 年洪水滔天,状况惨烈,这些因素都削弱了这些公司的实力。其中最严重的是饥荒问题,促使政府彻底改变关于给老百姓供给粮食的态度。1329 年的大饥荒对于谷物分销商来说完全不是啥好事儿,这次饥荒程度之严重、范围之广,使得大型粮食企业被迫采取典型的价格挤压行为。这些企业要到卖方市场争夺粮食资源,又被要求以"政治正确的"价格来供应谷物。接着,各市政府从 14 世纪 30 年代开始逐步跳过超级公司,与意大利南部和西西里岛的粮食主管部门做生意。结果是这门大宗商品生意缩水,构建这些综合性组织机构旨在管理的业务量和利润额都不复存在，超级公司在日常管理费用的重压之下日落西山。

超级公司绝迹

超级公司最令人费解的一个现象是他们全部在30个月内倒闭了，从此后无来者。虽然阿尔伯蒂等某些具有相当规模的企业设法幸存了下来，但是它们实质上变成了普通商业银行，不再属于超级公司。之后的百年里也出现了一些规模很大的企业，其中最出名的就是美第奇，但是这些企业的特征也与超级公司不一样，它们重点从事制造业和银行业，而且就统治地位和覆盖范围而言，也无法企及14世纪的超级公司。[1] 在13世纪开始出现的巨型企业潮流中，每当一家大企业倒下，始终会有更大规模的企业取而代之，而这种态势突然逆转了，原因何在？最有可能破解这个问题的答案在于当初催生超级公司的经济现象——大宗商品市场和控制这些市场的君主的需求。

超级公司寿终正寝的原因不能算到黑死病头上，因为这几家超级公司在1347—1350年的大灾难前不久全部消亡了。但是黑死病及相关灾难造成人口锐减，尤其是在兴旺发达、人口过密的意大利城市，无疑阻碍了超级公司复兴。此外，多年来各地不断暴发各种天灾，使得人口水平一直处于低迷状态。这种新情况造成的结果之一是谷物贸易大幅减少。城市周边地区的粮食产量也因人口损失而下降，但是相应地，需要弥补的粮食缺口也比以前少多了。在遭遇饥荒必须大批进口粮食的年份里，该项工作一直由市政府操办。结果是谷物贸易再也没有恢复到过去批量交易的规模，也不再需要超大型的私人机构经营这门生意。

英格兰羊毛生意的情况则完全不同。黑死病之后的年份里对这类商品的需求实际上似乎增加了。14世纪50年代和60年代的出口量达到14世纪初以

---

[1] 本书第九章和第十章将详述美第奇公司。

来未曾企及的水平,而且一路高歌地持续到 14 世纪 70 年代。但是意大利公司再也没能掌控这个行业,因为英格兰王室的行政官员更加擅长处置国王事务,不再需要国内外的私人企业一直提供资金。温彻斯特主教威廉·埃丁顿(William Edington)改革了政府的簿记方法、财务信息制度、海关手续,开源节流效果显著。并不是说爱德华三世及其继任者们不再需要经常贷款,而是他们的借款不再是过去的规模,也不像以往那样盯着少数几位债权人。佛罗伦萨商贾也没有放弃英格兰羊毛贸易,虽然他们一度仍旧很活跃,但是丧失了原来的地位。到了 1376 年,他们交出了头把交椅,此时独领风骚的是英格兰商贾。

丧失大规模的商品生意从两方面影响到商业组织。第一,支撑起周密复杂且高成本的大型国际网络的业务量不复存在。在风险加剧的情况下,维持超级公司这种体量的组织要付出极大的努力和精力,但再也得不到相应的回报。第二,不再"需要"这么大型的组织了。从事综合贸易、制造业、银行业,规模不管大小都能运行良好,实现企业家的抱负。在饱经战火蹂躏的欧洲,商贸一片混乱,大多数经商者因此选择收缩经营活动,尽管有一些发展成为相当大规模的组织,但是直到 15 世纪中期前,仍然没有哪一家接近超级公司的体量。

大扩张告终

按理说,黑死病的爆发标志着欧洲历史上一段历时最久、活力最强的经济扩张落下帷幕。尽管这种扩张前进的冲劲在 14 世纪初已经开始减弱,在某些地方甚至出现逆转,但是经济活动在 14 世纪 40 年代之前总体是保持生机活力的。或许扩张期本来就该结束了,而黑死病又造成了人口大规模减少,导致商业肯定无法在之前的道路上继续运行。

历史学者往往认为瘟疫之前出现超级公司垮台现象是因为中世纪欧洲经济"过度扩张",超过了自身技术能力极限。由于本书研究的是商业史,不是经济史,所以我们无意运用著名的的马尔萨斯理论(Malthusian)来阐释这个时期的状况。也有历史学者把"过度扩张"的印章盖在14世纪倒闭的大型国际公司身上。这一派的观点是:这类企业,尤其是超级公司实际上已经成为过于庞大复杂的商业恐龙,14世纪的经商者没有能力运作好它们。意大利大型企业的确庞大而复杂,但是主因是他们通过搭建运作顺畅的分支机构网络以及运用精密成熟的管控和转账技术,成功地简化了国际商务流程。借由这些方法,大型国际企业比体量较小的竞争者具有明显的成本优势。有种观点认为,在超级公司倒闭很久之后,仍有佛罗伦萨市的阿尔伯蒂、卢卡市的圭尼吉(Guinigi)普拉托市(Prato)的达蒂尼(Datini)等拥有分支机构网络的大型企业破土萌发、欣欣向荣,从而证明超级公司之所以形成非常庞大的规模,就是充分利用了特定的大规模商品贸易的机遇,换言之,它们是针对短期现象应运而生的短期产物,它们垮台仅仅是因为时过境迁,机遇不再了。

　　本书所研究的历史时期的起点是1200年,当时经济扩张已经走过大约两百个年头。但是经商者到这个时候才开始认识到自己面前的机遇之大,于是想办法抓住机遇。他们在随后的150年间发明了转账方法,针对越来越复杂的经营活动建立起管理制度和记账制度,从而在扩大经营范围的同时削减商业成本。当繁荣行至终点,经商者并没有忘记自己的习得,而是运用知识让自己适应情势变更。本书下篇将讨论经商者在面对情势变更、新兴技术以及经商者顺势而为的成就。

下篇

中世纪末期的商业：梅花香自苦寒来

引言

风调雨顺、内部政治环境相对平稳、人口稳步增长、农业发展、聚落扩张，这些条件是中世纪欧洲在1000—1300年间没有陷入经济落后的主要原因，然而在接下来的一个半世纪里，以上各个方面都发生了改变，很多甚至是情势逆转。历史学者用一系列贬义词来描述这个不幸的时代，如灾难、萧条、人口损失惨重、战火连绵、饥荒、瘟疫肆虐等。简而言之，传统观念认为，从但丁到哥伦布(Columbus)时代的欧洲经济处于衰退期，此前的阶段经济增长成果斐然，而1450年之后，欧洲扩张到大西洋乃至更远地方，经济增长同样成果斐然。

这类传统的观点在近年来被彻底颠覆了。新一代的研究驱散了笼罩在这个时期的大部分愁云惨雾，反而认为这是欧洲商业史上影响未来发展的最重要的时代之一。话虽如此，但对于这个"天启四骑士"(Four Horsemen of the Apocalypse)[1]绝非抽象概念的时代，我们务必要避免低估这期间商业所面临的艰难困苦。本节引言将概述14—15世纪饥荒、鼠疫、战争的祸患。

首先，上篇介绍了以谷物种植为基础的农村经济成就，但是这背后有一个重大隐患，即北欧大部分地区基本上并不适于栽培谷物，尤其不适合种植收成时好时坏的小麦，气候、雨型、土壤条件稍有变化，都会对粮食产量产生重大影响。事实上，欧洲气候在此期间似乎已经变了，北欧降雨增加且气温下降，南欧地区更加干旱，南北欧气候普遍不稳定。在14世纪20—30年代，上述气候变化尤为剧烈，欧洲饱受其苦。北欧在1315—1322年间遭遇了欧洲第2个千年史上饥荒持续最久的时期。最初起因是整个北欧异常多雨，1315年的谷类作物

---

[1] 译者注：出自《圣经新约》末篇《启示录》第6章，传统上和文学作品里的解释是白马骑士指瘟疫、红马骑士指战争、黑马骑士指饥荒、灰马骑士（一说绿马骑士）指死亡，不过对于白马骑士的解释略有争议，有神职人员和宗教学者认为其代表征服。

被毁,接下来3年收成平平,随后1321—1322年暴发的动物疫病令灾情雪上加霜。尽管同期的意大利粮食大丰收,以至于佛罗伦萨编年史作者多梅尼科·伦齐(Domenico Lenzi)深情讴歌上帝,但是等到了14世纪20年代末期和14世纪40年代,就轮到欧洲地中海地区遭殃了。农业损失及随之而来的饥荒本应在一定程度上给国际粮商创造商机,但是正如前文所述,粮食严重短缺促使政府不断加强市场干预力度,尽管这些举措有利于缓解问题,可是势必固化供过于求与资源稀缺的不平衡状态。因此,欧洲大部分地区随即饿殍遍野,荆棘满途。但更重要的是,饥荒预示着全新的经济时代降临了,过去的经济实力此时都变成了致命弱点。

长期的恶劣天气导致北欧大片谷物产区处境艰难,于是很多地区减产并弃种劣质土地。南欧历来丰产的西西里岛和意大利南部地区也相应减产,欧洲向地中海东部、中欧,甚至大不列颠群岛的开荒开垦步伐放缓甚至裹足不前。酌情考虑到各地方的差异非常大,所以说欧洲农业经济增长与稳定的时代到1350年告终。但是,即便在饥荒后,人口压力仍旧持续增加。英格兰人口增长并未受到抑制,其他地方[例如皮斯托亚(Pistoia)镇和佛罗伦萨的"乡村腹地"]尽管呈现衰退迹象,但是饥荒造成的人口减少仍不足以解决人口与粮食减产之间的失衡问题。

当时人们所说的"大瘟疫"(Great Pestilence),也就是16世纪开始众所周知的"黑死病"(Black Death),其爆发标志着14世纪人类生态发生进一步改变。这场瘟疫如汹涌海啸席卷了欧洲和地中海地区,然后北上传染到欧洲人在格陵兰岛和冰岛拓殖的偏僻村落,而正是欧洲成功搭建的商品分销贸易体系助力了瘟疫的传播。

基督教和伊斯兰教世界的所有国际贸易中心均遭受了不同程度的瘟疫侵袭。很多意大利城市的死亡率达50%~80%,佛兰德斯的城市在1347—1352年间的瘟疫中感染情况没有那么严重,人们一度认为它们是幸运儿,结果这些城市在14世纪60年代爆发的瘟疫中也遭受重创。这种病尤其致命的特点是易复发,在随后的几百年里多次死灰复燃,往往表现为致命性极强的肺炎和败血症。之前那个扩张时代的鲜明特征是人口增长,尽管这时的"黑死病"在不同地方和区域的状况千差万别,但其波及范围之广、影响程度之深、反复爆发之频繁,导致人口增长的引擎戛然而止。

"黑马骑士"饥荒和"白马骑士"瘟疫频频造访,同时"红马骑士"战争的威胁也几乎未曾间断。除了历史上众所周知的英法战争,佛兰德斯、德意志、斯堪的纳维亚半岛、伊比利亚半岛和意大利半岛连绵不绝地爆发激烈的局部冲突和内战。对地中海商贸具有特殊意义的事件包括:基督教世界丧失了在圣地的全部贸易站、热那亚与威尼斯激烈的海上争夺、奥斯曼土耳其人(Ottoman Turks)攻入欧洲。

战争给商业制造的麻烦绝不仅是货物损失风险加大或者遭受打劫和海盗的概率增加。真正干扰商业的是要命的贸易禁运,反映了逐渐壮大的民族国家意欲打击对手经济的趋势。英格兰时不时地对佛兰德斯禁运羊毛;法国人雇佣热那亚舰队去洗劫英格兰海港并袭扰英格兰航运;英格兰人随后完善了"骑士军三光战术",用作大规模破坏法国乡村的战争武器。经商者不仅要面对军队的破坏行径和国家的分裂混乱,还要对付越发独断专行的政府官僚。欧洲很多国家和公社需要税款为战争筹资,于是想尽办法横征暴敛。政府还进而控制羊毛和贵金属等商品,同时固定工资水平来影响服务成本。政府还为了筹措资金而降低铸币的成色,在中世纪这个做法相当于印钞票。他们采取上述措施时几乎不考虑对商贸会造成什么影响,更不会认识到这么做会对百姓造成多大的经济冲击。虽说当权者的目标是确保税收增长并稳固自身统治,但是他们偶尔的举措富有远见,对商业大有裨益。他们步步加码,常常事无巨细地监管所有重要的商贸活动,有时提供资金,有时直接从事商务活动。按照今天的标准看,当时的政府更像是企业。于是,政府成为每个商业企业都必须重视的一股势力。

轮番而至的饥荒、疾病、地区性战争对于1300年之后的欧洲商业意味着什么呢?首先,这意味着人口急剧减少,到了1400年,人口至少减少了1/3~1/2。其次,这意味着混乱无序。我们研究整个14—15世纪的商业史时必须从这种恶劣的背景出发，在当时，助力中世纪欧洲迅速扩张并摆脱经济落后状态的生态和政治环境荡然无存。然而值得注意的是，欧洲商业能够适应巨变风潮，与之前时代的商业企业保持一致性和延续性。商业企业不仅仅求生存，甚至在这个多事之秋利用新的机遇寻求发展。于是，这本书的下篇貌似自相矛盾实则书写了商业企业在逆境时代取得的丰硕成果，及其梅花香自苦寒来的历程。

引 言 | 145

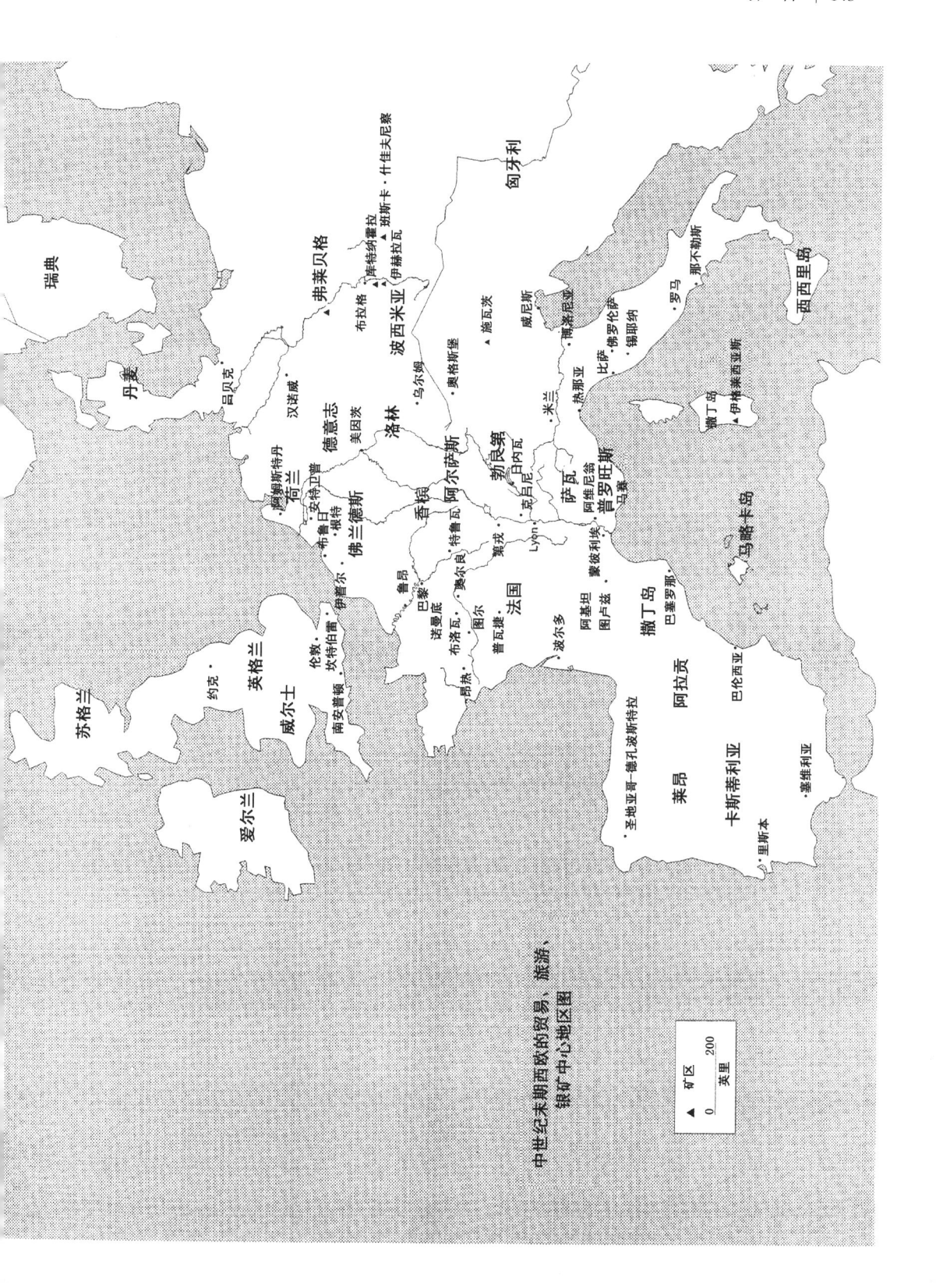

中世纪末期西欧的贸易、旅游、银矿中心地区图

第六章 中世纪末期的商业新环境

在当时人们的观念里，商业往往与承办能力联系在一起，指的是充当中间人或者代理人撮合供需双方的才能。"承办人"（Entrepreneur）一词来源于15世纪的法语，指的是率军作战的军事指挥官，慢慢地，词义延伸到商业战场。但是这个词用军事象征很恰当，因为任何时代的经商者都试图在无法选择的条件下，驾驭不属于自己的力量，结果自己也无法预料。诚然，优秀的经商者和优秀的将军一样力图化解经商过程中的不确定性，正如我们所知，他们在14世纪经受了严峻的不确定因素挑战。包括实力雄厚的超级公司在内的诸多商业企业无力应付自然环境和人类社会前所未有的巨变，结果化为乌有。还有一些商业企业则因势利导，调整原有的商业技术，化为己用，结果兴旺发达。有鉴于要应对的挑战太多且结局变幻莫测，所以本书将分别进行论述，本章主要介绍商业环境的诸多变化，而这些变化产生的影响以及商业如何顺势而为的内容留待下一章去谈。

14世纪农业的演变

第一章介绍了农业是中世纪社会经济的根基，其重要程度远甚于农业在当今世界的地位。当今发达经济体里只有2%～6%的人口是农民，而在中世纪，大约有相同比例的人口不是农民，这个重要数据从某种程度上反映了古今农业人口的差异。因此，商业不可避免地要紧紧依附于农业。事实上，自公元1000年以来的数百年间，往往先是乡村发展了才能出现商业，经商者在那里增进欧洲领主和农民的合作并从中获利。然而在14世纪和15世纪的北欧,商业与农业的关系发生了微妙的变化。虽然前者几乎完全依赖于后者,但是1300年以后两者关系开始呈现南欧的特征。在南欧,农业进步的助燃剂是城市投资,往往是为了满足其他遥远市场的需求。换言之,经商者从出售剩余农产品的被动角色逐步转变为更具主动性的身份,用新的需求来鼓励农民开发沃土,投入新的用途。

自治市镇政府对于向平民供给食品的事宜极度敏感,因为一旦供应不足很可能引发平民暴乱,所以商业与农业的关系被搞得更加复杂了。14世纪初连年饥馑,市政府出于有关方面的忧虑,出台了非常保守的本位主义政策,囤积所有认为是必需的食品。从佛兰德斯到托斯卡纳,各地方政府严控出口谷物和其他"必需"品,甚至是运到同一个政体内的地方也不行。这场自给自足运动抑制了这类重要商品在国与国之间和区域内的贸易,往往也加剧了某一次歉收给当地的影响。尽管政府不断加强食品采购分销的管控力度,但也警觉地意识到他们应该打破农作物歉收与过分依赖单一粮食品种的恶性循环。因此,政府的头等要务并非阻止那些急切推进农作物多样化、扩大畜牧业、推广用于长途贸易的特色产品的创业者。因此在中世纪末期,生产和交换农产品成为政府在城乡投资和监管的对象。

人口流失肯定推动了1350年以后的农业变化。例如,由于人口减少,欧洲人的日常饮食出现改变。据历史学者估算,在爆发黑死病前的那个世纪里,由于人口压力大、食品价格昂贵,家庭将约2/3的食品开支用于制成面包、粗磨粉、麦芽酒这些谷物制品,只有大约20%用于鱼肉支出。当然这是个非常粗略的平均值,穷人相应地花更多钱买面包,富人这方面支出就少得多。[1] 高死亡率缓解了欧洲需种植更多粮食的压力,因逝者而结余的商品改善了幸存者的生活,于是生者能够依照个人喜好安排饮食。克里斯托弗·戴尔(Christopher

---

[1] 举例来说,凯瑟琳·德诺维奇(Catherine de Norwich)在1336年的食品支出中仅37%用于面包和麦芽酒,47%用于肉和鱼。Christopher Dyer, *Standards of Living in the Middle Ages* (Cambridge, 1989), 56.

Dyer)对比了1256年与1424年收割工人的饮食情况,结果很惊人。按卡路里值分析的话,1256年收割工人餐食中75%的营养来自面包,而肉类仅占2.5%。相反,1424年的情况是近20%的食物营养价值来自肉类,面包则提供37.5%的营养。当然收割工人属于特例人群,不过到了15世纪初,一般家庭的谷物开支占比降至40%~50%,剩下的35%~40%经费是随意购买的肉类和鱼类。1350年以后,部分农民和很多城里人吃得跟领主差不多,贵族则将更多购买力豪掷于葡萄酒、香料等其他美味佳肴。

在欧洲,英格兰东南部、低地国家(尤其是布拉班特和佛兰德斯)、意大利北部这三个地区饮食偏好调整方面格外出彩。无独有偶,它们也是欧洲城市化程度最高的三个地区,因为城市是消费者聚集地,他们在中世纪末期有能力购买和投资符合自身饮食偏好的物品。成果令人叹为观止:当时人们广泛食用的新作物包括豌豆和豆类、啤酒花、菠菜、芹菜、瓜类、芦笋、洋蓟、稻米。这些都是该时期某一地区的主要特色作物。另一项消费者需求品和地方特产是水果。德意志帝国大部分水果由埃尔福特(Eufurt)周边地区供给,意大利和西班牙为北欧提供柑橘类水果,北非和西班牙出产的无花果、椰枣、葡萄干也成为常见的贸易商品。

城市对中世纪末期农业的影响力更强了,最明显的变化是肉类和鱼类消费量上升,牛猪羊肉消费量增大。中世纪大部分城市里的屠夫人数是今天的两倍之多,他们也是所有行会会员中最有钱有势的人。例如,1322年图卢兹(Toulouse)有177名屠夫,大约每226名居民中就有一位屠夫。在14和15世纪的根特,屠夫行会富丽堂皇的大厦彰显了其财力和实力,如今仍旧矗立在该市的一个市集广场旁。

受宗教影响,长期以来鱼类都是欧洲普通人的重要食物,1215年拉特兰公会议要求民众更加严格遵守斋戒规则,之后尤甚。由于本地鱼类供不应求,促使捕鱼船队驶向离岸更远的水域捕捞鲱鱼和鳕鱼,然后以盐渍或烟熏法腌制。本书后面将介绍重塑荷兰鲱鱼业的投资史和创新活动。

商业和城市投资为了满足新的需求,重塑了中世纪乡村的面貌。英格兰将过去耕种谷物的田地改为饲养大量牛羊的牧场,有的用围场的方法改建。法国、德意志、佛兰德斯城市里的屠夫在所在城市周边的乡村饲养猪和羊,将城市资本与农村生产紧密结合起来。此外,这些地方还新饲养了兔子等能在土地贫瘠的地方多产的动物,食其肉、用其皮。同时,历史学者也注意到畜牧业与农业种植紧密结合的例子,如农民在同一块土地上轮番耕种与放牧,同时种植豆类和苜蓿用作动物饲料,恰巧此举的固氮作用又提高了土地的肥力。

虽然出现上述变化,但欧洲人还是靠谷物摄取主要热量,不过,上述势力并没有跳过谷物市场不管。在北欧,法国北部、英格兰东南部、普鲁士和波兰的某些地方逐步以谷物种植为主,将剩余作物运给伦敦、佛兰德斯和德意志北部的城市消费者。在南欧,城镇人口数量骤减彻底改变了推动14世纪30年代谷物贸易的运作机制。如前所述,佛罗伦萨大多企业在黑死病第一次突然爆发的前夕就倒闭了,这些最主要的国际谷物交易商突然收旗卷伞,取而代之坐上大批量谷物供应商交椅的大多是城市政府。商贾当然仍旧参与谷物贸易,但基本上做的是少量买卖。例如,我们从达蒂尼公司和美第奇公司汗牛充栋的档案里找到的微不足道的谷物交易资料。

地中海盆地的谷物贸易在整个中世纪末期依然保持庞大规模。尽管城市人口减少且都更加注重自给自足,但是总有某个地区必须靠进口解决粮食供应不足的问题。造成粮食短缺的一个原因是市镇周边乡村的人口也枯竭了,情况往往比市镇里严重得多,造成本地粮食产量减少。另一个原因是幸存者普遍更加富裕,有能力购买更多数量和品类的食物。意大利南部、西西里岛、北非、埃及、克里米亚半岛(Crimea)这些传统产粮区受本地天气变化无常、基础设施日益老化、出口政策、航运中断的影响,产量减少且不够稳定,但是粮食仍有盈余。我们还发现埃及这个向来丰产的谷物篮子,受人口减少、弃田而逃、疏于灌溉、粮价低廉的影响,时不时地还得从西西里岛进口很多小麦弥补自给不足。[1]

经营地中海地区谷物贸易的主要是威尼斯、热那亚、加泰罗尼亚的大航运商。他们也是主要消费者,因为这些地方的腹地面积有限,所以要小心翼翼地

---

[1] Eliyahu Ashtor, *Levant Trade in the Middle Ages* (Princeton, 1983), 236, 277278.

确保通过海运搞到足够多价格低廉的谷物。

威尼斯在物资供给管理方面手法娴熟,堪称范例,这座城市即便控制了广袤的农业腹地之后,也依然如此。威尼斯是国际贸易中转重镇,占据非常有利的地位,需要哪些谷类货物都能转运为己所用。威尼斯公社成立了两个机关负责谷物供给,一个负责购销,另一个负责财务。前者每天向总督府汇报本市两大粮库的库存规模。一旦出现供应不足或预期将出现谷物短缺,该机关有权向有能力在指定时间内从指定地点调集谷物的商贾承诺以具有吸引力的价格采购。进口商可以选择在公开市场出售这些谷物,但是心里必须明白这里的市场价格受政府操控。政府首先会设定一天内价格最高涨幅,商品市场也采用这种手段在一定程度上平抑价格。其次,谷物管理机关动用粮食储备来调节价格,视情况择机增减库存量。该机关认真登记所有入库谷物,再按固定的价格和面包大小向面包商供应谷物,所以有办法控制粮价。

除了谷物,地中海地区市镇的食品来源地与黑死病之前基本一样。大部分家畜来自周边地区,不过意大利北部城市的牛来自南部,威尼斯人则从匈牙利进口一部分家畜。鱼、水果、蔬菜和以前一样由本地供应,给城里人的餐食增添花样。产生这些主要变化是由于西班牙坚定地加入欧洲基督教社会的贸易轨道,所以出现越来越多的异域水果和调味品。意大利商贾,尤其是热那亚的商贾热火朝天地从巴伦西亚(Valencia)进口耶枣和杏仁,从马拉加(Malaga)进口葡萄干和无花果,生意兴隆。如前所述,这些产品也摆上了英格兰和佛兰德斯有钱人家的餐桌。整个地中海地区南来北往的食品贸易从未停歇,林林总总的商品包括柑橘类水果、甜葡萄酒、糖、食用香料、稻米、橄榄油、苹果、奶酪、黄油、金枪鱼、沙丁鱼。这类生意绝大部分由数不清的相对不富裕的商贾通过大量小额交易方式完成。即便海盗横行,大航运商时常发生冲突,但因为有这些头脑活络的小商人,这方面的商贸活动得以相对平稳运行。

长期以来,大面积农业用地专门生产用于区域性贸易和长途贸易的非食用物资。在意大利中部和北部地区、西班牙和法国南部地区有星罗棋布的牧羊场。早在12世纪,意大利南部、西西里岛、西班牙东南部就出现了大片的棉花田。人们还种植桑树服务于托斯卡纳地区和西班牙的丝绸产业,种植菘蓝为伦巴第地区供给染料,种植番红花为圣吉米亚诺(San Gimignano)提供干藏红花粉。这些地方的土地利用方式一直延续至中世纪末期,某些地区还大幅扩大了用地面积,最突出的案例就是西班牙开辟了辽阔的季节性迁移牧场用于羊毛生产。

虽然我们很难总结农业在中世纪末期商业中扮演的角色,不过在1350年后,这方面显然出现了变化。几乎各地的城市市场和城市资本都开始在乡村发挥更大作用。瘟疫之后,尽管农村人口本已减少,但仍被引流至城镇填补居民大量死亡的缺口。农民专门耕种用于现金交易的作物这种态势在越来越以城市为本的情况下愈演愈烈,这一动向在欧洲北部地区格外显著。南欧的城镇人口众多且航运交通便捷,促使这里的农民自11世纪起就比北方农民更加动力十足地耕种经济作物。尽管14世纪出现混乱局面,但是欧洲南北方的农村人口都抗住了压力,没有退回至自给农业。而无法种植市场所需作物的农民往往背景离乡,进城当纺织工人,以此方式卖力气赚钱。

中世纪末期的货币供给

从某种意义上说,本节介绍的变化是本书上篇所讲的农业商品化进程的延续。由于社会越来越以赚钱为导向,货币供给于是成为相当重要的事宜,所以有必要仔细研究影响货币供应量的经济因素。深思熟虑的经济史学家们已有相当多的著述来探讨瘟疫后西欧经济的本质以及动荡起伏表象背后的原因。约翰·戴、莱恩(Lane)和穆勒(Mueller)、门罗(Munro)、斯巴福德(Spufford)等学者都曾苦心思索中世纪末期的海量经济数据,试图解释数据中似乎不一致的现象。[1]再次声明，本书的宗旨不是参与研讨这个趣味无穷的议题，而是通过分析上述学者及其他作者提供的信息来介绍当时经商者所处的经济环境，这个做法是恰当的。此外，由于这个议题的关注度很高，所以最好是单独成篇介绍整个中世纪末期在这方面的情况，供本书随后章节涉及货币问题时以资参考。

诚然，这种分析法存在过于简单化的风险，因为将许多互不相干的区域经济体统称为"西欧经济体"，需要发挥想象力进行跳跃思维。此外，尽管各个地方的情况千差万别，但是的确存在潮汐般的强大经济力量，推动所有船只上下颠簸，区别只是时机和程度不同。货币供给对于任何时代任何地方的经商者而言都是至关重要的环境要素，本书将尝试粗略地审视相关力量在这方面产生的影响。

中世纪末期货币供给与本书第三章"便利贸易的手段：商业银行和汇票"一节中介绍的13世纪情形基本一致，仍以贵金属和合金铸造的硬币这些流通货币作为首要途径。因此，决定商贸货币供应量的主要因素是实际能获取的贵金属数量以及君主和公社的铸币政策。当时也有重要的货币供给"放大器"，包括易货交易以及汇票和银行转账等金融工具，它们虽然没有直接增加货币供应量，但是提高了现有资金的使用效率和流动性。有几家银行在某些重点中心城市利用微不足道的储备金创造信贷，由于数额有限且为零星业务，往往最迫切需要的时候却最难获得（参见本书第九章）。

本节下文的表格按照黑死病之后200年间明显不同的经济活动水平，绘制了相应6个时期里货币供给影响因素的变动方向。

---

[1] 以上学者的部分相关著作参见：John Day, *The Medieval Market Economy*(Oxford, 1987); Frederic C. Lane and Reinhold C. Mueller, *Money and Banking in Medieval and Renaissance Europe*(Baltimore, 1985); John H. Munro, "Patterns of Trade, Money, and Credit," in *Handbook of European History* 1400—1600, vol. 1(Leiden and NewYork, 1994), 147—195; Peter Spufford, *Money and Its Use in Medieval Europe*(Cambridge, 1988).

表 6—1　　　　中世纪欧洲货币供应量的主要制约因素（1350—1550 年）

时期	影响货币供应量的因素				观察到的状况	
	铸币供给	隐性储备[a]	货币操纵者[b]	货币放大器	货币供应量	价格
1350—1380 年	减少	增加	增加	增加	充足	通胀
1381—1410 年	减少	减少	持平	持平	"饥荒"	通缩
1411—1430 年	减少	增加	增加	减少	不确定	通胀
1431—1465 年	减少	持平	持平	增加	"饥荒"	通缩
1466—1500 年	持平	减少	增加	持平	不确定	通缩
1501—1550 年	增加	减少	增加	增加	充足	通胀

注："[a]"代表囤积造成货币供应量减少，减少囤积则增加货币供应量。

"[b]"代表货币贬值造成货币供应量增加，升值则减少货币供应量。

头两栏涉及货币供应量的实际变化。铸币减少的成因有遭遇海难等事件导致铸币灭失、铸币磨损、与东方世界开展贸易造成贵金属外流，第一栏"铸币供给"指的是用矿产量减去铸币损耗量后的情况。[1] 在 15 世纪大部分时间里，与东方贸易一直导致货币量减少，尽管西方输出的商品品种越来越多，但主要是价格低廉的纺织品和铜，而他们对东方商品的需求更加旺盛，远远超过欧洲运往黎凡特的商品量。15 世纪后期流向东方的铸币减少了，原因一是出口持续增长，二是罗马北部发现储量丰富的矾矿，西西里岛和西班牙产糖，从而替代了进口商品。与此同时，尽管西方对东方的贸易仍为逆差，但西方增加了白银产量，从而缩小了差距。16 世纪上半叶的矿产量持续增长，还从非洲和美洲流入铸币。接下来一栏"隐性储备"指的是被囤积或是做成日用器皿和艺术品的贵金属。人们不论年景好坏都会积攒这种隐性储备品，从而削减了货币供应量，但是大量减少囤货往往不是出于自愿，而是遭洗劫或赋税充公。自愿减少囤积的一个重要时期是黑死病后紧接着的那几年，人们潇洒享乐，大大减少了隐性储备。[2]

---

[1] 参见本书第三章介绍的贵金属在欧洲与东方世界"不平衡"贸易中扮演的角色。
[2] 参见本章最后有关国际商贸的小节。

接下来两栏指的是统治者("货币操纵者")和经商者("货币放大器")的反应对货币供给问题的影响。"货币操纵者"这一栏特别难以界定,因为不同君主和公社在不同时期的政策往往迥然相异,甚至南辕北辙。最令人瞠目结舌的是法国,14世纪上半叶,法国货币在大规模贬值之后剧烈升值。大部分君主倾向于强势货币,因为这样有利于贵族食利阶层,尼古拉斯·奥雷斯姆(Nicholas Oresme)于1358年发表的知名著作《货币论》(De Moneta)也从理论上支持硬通货。[1] 不过久而久之,统治者们也发现有限度的贬值是冲抵铸币损耗的必要举措;在战争期间,他们完全无力抗拒通过大规模贬值创造收入的诱惑。尽管西欧甚至包括法国、勃艮第(Burgundy)、佛兰德斯在内的大部分地方的货币都曾偶尔出现重大波动,但是货币净值仍保持相对稳定。英镑在16世纪亨利八世(Henry Ⅷ)搞贬值之前的币值非常稳定,只有卡斯蒂利亚王国和部分德意志政体的铸币长期持续贬值。因此大体来说,我们研究的这段时期里通过货币操纵增加的货币供应量有限。[2] 在"货币放大器"这一栏里,起初这方面的变动对于货币供应量净值几乎未产生明显影响。直到德意志南部和北欧在15世纪末开始广泛运用金融才改变状况。在此之前,大多数统治者严格限制跨国兑换铸币,大大抵消了所有提升交易效率手段的作用。更靠谱的放大器是中世纪商贸中一直存在的易货交易,人们往往通过这种方式缓解货币紧缺造成的窘境。

最后两栏试图以高度概括的术语体现学术界对观察到的货币供应量和价格水平的基本共识。关于"货币供应量",尽管不是精准地反映相应时期的状况,但是大家似乎都认为:在1350—1380年间和1500—1550年间大部分地区的货币供给不算什么大事儿;1381—1415年间和1431—1465年间货币非常短缺,必须用"饥荒"这个词来界定。至于其他时间段,不仅学界观点不一,而且不

---

[1] 巴黎大学(University of Paris)知名学者奥雷斯姆的一个主要观点是强调贬值有害,而且仅允许"社会群体(Community)"可以在紧急情况下降低铸币成色,君主不可以。当时法国的"社会群体"指的是贵族。

[2] 参见 Spufford, *Money and Its Use*, chapter "The Scourge of Debasement", 289—318。这一章运用统计数据分析并评述了这方面的情况,很有参考价值。

同地方的供给情况也不尽相同,所以最好界定为"不确定"。"价格"一栏试图用非常简单的术语来描述价格变动方向及其与货币供应量的关系。这方面的数据五花八门,价格水平不仅随时间和地点变化,而且不同商品的价格水平变动也不一样。因此本书尝试在许多加减项因素基础上做出非常宽泛的"通胀"或"通缩"的定性。

这张表格的参考资料浩如烟海、内容庞杂,无法按惯例全部列在表格下面,有兴趣的读者可以从约翰·戴、莱恩和穆勒、门罗、斯巴福德等相关学者的文献中查找到大部分数据。

本评述虽然高度凝练,但我们必须承认将金银混作"铸币供给"这一个元素,进而忽略了金银价格关系这个伤脑筋的重要问题,这种做法过于简单化了。本书上一章最后提出的观点是,由于金价相对银价出现大幅下跌的时机很晚,故而不是导致超级公司瓦解的实质性原因,但是这个观点并不意味着低估金银比率变化的重要意义。匈牙利探明新的矿藏使得黄金供给量激增,加之白银出现短缺,导致自14世纪30年代开始,从意大利到北欧纷纷大规模铸造金币。黄金便携且供应充足,于是成为政府和商业大额支付的首选交换媒介。与此同时,由于贵金属在欧洲和地中海地区不同地方的价格存在差异,所以人们支付时可能会偏好某一种贵金属。又因为各地贵金属之间的价差往往非常大,所以套利交易的收益足以覆盖运输铸币的成本。所有这些因素意味着经商者面对的情况更加复杂、风险更高,同时机遇也更多,但是从本质上来说仍属于本表所界定的铸币供给动态状况范畴之内。

上述分析尽管存在不足,但是透过这些现象能得出两种观点。第一,政府禁止出口金银块、操纵汇率、出台铸币政策,这些行为的确会造成价格混乱扭曲;但拨开这层迷雾就会发现,只能动用贵金属这种东方社会唯一肯定乐意接受的商品,才能满足西方世界对东方商品的持续需求,这才是决定金银块动向和金银两种金属比率的主要因素。第二,黑死病之后的150年并非一直是漫漫萧条期,而是大约30年一波的起起伏伏,而且欧洲各地的变化频率及时间节点也不一致。如果不考虑个案情形,数据充分了显示大部分经商者的职业生涯中环境风云变幻。中世纪末期经商者的特点不是单调乏味地按部就班做事情,而是要不断灵活应对变幻莫测的新挑战。后面几章主要介绍欧洲不同地区不同行业的经商者是如何迎难而上,各创辉煌。

14 世纪的工资、价格、行会组织

面对 14 世纪后半叶政治、社会、货币领域的一派乱象,我们很难单独定义黑死病发生早期对商业活动的影响,但这并不是说黑死病本身对经济具有长期影响。虽然这场灾难的确给经商者突然带来了全新的经济条件,即劳动力稀缺,粮食需求骤减,随后在瘟疫肆虐的叠加影响下,这种状况一直延续到下一个世纪。因此,经商者必须适应劳动力成本提高和主要商品价格波动起伏的宏观经济环境。

尽管铸币贬值的原因妨碍了分析,但是我们仍了解到当时的实际劳动力成本上涨了,有很多资料来源提供了翔实的证据,例如:当时的年代史编者记载了经商者抱怨工资上涨和工人态度傲慢,欧洲各地的统计数据,以及英格兰、法国、基督教在西班牙的领地试图将"过高的"工资压低到标准水平的谕令。最后一点意义非凡,反映了王室政府直接干预臣民的经济生活。法国国王在 1351 年想把工资标准定在仅比瘟疫前高 1/3 的水平,而当时实际工资水平已经翻倍甚至达到 3 倍。英格兰国王的反应速度更快,在 1349 年就下令将工资固定在 1346—1347 年的水平。这道命令没有达到预期的效果,于是议会讨论决议并于 1351 年颁布《劳工法案》(Statute of Labourers),再次将工资压低到 1346—1347 年的水平并在英格兰王国全境内强制执行,违者严惩。由此看出,之前国王的敕令并没有达到预期的效果,阿拉贡和卡斯蒂利亚也颁布法令控制工资标准,不过在实施中较为灵活。这些法律不仅涉及劳动力成本,而且触及劳动力短缺问题,重点是给身体健全的乞丐施压。总的来说,监管措施只能临时起到部分作用,但英格兰是特例,因为王室官僚机构全力出击,成效显著。但是即便是在英格兰,它的工资上浮也很明显,农村表现得尤为突出。约翰·哈彻(John Hatcher)近期的研究用令人信服的事例说明农村雇佣劳动者还有非现金形式报酬等未记载的收入,因此他们的购买力比统计数据显示的要强很多。[1]

价格变动更难研究。若其他情况不变,当消费者人数锐减时,人们预期商品价格,尤其是食品价格将下降,但是并非所有情况保持不变。整个14世纪的欧洲气候特别反复无常,使得不同年份和不同地区的粮食产量波动剧烈,随之影响到价格,战争和"黑死病"又使工农业生产蒙受损失。货币数量并未减少,但瘟疫和战争导致了遗产继承、赋税征收、趁乱洗劫等情况,从而大范围重新分配财富,切实提高了货币流通速度。本书在介绍农业时谈到,这种情况导致的结果是人均财富增加,于是人们有更强的购买力消费更多种类的商品和服务。但不是每个人的消费能力都提升了,很多情况下价格上涨抵消了表面上的增收,所以人们的境遇并不如以前好。此外,死亡和战争的乱象所造成的"瓶颈"效应就是某些地区物资紧缺,某些地区却供过于求,还有些幸运的地区则刚好供需平衡。

最后,大部分公社与压低工资水平的王国一道,使出浑身解数控制价格,尤其是关切民生的重要食品的价格。前面介绍过威尼斯是如何巧妙地间接管控粮食价格的,其他政体的办法比较拙劣而直接,其结果跟管控工资一样好坏参半。英格兰在14世纪后半叶的大部分食品价格保持稳定甚至下跌,但工业品价格明显上涨。[2] 欧洲大陆大部分地区的商品价格却波动较大。上述原因外加货币一会儿贬值一会儿升值以及大量数据空白的情况,使得经济史学者在无边无际的困难面前难以破解人口结构改变对经济到底有什么潜在影响。不过当时的经商者并不关心怎么解释自己身处的宏观经济环境,他们关切的是每天面对的新情况,即:市场成本高、风险加大,市场瞬息万变。

---

[1] John Hatcher, "England in the Aftermath of the Black Death," *Past & Present* 144 (1994): 1—35.

[2] 本章前面关于货币供给的小节里开篇引用了一些资料来源,其中也有大量中世纪末期的价格数据。

就在黑死病爆发前夕,也就是史蒂文·A.爱泼斯坦(Steven A. Ep-stein)定性为 14 世纪的"危机"的年份里,行会体制下雇佣工人的状况开始悄然改变化。[1] 诚然,这方面跟其他事情一样,不同社会群体里的具体特点和发生时间并不一样,但总的来说,整个欧洲的学徒和熟练工想成为师傅的可能性越来越渺茫,这种令人珍视的身份越来越多地授予师傅的直系后代。师傅往往另外成立一间"家庭作坊"来扩大经营规模,雇用一名员工作为负责人,为此师傅给行会支付额外费用,但是不会让该员工成为行会会员。很多师傅就这样变成了企业主。与此同时,不管对经验和技能有何要求,学徒期都被延长了。学徒期满后,大部分学徒此时面临的前景是终身当熟练工,而非晋身师傅的过渡阶段。这种状况的积极意义是推动纺织、造船、金属加工业更加细化分工,同时催生了制造钟表、大炮、弩、专用工具、纸张、采矿设备的新专业,从而缔造出新的技能门类。这些行业大多规模小且分散经营,无法单独成立行会机构,但是的确干得风生水起、受人尊重。如果说雇佣工人群体扩大对于他们的社会地位没有带来好处,但是在经济方面,劳动力的流动性增强了,推动技术在市镇间转移传播,这是有益的。

因为 14 世纪末经济变革对手工业和工业的影响方式基本一样,所以这里我们将两者结合起来研究。突如其来的疫情给个体经营的工匠造成的直接经济影响相对而言微乎其微,尤其是对于从事奢侈品行业的工匠来说。这一行的幸存者还能为火爆的市场供给商品并不断提高售价,而必须依靠众多学徒和熟练工完成生产任务的工匠和工厂主就突然发现缺乏训练有素的劳动力。尽管有法律限定工资水平,但是雇主们还是得想办法招揽工人,否则就会减产。由工匠转型的企业主于是面临着成本上涨的冲击,价格受管制的生意却又往往无法抵消这些成本,这种状况在供应基础食品的行业里尤为突出,例如,监管者就紧盯着面包店。这一类经商者几乎没有资源储备,可他们大部分都设法渡过难关,这说明即便有价格管制,他们也做到了覆盖上涨的成本。这个功劳大概要

---

[1] Steven A. Epstein, *Wage Labor and Guilds*, chap. 5.

记到行会头上,因为现实生活中实施管制的是王室政府和公社政府,它们漠视行会,但是后者仍旧是所在社会群体的中坚力量,有能力弱化那些不接地气的监管措施。

行会在一定程度上顺应了劳动力供需的现实新情况。例如,行会很快就将瘟疫之前过长的学徒期缩短了。举个例子,巴黎皮革工人的学徒期从九年缩减为了两年——显然这是个极端案例,但也间接证明之前的不平等要求是多么荒谬。不过学徒要想晋升至师傅阶层的限制条件还跟之前一样严苛,亲属身份仍旧是大部分行会注册入会的首要条件。1350年之后的数十年是很多地方的工薪族过得相对富足的岁月,但是他们没有安全保障,在经济低迷时频频以暴力方式宣泄心中的愤懑沮丧。当然,试图找出14世纪后半叶欧洲不同地区底层阶级起义的明显相似点是件冒风险的事情,因为每一场起义都是由各不相同的一系列客观环境触发的,如1358年巴黎骚乱和扎克雷农民暴动(Jacquerie)的原因是普瓦捷会战(Battle of Poitiers)中国王约翰二世被擒,之后出现王权缺位;经济萧条、货币贬值之后紧跟着爆发了1378年的佛罗伦萨梳毛工起义;人头税政策考虑欠妥,点燃了1381年英格兰农民起义(English Peasants' Revolt)之火。[1] 这些起义的相通点是城市和乡村里心中不满的小店主也参加了这些暴动,尽管有两场起义被命名为"农民"起义,但工薪族的主要症结在于被所有权力体系拒之门外,他们受行会管控,却往往不是行会会员。[2] 这一点在梳毛工起义里表现得尤为突出,在起义人员强迫下新成立了染工行会、衬衫制造工行会、梳毛工行会,但这些新成立的行会当中没有师傅,所以显然是自相矛盾的。他们甚至提出要把货币升值到以前经济繁荣时期的水平。当然了,所有起义都被镇压了——扎克雷起义被残忍镇压,英格兰起义被无情镇压,镇压梳毛工起义的手段相对温和,但是效果明显。

---

〔1〕法语里"乡巴佬(Jacques)"一词也指农民,扎克雷农民暴动因此而得名。梳毛工指的是纺织业中收入最低的洗涤工和起毛工,因其穿着木鞋在洗衣房和工棚里特有的"噔噔噔"脚步声而得名。

〔2〕即便是类似佛兰德斯的织工和染工这些"无产阶级"职业也有强大的行会,操控行会的是在政界有势力的富人,他们与普通工人没有共同点。而漂洗工等其他产业工人则被政府彻底排除在外。

运输业

14世纪战争、禁运、抢劫、内乱席卷欧洲的水陆交通线,乱象丛生,以迅雷不及掩耳之势给予运输业重创。经济史学家赫尔曼·范德尔·维(Herman-vander We)以运输业的变化为研究切入点,认为这是欧洲经济从13世纪到18世纪发生诸多结构性变革的核心驱动力。他指出,中世纪鼎盛时期取得经济增长和繁荣靠的是生机勃勃的欧洲大陆陆上贸易线,尤其是联系意大利和低地国家的交通线。这条通道在14世纪遭到破坏,因此贸易萎缩,投资和收入都随之减少,首当其冲的受害者是"香槟集市"。"香槟集市"到了14世纪30年代已陡然衰败,连累了通往欧洲大陆腹地的干道沿途成百上千的市镇乡村。大部分贸易活动于是缩小范围圈,在区域性集市周边展开。部分长途贸易新辟开往北欧的航线,意大利主要港口城市每年定期安排船队驶向伦敦和布鲁日。这个变化将财富和收入逐渐汇聚到北方的海滨重镇,尤其是布鲁日和德意志汉萨同盟的联盟市镇,与之相伴的后果是欧洲内陆经济发展乏力。因此,所有运输方式中航海业的发展力度最大,出现的创新也最多。

即便如此,14世纪末的造船厂和航运商仍面临市场萎缩、船员费用增加、产能过剩这三大困境。最适宜海运的商品,即粮食谷物等大宗商品的市场缩减尤为显著。由于谷物市场价格相对运输成本呈现下跌,所以运输成本占到岸价格的比重越来越大,谷物从波罗的海运到布鲁日的运费约为到岸价格的一半。运输成本增加的原因不仅是船员工资上涨,还因为缺乏健全的壮丁,特别是桨帆船的划船手,以及时局动荡,得额外配备安保人员,这些都增加了费用支出。由于大量建造船舶造成闲置,常规采用海运的商品消费量也降低了,所以出现运能过剩,其中船舶闲置导致新型高效的船只延迟问世。

另一个造成造船业和运输业环境变化的因素是官僚机构加大干预,因为政府越来越意识到这么做对于经济和国防具有重要意义。有的政府的干预方式是直接资助，例如下文将论述的威尼斯大型桨帆船全部是靠城邦资助建造的。葡萄牙国王为了参与大宗贸易竞争，鼓励建造大型船舶，甚至制订了强制性互助保险方案。北欧建造桨帆船的资金来源是法国王室。但是政府最主要的介入方式还是建章立制，管控安全事宜、荷载范围、检查核验、进度安排、船舶设计、技术转让。长久以来，威尼斯和热那亚的大型港口对造船业和航海业一直实施全面管控，但是此时的相关控制更加细致且无处不在，并在整个欧洲推行开来。

尽管海运占优势地位，但陆运和内陆航道也并不是完全默默无闻。道路安全状况好转后，陆路运输立刻复苏，路况较好的道路上奔忙的二轮运货马车和四轮马车将欧洲贸易重镇联系起来。最初四轮马车带有活动连接杆，前面车轮比后面的要小，因而稳定性更强，也便于操控。但欧洲大部分地区的陆运还是靠骡子为主的驮兽。骡车队穿越丛山峻岭，脚下之路连接起意大利与瑞士和德意志南部地区，将西班牙与法国贯通，还把法国和意大利境内因险恶地势而各居一隅的贸易中心串联起来。骡子负重可达 350 磅并可穿行于羊肠鸟道。骡子负责驮运的不仅有日常用品（例如在普里瓦斯和皮尔蒙特之间运输盐），还有贵重货物（例如往返意大利和德意志之间运输金银块）。到了 15 世纪末，通行于维索山（Mount Viso）与米兰之间收费站的骡子中，仅驮盐的就达到大约 21 000 头。该世纪里每年往返于热那亚和米兰的骡子超过 60 000 头。

低地国家和意大利北部商业地区在 12—13 世纪广泛利用内陆航道，14 世纪社会治安混乱，内陆航运也没能幸免于难，但仍是上述地区经济的中流砥柱。佛兰德斯的内陆航道将法国北部平原和佛兰德斯以根特为首的主要城市贯通起来，人们改良航道并警戒巡逻。根特人民对这方面的关注度极高，甚至在 1379 年袭击了布鲁日市在该市与莱厄河之间挖掘运河的队伍，导致佛兰德斯伯国陷入烽烟四起的内战。欧洲其他地区也改良了运河和河流道网，例如，经过建造堤坝并加深河道，卢瓦尔河通航更加便利了。低地国家改进了水闸和水磨技术，使得水流灌溉到更大范围、不同地形的土地上。最重要的成就是在波河河谷地区（Po River Valley）构建成错综密集的运河网，改造了庞大的波河河道，令该地区全域具备低成本的运输条件。米兰市和很多小城市就是上述中世纪末期基础设施建设项目的受益者。

国际商贸

国际商贸在14世纪后半叶遭到严重破坏。黑死病之后，欧洲南北主要的竞争关系政体立即征召兵力物资，不顾数个地区流行病爆发，甚至是1361年、1369年、1374—1375年形势尤为严峻之时，仍发动了长达30年惨绝人寰的军事战役。与此同时，老一辈在瘟疫和战争中罹难者的财富迅速转移给新生代，后者不出所料对人生的态度很悲观，很多人下定决心要尽其所能地及时行乐，疯狂消费令人瞠目结舌。于是，当时对琳琅满目的奢侈品（华服、珠宝、异域美食和香料）需求量飙升，大大刺激了国际商贸，特别是与东方世界的长途贸易。世事动荡还要满足上述需求，参与其中的经商者面对的问题算不上难以接受，但也困难重重。

进一步详细介绍中世纪国际商贸的运作方式或许有助于全面掌握上述压力的影响。首先要注意的是，尽管大部分从事本地贸易的工匠采用零售方式，但是参与区域性和国际商业活动的工匠通常把商品卖给商贾，由后者承担市场营销的风险和并获取回报。当然，这两类工匠中都有数不清的例外情况，如把商品卖给本地批发商的工匠与那些按照海外客户专门订单，量身定制挂毯、珠宝、盔甲的工匠。仅就后一类工匠而言，由于国际运输、融资、托收都太复杂了，所以制造商还要找商贾做中间承办人。因此，国际贸易主要由冒险商人承办，他们为商品寻找市场，并为市场寻找商品。

第三章介绍过坐贾通过签订"康孟达"合同把商品委托给云游行商的合伙人，或者把商品运给外地分支机构的经理人、驻外代表、代理商行。不管是哪种方式，商品的所有权都属于坐贾兼投资人或投资企业，出行合伙人或公司经理人和代理商行作为代理人有权代表委托人进行所有权转移、付账、收款、采购。

代理人如果是合伙人,其回报是利润分成;如果是雇员,则得到工资;如果是代理商行,则按卖价抽取佣金。现实中大部分国际商品采用委托寄售方式,即便受托人是发货商的合伙人或雇员,他也会把运送的部分或者全部货物转让给属地的代理商行。[1] 由于通信缓慢且存在不确定性,只能指望受托人独自多谋善断,想办法确保相关各方都得到最佳结果,因此做上述安排时关键要考量此人做生意是否头脑精明,而且值得信赖。受托人需要判断的事项包括是否把商品运到其他市场卖出更高价格,冒险商人经常根据搜集到的新行情思考变更行程安排,但是长途贸易的受托人几乎不会采用最后的选项,即把未销售的商品退回给货主。[2]

委托机制的另一大特点是货主长时间无法动用资金,尤其当货物发往黎凡特及更远的地方时;即便是水陆运输路途较近的风险生意,商贾也要花很长时间才能拿到回款。黑死病一开始无疑给这种精密调控却极其脆弱的体系造成了毁灭性打击,因为这条绵长的商贸交易链上有太多深得信赖的基督徒和穆斯林中间商英年早逝。此外,14 世纪 40 年代,意大利有成百上千的不同规模的企业破产倒闭。幸存下来的国际商贾突然面临的问题是,如何抓住西方世界饥渴的新客户纷至沓来的订单,保住原有生意,收回资金,搭建切实有效的商贸关系新结构。

出人意料的是,此时国际商贸体系并未崩溃,证明这套体系很有韧性,幸存者也讲求信义。但是败家的继承人所催生的第一波贸易增量大约到了 1380 年就偃旗息鼓了,随着时间推移,人口骤减的效应也显现出来,供求关系开始发生长期改变。冒险商人再也不能志在必得地确信迎接自己商品的是利润丰厚的市场。把商品运到市场的风险也越来越大,这主要是战争和海盗造成的,当然

---

[1] 雷蒙·德鲁弗阐述了寄售方式并提供两个恰当的例子,参见:*Medici Bank*,143—147。
[2] 但是的确发生过这种情况。参见 E. Ashtor,*Levant Trade*,445,书中举了几个案例,由于经济不景气,缺少买家,所以商品从亚历山大港退货。

受害人并非总是无法追索损失。[1] 开展贸易的积极性于是就转移到了生产者一侧,尤其是原材料的生产者,他们过去基本上都在满足需求,此时开始主动出击争夺客户。下一章将介绍这方面的变化以及商贾是如何应对这种新情况的。

14世纪到15世纪初叶的经商者历经了风雨飘摇,很难找出还有哪个时代的人比他们的境遇更动荡不安。假设一位经商者没有因病或暴力事件而早逝,他一生中正常肯定要经历货币波动、战争、禁运、封锁造成的艰难险阻。商业所面临的"确定发生不确定情况"的现实贻害众多,但是令人叹为观止的是,这个时期见证了很多新型商业从萌发到蓬勃发展。欧洲商业在挑战面前体现了重组和适应能力,一方面保留传统商业习俗,另一方面将其融入新的组织架构以便更好地适应环境变化。如本书随后将展现的那样,欧洲商业不仅仅是困境求生,更是在欧洲人从未涉足过的商业事业领域捷报频传。

---

[1] 举例来说,佛罗伦萨商人格雷戈里奥·达蒂(Gregorio Dati)在日记中记载了自己于1393年9月在海上遭遇一艘桨帆船袭击,大量个人和公司财产遭到洗劫。不过在付出了巨大艰辛和代价之后,他后来追回了部分物品。

第七章 新环境下的商业对策

虽然黑死病之后的新环境让人生畏，但经商者仍具备若干有利条件。如中世纪鼎盛时期积累的技术进步、商业知识、管理方法并未丧失，还能加以利用并以此为基础继续发展。这笔遗产有的通过口口相传，有的通过广泛传播的书面资料承继了下来。[1] 前文已经提到劳动力成本上涨的积极意义是消费者有更多收入来购买商品，同时，战争破坏也为贸易带来了机遇。这些有利因素加上之前论述过的财富重新分配，为警觉机敏灵活的人从事商业创造了可能性。

成本控制与技术

城市和乡村的经商者以多种方式来应对后瘟疫时代的新现实。[2] 本章将列举相关事例，例如：英格兰生产者大举进军国际纺织品市场，佛兰德斯和意大利纺织品制造商专注市场专业化。但是大部分经商者首选的对策是高度重视成本控制，视之为既满足需求又确保获利的最可靠途径。实现这个目标的关键在于如何精准地计时和测算结果。当然了，确定如何划分工作日有助于降低高工资的影响，但是这一举措最初在控制成本方面的成效比不上精准测算结果，

---

[1] 一个例子是佛罗伦萨的巴尔迪公司收入最高的职员弗朗西斯科·裴哥罗梯于14世纪40年代编撰的知名著作《通商指南》。这本指南不仅详细介绍了欧洲各地和近东地区市场的商业惯例、度量衡、铸币等情况，而且包含大量的至理名言，大约50年后，达蒂尼公司分支机构的经理们人手一册、顶礼膜拜。

[2] 尽管14世纪的经商者仍旧以男性为主，但是本章随后介绍的内容显示女性在商业中的参与度越来越高，尤其是在佛兰德斯。

后者除了要求及时、"定期"出报表，还非常重视缜密的会计制度，而这取决于组织是否反应迅速。下文将展现经商者如何神速般做出改变来满足测算结果的要求。

商业的另一种对策是采用新技术和改良技术来满足需求或者削减成本。不过我们难以确定技术在这方面发挥了多大的作用。直到 14 世纪，欧洲所应用的技术大多承继于古罗马或是从中国、印度、阿拉伯世界引进。前文论述中有相关例证，从前者引进的有水车，从后者引进的有纺织技术。风车是欧洲中世纪鼎盛时期杰出的本土发明创造，但也大量借鉴已有的水车知识。中世纪欧洲最伟大也是最独特的贡献在于以开放的态度解决问题，表现为乐于试错，乐于独辟蹊径，思考引进的发明创造还有哪些原发明者没有想到的用途，乐于推陈出新。欧洲取得的进步不是靠集中指挥的投资，也没走按部就班的路径。虽然当时人们对于事物运作机理尚一知半解，但通过"干中学"，通过先找到好方法并系统阐述出来，通过掌握新技能并传承下去的方式向前迈进。

这并不是说欧洲中世纪缺乏科学思想或没有努力探索。到了中世纪末期，古希腊和阿拉伯世界有关物理、天文、数学、几何、地理的主要著作都早已翻译成拉丁文并广为传播。人们越来越认可地球为球形的概念，应用科学方法绘图将在 15 世纪后期的探索活动中发挥重要作用。即便是科学家专注研究的炼金术和永动机等技术也在采矿业、化学、物理等迥然相异的领域中开花结果。尽管上述成就对于中世纪经商者几乎没有直接价值，但是掌握一些科学见解加上逐步推广经实践适度改造的方法，日积月累就见成效了，使得 1500 年欧洲人的技术能力大大超越 1300 年的水平。

机械钟表的发展进程恰好佐证了这一点。有两类人对这种装置感兴趣：第一类是需要精密仪器追踪星球轨迹的天文学家和占星家；第二类是有些商贾、实业家、政府官员意识到公用计时装置很有价值，这样能摆脱教会控制的日常节奏，更适合商业生活。[1] 法国国王查理五世（Charles V）于 1370 年安排制

---

[1] 本书第三章介绍了工作日按照教规来划分时段，每个时段的长短随季节变换。

作了3只钟表,下令全体巴黎市民根据昼夜平分时间来安排个人作息和商务生活。他同时要求教堂摒弃按照礼拜仪式划分一天的做法,每小时准点鸣钟。14世纪中期开始出现于较大城市的早期公共时钟笨重且走时不准,但是它们显然很有用,足以吸引人们继续研发钟表。到了15世纪初,钟表已经日臻完善并传遍全欧洲,不仅用于公共场所,也开始登堂入室。15世纪末主发条问世,于是诞生了便携、便宜、适宜航海的计时器,最终成为辅助航行的无价之宝。

欧洲普遍采用"试错"和"干中学"的方法意味着技术改良进程缓慢,不同技术发展不均衡,各个地区的推广速度也不一样,加之激发不同产业创新的动力也不一样,所以很难一概而论。比如,采矿业和冶金业进步的原因是从业者在迫切需求推动下反反复复地试错,直到取得突破。与此相反,发明机械钟表的最初激励因素不是哪方面的需求,但是一旦人们认识到它的用处后,其使用推广速度就相当快了。必须对各类武器进行重大改进的动因是君主间争权夺利和财富集中于他们手中,然而舰船设计领域的大跃进本质上是为了满足商业需求。

商业企业家无疑在技术革新推广中扮演着重要角色,但是他们这类人秉承实用主义,倾向于继续依赖现有技术和制度,所以没有促进传播新思想。确切地说,创新的步伐和方向主要归功于君主和公社政府的努力。接下来,我们将看到数不清的事例,说明政府干预对各行各业的技术演化产生的极大影响,有的积极推动,有的则消极阻碍技术进步。因为最早发明者鲜为人知,而且重要的创新过程也几乎没有被记载下来,所以技术转移主要靠有经验的从业者手把手地传授。[1] 想要在自己领地兴建或提升产业水平的君主就会用重金和优待条件吸引专家工匠到自己地盘上来。这类案例有:路易十一(Louis Ⅺ)吸引行家里手到法国从事丝绸业;威尼斯元老院鼓励海外舰船设计师定居威尼斯;英格兰引进佛兰德斯的织工和染工,推动本国纺织业取得长足发展。意大利城市

---

[1] 虽然早期技术发明缺少文档记载,但有一个重要的例外,即威尼斯的兵工厂鼓励造船厂撰写有关本厂船舶系统的书面论文。参见 Richard Unger, *The Ship in the Medieval Economy*:(London, 1980),192.

赋予先进加工方法的发明者和仅仅引进新方法的人独享权,尤其是威尼斯早在1416 年就开始颁发明确有效期限的专利。同样是这座城市,于 1474 年正式颁布专利法,吸引了全欧洲想要从自己发明创造中得到丰厚回报的技术人员。但是威尼斯政府也会施以重罚甚至极刑来禁止具有重要价值的专才移居他乡,力图扭转人才流失的局面,阻碍技术传播。比如威尼斯不准向合法居住在本市的外乡人传授玻璃制造技术,政府还会阻止引进那些有可能造成现有工艺减少税收贡献的新材料或新技术。

推广新型商业组织和管控制度当然完全是经商者自己圈子内部的事情了。我们发现南欧贸易圈的商贾互相尊重并积极借鉴他人的方式,北欧商贾同样采纳了精细化管理的内部转账制度等更加成熟先进的方法。但是似乎直到 15 世纪末,南欧的会计和管控手段开始渗透到北欧后,上述制度才开始在南北欧之间转移,第十章将具体介绍这一点。

商贾的应变之道:意大利

组织形式方面的重大进展,尤其是本书上篇介绍的多人合伙制,主要出现于托斯卡纳地区的企业。威尼斯和热那亚的企业仍以独资或家族所有为主,对单个风险项目开展会计管控。经历了 14 世纪 40 年代的金融危机以及黑死病的重创后,威尼斯人和热那亚人的做法与之前差不多,只是在已有体系里增加少量实用的改良措施。而托斯卡纳人(尤其是佛罗伦萨人)之前为构建复杂的国际金融和贸易组织体系方面下了血本,是这一系列重大事件中最为脆弱的受害者,他们因此必须做出重大改变。

阿尔伯蒂和达蒂尼公司的组织方式

损失最惨重的就是本书第五章介绍的大型多人合伙制企业。这种组织形式在黑死病之前光彩耀人,但大部分在 1350 年之后就从商业舞台销声匿迹了。

出现这种变化的一个原因是连绵不绝的瘟疫造成人口死亡率畸高,长期合作的商业联合体岌岌可危,特别是很多继承人一门心思想着花掉手中的遗产,而不是如何让生意长久。而且这类生意的风险也越来越高,要求企业所有人暨管理者密切关注、全身投入。当然,卢卡的圭尼吉、阿斯蒂(Asti)的马拉拜拉(Malabayla)等国际贸易和金融业翘楚的确生存下来并发展壮大,但是它们的实力与 14 世纪上半叶强大的超级公司有天壤之别。幸存者中最重要的是佛罗伦萨的阿尔伯蒂,这家企业独一无二的应变之道格外成功,值得专题评述。

阿尔伯蒂最早的合伙协议缔结于 1302 年,当时主要从事一般贸易以及从佛兰德斯进口面料进行后整理和染色。这家商业机构在 1312—1315 年险些破产,死里逃生之后逐渐转移重心,到了 14 世纪 40 年代已经成为拥有典型分支机构网络的国际贸易和金融业中的重量级选手。超级公司纷纷倒闭后不久,阿尔伯蒂于 1347 年拆分成两家相互竞争的合伙制企业,即人们俗称的新旧分支机构:"老阿尔伯蒂"(Alberti Antichi)和"新阿尔伯蒂"(Alberti Nuovi)。两家公司体量都很大,不过那时"老阿尔伯蒂"做得更好,是西欧最大的商业银行机构和罗马教皇的御用银行。随着公司进一步发展,后来几经分拆,第一次是 1372 年,之后在 1387 年、1393 年、1401 年又进行了分拆,其间因政治问题,阿尔伯蒂家族成员陆续乃至最后整个家族被逐出佛罗伦萨。流亡他乡的家族成员散落到意大利、英格兰、佛兰德斯、法国、加泰罗尼亚、西班牙、北非、地中海东部地区的商贸中心,在当地加入已有的或新设立的阿尔伯蒂分支机构。这些分支机构基本上独立运作(某些地方有不止一家分支机构),它们不是以公司管控,而是靠亲缘、信任、关联投资凝聚起来的。

阿尔伯蒂在 14 世纪末至 15 世纪初的规模非常大,论合计金额来说,是一家富有的家族性联合企业,但是与早先的超级公司的区别在于,阿尔伯蒂是完全分散经营的。有些分支机构的确相当重要。例如,英格兰分支机构重操超级公司旧业,给羊毛生产者预付款,甚至自行安排将英格兰羊毛和面料运到意大利的港口。说来蹊跷,阿尔伯蒂家族在 1428 年荣归佛罗伦萨,没过几年,该家族联合体起向终点,生意莫名其妙地急转直下,家族成员开始靠房产食利为生。

之后更具讽刺意味的是,阿尔伯蒂家族的大名人莱昂·巴蒂斯塔(Leon Battista)于 15 世纪 30 年代初撰写了专著《论家庭》(*Della Famiglia*)并发给家族成员,鼓励大家要团结一致,但是成效不显著。这个例子再次证明,建立在家族姻亲关系之上的企业尽管持久,但也无法证明不会走向衰败。

令人仰慕的家族理所当然地吸引了历史学者的目光,他们注意到瘟疫后的岁月里也短暂出现了一些冠名为佩鲁齐、巴尔迪、斯特罗齐(Strozzi)、花思蝶的独资或合伙企业。但绝大多数国际商务交易是由很多无名小卒和规模较小的家族机构开展的,他们的业务局限于某些产品或是地域的细分市场。小企业面临的风险更大,回报也更不确定,所以它们的管控意识更强,比前辈们要谨慎得多。这当中规模最大、名气最响的是位于佛罗伦萨附近普拉托的商业银行家弗朗西斯科·迪·马可·达蒂尼(Francesco di Marco Datini)领导的企业。达蒂尼大约出生于 1335 年,因黑死病成了孤儿,1350 年移居阿维尼翁工作,直到他攒够了钱并于 1363 年投资了一家小型合伙企业。这家企业在他的带领下赚得盆满钵盈,起初经营盔甲和板甲生意,后来发展到经营一般商品。罗马教廷在 1378 年重返罗马后他仍留在阿维尼翁,最终于 1382 年重返普拉托。他在这里盖了大宅子,合伙生产纺织品,生意在普拉托和紧邻的佛罗伦萨发展迅猛,他后来也成为佛罗伦萨的市民。截至 1395 年,他已经成功创办了很多公司,分布在比萨、热那亚、阿维尼翁、巴塞罗那、巴伦西亚、马略卡,合作的代理商行遍布全欧洲和地中海地区。他的业务面很广,涵盖内贸和外贸、批发和零售、日用品和奢侈品、制造业和金融业(他甚至一度短暂担任一家生意兴隆的银行的合伙人)。

达蒂尼公司的组织形式跟超级公司大相径庭。超级公司是单一法人实体,全资拥有其分支机构并由公司股东或雇员负责经营管理。达蒂尼是一大堆国内外企业的控股合伙人,每一家企业的人员和合伙方式都不一样。所有合伙人都是对达蒂尼很忠诚的老熟人,有几位是由雇员晋升为合伙人的(超级公司里绝不会发生这种情况)。达蒂尼用部分所有权作为激励手段,同时实施严格控制的管理制度,双管齐下,确保实现他的利益。有关这家公司情况的资料非常充分，是一个近乎完美的案例，可用来研究 14 世纪末商业所面临的新挑战以及当时环境下制胜的基本要素——管控力、敏锐度、灵活性、风险管理。

会计制度、成本核算、财务报告

达蒂尼是怎样有效控制如此庞大的帝国呢？部分原因是他对业务非常熟悉，且一刻不停地追踪调查经理人的活动，这一点有大量来往书信为证。为了跟进商业活动，就要求及时提供大量数据，以帮助身处自家商业网络中心的达蒂尼迅速分析情况并采取相应措施。本书上篇已经介绍了 1300—1350 年间意大利在会计制度和管控技术领域取得的长足进展。得益于精密成熟的簿记法，超大型意大利企业能在长达数十年的时间里管控其国际经营业务，甚至连市政府都采用了类似制度。这些技术不仅挺过了 14 世纪 40 年代的金融崩盘和社会混乱，而且得到了改进和完善。例如，达蒂尼的阿维尼翁公司在 14 世纪 60 年代和 70 年代的账目中沿袭了常见的佛罗伦萨模式，分类账的前半部分为借记，后半部分为贷记。但是达蒂尼搬到普拉托后学习了威尼斯的新式对称陈列法（即每页左栏是借记，右栏是贷记），于是在 1393 年之前全公司都采用了这种方法。更重要的是，达蒂尼坚持要求所有分类账要每年结算并编制报表，以便他定期了解各方面业务的最新情况，让经理们苦不堪言。这种做法与超级公司拖拖拉拉的行事方式大相径庭，超级公司只有在结束合伙关系时才会结账，而且实操中往往严重拖延。

达蒂尼算得上是应用会计制度的开路先锋，到了 1400 年，其他的意大利商贾也将会计制度用作管理控制的工具。达蒂尼在巴塞罗那的分支机构甚至将"忙碌操持家务的女人，我司奴隶"记为折旧性资产，其他意大利商贾可能做不到达蒂尼的程度，但是也越来越多地使用准备金、权责发生额、递延、固定资产、折旧、稽核等概念。而那些从事制造业的商贾为了能监控人工成本增幅，则稳步优化工业成本核算方法。

中世纪商贾很早就熟悉成本会计的概念，因为包括佛罗伦萨等大型商业机构在内，绝大部分商业企业以每个风险项目为单位来单独经营并管控，但从事制造业的商贾往往不会独立核算各项目的费用。以佛罗伦萨"德尔拜尼公司"（Del Bene Company）1318 年的账目为例，它们将制造成本和其他费用都记入主账簿。但是进入 14 世纪后，随着时间推移，包括佩鲁齐公司在内的企业逐渐将贸易活动与生产活动分类记账，到了 14 世纪中期大家都改用这种方法了。于是到了 1368 年，还是上面那家德尔拜尼公司用三本账簿记录纺织生产业务账目，每一本账簿根据企业所有者需要又下设若干明细账。第一本账簿详细登记原毛成本，第二本关于生产一定数量织物（洗毛、打纬、梳毛、织造等）的人力成本，第三本按人员登记专业染色师的工资。综合三本账就可以依据产品类型和品质，分别计算出生产一定数量织物的成本。达蒂尼在这方面做得更为"现代化"，将间接管理费用按常见比例分摊计入产品成本。

风控和保险

上述会计技术的优化措施的确都很有用，但是对于所有者控制企业的助益仍有限。建立信任和明确职责始终是最关键要素，企业所有者继续从与自己有亲缘、友情、义务关系的人中遴选合伙人和雇员，特别是驻外人员，一旦出现欺诈或履职不力的情况，消息马上就会传回他家里。14 世纪末的新动向是重点强调谨慎行事和分散风险。达蒂尼对此执着到近乎狂热，他刻意避免倚重单个风险项目或是业务领域，运输货物时投保或是分批装运，从来不给君主贷款，尽最大可能远离政治。与此同时，他坚持不懈地追求风险生意圆满成功。有一个案例值得一提，他下单在马略卡购买羊毛，计划在佛罗伦萨制成成品面料，然后销往马略卡和西班牙。从下订单到最后销售耗时三年半，部分原因在于遇到敌对行动时只能改道运输，还有部分原因在于商品的市场接受度低。瘟疫造成需求减少，布匹色彩也不受欢迎的话，商品就会滞销，只得从马略卡运到巴伦西亚又运到北非，然后再回到马略卡，直到全部卖掉。尽管延期和降价产生了不可预见的成本，所以算下来该风险项目的利润率估计约为 9%——相对花费的时间和精力而言，这点回报微不足道，但至少是盈利了。

本杰明·凯达尔（Benjamin Kedar）的著作以翔实的文献佐证，详尽描述了黑死病之后威尼斯和热那亚的经商者如何更加谨慎行事。[1] 作者认为出现种现象是因为这些城市的商贾丧失信心和创业精神，他甚至注意到"风险"一词的含义已经从褒义变为了贬义。但是我们认为这是人们在困境中的理性反应。15 世纪的热那亚人在地中海西部和大西洋地区密集活动以及威尼斯人誓死捍卫他们在地中海东部地区的贸易利益(参见本书第八章)，说明摒弃创业家精神的情况即便真实发生过，那也是转瞬即逝的。

在展开新内容之前，我们有必要插叙一点中世纪末期地中海地区保险业的进展情况。本书第三章"风险管理工具"那一节介绍了海商运用很多工具（海事贷款等间接方式）来分散商业风险，直接保险则发展缓慢。达蒂尼的档案则清楚显示，海险到了 14 世纪末已经普及并演化出明显的现代形式。保险业仍旧是热那亚人操控的天下，有几家以承运货物险为主营业务并建立了合理成熟的理赔制度。威尼斯也是重要的保险业中心，美第奇公司在威尼斯的分支机构通常为公司的附属机构办理保险业务。证据显示，当时也有陆运保险，甚至寿险，不过主流承保业务仍旧是海险。保险机构很认真地评估风险，依据路线及其当时路况、货物性质，以及最重要的是运输船舶的类型来计算保费。例如，人们通常认为结队而行的桨帆船战舰很安全，所以货主往往都放弃购买保险，即便贵重物品也不买。大型散装货运柯克船的干舷很高，除了船员还配备士兵，所以也被视为风险低的船运方式。美第奇公司的档案显示，15 世纪中期，威尼斯城邦的桨帆船从英格兰到威尼斯航行一趟的保险费率为货物价值的 3%，而安全性较低的船只即便航程更短，保险费率却为 6%～7%。

这并不意味着当时已经对风险管理进行合理化改革并实现盈利，因为保险业仍旧处于萌芽期且从业者寥寥可数。不过经商者们也越来越多地寻求评估并控制风险的手段，包括搜集统计证据。例如，达蒂尼的存档文件显示，热那亚船只驶往佛兰德斯的预估损失不到 2%。显然在当时，购买保险即便不算是普

---

[1] Benjamin Z. Kedar, *Merchants in Crisis: Genoese and Venetian Men of Affairs and the Fourteenth-Century Depression* (New Haven & London, 1976).

遍惯例,这个观念也已经在中世纪末期生根。

商贾的应变之道:佛兰德斯

在14世纪之前,英格兰与佛兰德斯携手打造的纺织业生意兴隆,当时从大西洋到俄罗斯西部广袤的北欧地区最繁忙的贸易正是围绕着这两地之间的共生互利关系展开的。尽管佛兰德斯生产大量羊毛,佛兰德斯商贾仍要购买成千上万袋英格兰羊毛并管理佛兰德斯织工、漂洗工、染工将其制成成品面料。佛兰德斯商贾和英格兰生产者还有信贷往来并购销其他贸易货物,推动这两个地区的内部经济高度融合,其中主导该体系的是佛兰德斯人。

虽然这两个经济体相互依存的关系独一无二,它们却在多灾多难的中世纪末期首批遭殃。英法国王纷争再起,他们才不管什么贸易关系和经济利益呢,结果佛兰德斯一方面属于法国的领地,另一方面在经济上与英格兰捆绑,正好夹在当中。法英战争引发了一系列贸易禁运、扣押以示报复、加税、海盗等事件,导致该地区的商业发生了质的变化,影响深远。佛兰德斯商贾立刻感受到了这种影响,1270年之后他们丧失了在英格兰羊毛贸易中的霸主地位,取而代之的是意大利经商者。荷兰和德意志商贾以及北海地区的航运商百舸争流,步步紧逼其后。佛兰德斯人在1300年后逐步退出运输业和商品直接贸易领域,重新扮演经纪人、合伙人、企业主这些稳定的坐贾角色。海路的重要性与日俱增,意大利的商业利益集团、德意志汉萨同盟逐渐将北欧与东方的交易商整合起来,这些要素与上述变化共同构建了全新的商业环境。这种新态势在佛兰德斯的布鲁日体现得最为一目了然,用当时的话来说,该市成了"基督教世界的伟大商业城市"之一。

布鲁日之所以能获此新地位,主要归功于自身优越的地理位置以及1300年后陆上商路中断导致"香槟集市"一下子不吃香了。该市位于欧洲北部数个贸易圈的十字路口,意大利商船自1287年起定期到访此地。布鲁日凭借在英格兰羊毛和佛兰德斯纺织品贸易中的传统地位，能够为意大利船只返程时提供有利可图的贸易品。德意志汉萨同盟的德意志人和其他成员被唤作"东部人"，他们自己也很喜欢意大利人运去的商品，同时很高兴有机会销售本地区的产品，包括毛皮、林产品、琥珀，后来还有谷物、啤酒、金属。商贾前往布鲁日的另一个理由是利用低地国家和法国北部人口稠密且富裕的内陆地区的需求赚钱，这片内陆腹地人口稠密，国富民丰。14世纪外商人流和他们带来的资金流看起来势不可挡，即便大型船只无法停靠该城这个缺陷也没构成多少问题。商贾们觉得停靠在该城外港达默和斯勒伊斯（Sluis），然后用小船把货物摆渡到布鲁日市商业中心就挺满意的。

纵使时运如此眷顾，布鲁日政府仍旧不遗余力、狠下血本地打造城市的商业基础设施。在该市尚无像样的市政厅时，就已经拥有了引以为豪的两座商业大楼（老纺织会馆和新纺织会馆）、好几台市属的磅秤、巨大的人力起重机，布鲁日也因此而声名远播。布鲁日还是低地国家中第一座禁止市中心建筑屋顶覆盖茅草的城市，以防止中世纪市镇频繁发生的火灾祸患。布鲁日有众多令人赞叹的市政工程为商业保驾护航，无疑为这座城市平添光彩，但是这里最吸引人的优势或许还是其庞大的人脉网，能为外商提供住宿、银行、中介、商务接洽等服务。

提供上述服务的男男女女秉持四海一家之心，协调工作和谐有方，是这座城市成功晋升国际市场的关键因素。[1] 布鲁日商界精英之所以胸怀四海一家之心，是因为这座城市对待外乡人态度格外开放，特别是富商可以购买或是通过与上层资产阶级家庭联姻而取得公民身份。移民的外乡人中有卢卡的巴比桑家族（The Barbezans）、佛罗伦萨的波尔蒂纳里家族（The Portinari）、热那亚的阿多纳斯家族（The Adornes）等。阿多纳斯家族是1340年搬到布鲁日的，到了该世纪末他们已经拥有了一家客栈和一家汇兑银行，成为布鲁日精英阶层的重要人物。时至今日，中世纪阿多纳斯家族的直系后代仍拥有家族礼拜堂，现

---

[1] 请注意，布鲁日的情况与意大利不同，这里有无数女性积极参与国际商贸的案例。例如，威廉·鲁韦尔的妻子不仅陪嫁了一家货币兑换店，而且她还从事日常经营活动。

在称为耶路撒冷教堂(Jerusalem church)。

还有位移民来自附近的瓦隆佛兰德斯(Walloon Flanders)，叫威廉·鲁韦尔(Willem Ruweel)，他通过婚姻获得了货币兑换生意和公民身份。鲁韦尔和他同时代的科拉德·德马克(Collard de Marke)非常详尽地记录了14世纪60年代布鲁日的商业内部运作情况，他们破产后市政府没收并保留了这些丰富的档案资料，流传后世。这些资料证实，尽管14世纪佛兰德斯的商贾很熟悉汇票，但他们并未使用这类票据。数据显示，货币兑换商会同客栈老板运作了一套错综复杂且应用广泛的转账系统，所以在布鲁日开户的商贾能够为城墙之外遥远地方交易的商品和服务付费。布鲁日的货币兑换商实际上不仅为本地交易服务，而且为外贸提供本书第三章介绍的直接转账服务。例如，科拉德·德马克的客户若想动用自己在布鲁日的账户资金用于支付在安特卫普(Antwerp)集市上产生的费用，凭安特卫普货币兑换商签发的汇票或者派遣自己儿子前往集市，都可以办理。

鲁韦尔和德马克的货币兑换店似乎并非单纯做这项业务，而主要是为投资项目提供营运资金。这种动用客户存款的方式相当于现代银行在部分准备金制度下的常规运作模式，但是中世纪欧洲大部分市镇在14世纪之前认为这是非法行为，之后准许该做法的地方仍采取限制措施阻滞其发展。[1] 这种机制有利于帮助投资商业地产或客栈老板的合伙项目以及公共财政解决资金缺口。但是这种业务风险很高，正是由于参与太多这类投资才导致了鲁韦尔等同行的败落。有趣的是，虽然鲁韦尔破产了，他家的货币兑换业务却幸存了下来，因为这属于他太太的嫁妆，所以未被他的债权人瓜分掉。

14世纪布鲁日的货币兑换商虽然地位突出，但是其重要性与客栈老板比起来则相形见绌。客栈在中世纪欧洲陆路贸易线上的商品运输中仍扮演着关键角色，客栈老板不仅提供住宿服务，还有仓储业务。他们擅长与当地政府打交

---

[1] 在15世纪和16世纪，由于违约频发，加上政府针对货币兑换商接连出台不利政策，层层加码，导致布鲁日货币兑换商的地位江河日下。本书第九章将全面阐述中世纪末期内部转账和部分储备金的情况。

道,并能给予紧急资金支持。中世纪末期布鲁日客栈一枝独秀,除了提供所有上述服务,还持续不断地提供中介、银行、融资服务,简言之,做生意所需的服务样样全有。从事客栈老板行业的包括显赫的世家大户以及阿多纳斯和巴比桑家族这样的新晋暴发户。因为所有的客栈老板都是经纪人,他们又雇佣那些无力自持客栈的经纪人为自己打工,从而把持了经纪人行会。客栈老板在当地政坛的势力越来越强大,不少客栈老板担任市议员(schepen)。[1] 客栈老板,特别是为德意志汉萨同盟的商贾提供住宿服务的那些人,也常常被赋予外交使命。

要想透过布鲁日去了解中世纪末期的北欧贸易制度,关键是要注意货币兑换与客栈是如何紧密合作的。他们合作互补,联手实现了很多银行功能,构建起范围大大超出布鲁日的汇兑网络。不仅"银行"存款里的钱,而且商品、黄金、白银、小额硬币、汇票和信用证,都可以根据客户需求经由这个网络流通。货币兑换商德马克给自己客户投宿的客栈不仅提供布鲁日最常用的俗称"黑钱"(blackmoney)的小额铜币,还会送去卡斯蒂利亚、威尼斯、英格兰等地的至少12种金币。布鲁日的货币兑换商和客栈老板互相为对方开立暂记账户,可以通过内部转账方式来履行上述硬币兑换和其他交易的支付义务。

有这样一套纵横交贯的本地系统,再加上境外的人脉广路子多,来往布鲁日的外商更是络绎不绝,所以支付和信贷业务量倍增。例如,德马克就是依靠与根特、鲁汶(Leu-ven)、杜埃(Douai)、图尔奈(Tournai)、赫拉尔兹贝亨(Gerardsbergen)、瓦朗谢讷(Valenciennes)、安特卫普这些城市的货币兑换商和客栈老板精诚合作,在这样一个区域性网络平台上为客户提供金融服务。他们不仅能完成在巴黎和伦敦的普通业务付款,而且能实现真正的异地结算,包括西欧骑士能在普鲁士支付十字军东征途中的款项,以及为被羁押在西班牙的犯人收取赎金。显然,商贾将记在布鲁日客栈老板和货币兑换商那里的贷方余额用作通货,签字转让给前往布鲁日的同乡,或是通过信函或信使通知支付,就不再需要运送铸币或金银块了。另一个重要进展是出现了可转让信用票据,最先使用

---

[1] 译者注:荷兰语中"市议员"的称谓。

这种工具的是成立于1363年的加来(Calais)羊毛贸易中心,所有高质量的出口羊毛都经由这座港口城市输送,中间商是英格兰的"羊毛批发商"(Staplers)。[1]加来的羊毛绝大部分由佛兰德斯和意大利商贾采购并转售至布鲁日,做法是首付1/3的现款,采用债务凭证形式明确欠款金额,交给羊毛批发商持有,规定自销售之日起的6~12个月内全部付清。羊毛批发商又常常与其他的英格兰商贾兑换债务凭证,这些商贾则将债务凭证中未付金额用于支付采购费用。布鲁日的货币兑换商充当票据转让清算所,事实上实现了无需铸币经手,就能用英格兰羊毛兑换到五花八门的商品,销往布鲁日及低地国家的其他地方。

布鲁日当然不是唯一拥有客栈老板和货币兑换商的地方,中世纪欧洲几乎每座城市都有,其中部分还加入了商业协作网络。例如,虽然现在找不到可以佐证的业务记录,但是14世纪60年代和70年代根特的客栈老板似乎充当了自己客户的存款银行。尽管我们没有证据说明法国南部城市蒙彼利埃的客栈老板在当地或地中海地区任何地方提供银行服务,但是他们充当经纪人和债务担保人,并为客户安排运输,在服务贸易的基础体系中发挥了至关重要的作用。因此,要说布鲁日的客栈老板和货币兑换商卓尔不群,并不是指他们的业务有什么不同,而是说这里的服务商星罗棋布。这一点很重要,正如现代计算机网络的影响力随其联结起的电脑数量增多呈同比扩大一样,低地国家和法国北部腹地城市密集,布鲁日的商业基础设施也将这里的客栈和货币兑换商串联起来,随着这张网的规模和覆盖面越来越大,它就成了能量十足的组织。[2]

[1] "贸易中心"是市镇政府设立的行政管理中心,要求指定商品的全部进出口业务都经此流通。加来是通往附近低地国家的海上门户,于1347年被英格兰征服。

[2] 本书第九章和第十章介绍交易所起源和安特卫普兴起时将再次强调网络密度的重要性。

商贾的应变之道：德意志汉萨同盟

或许最能体现出中世纪末期贸易所受压力之大和迸发潜力之猛的商业组织当属德意志汉萨同盟。它同样是较难定义和分析的团体之一，因为这个同盟不仅存续了500年（从12世纪中期到17世纪中期）之久，而且从成立之初就展现出蜕变和演化的能力，抓住机遇的同时尽可能减少其开展贸易时面对的威胁。该组织于1358年自称"德意志汉萨同盟城市（Cities of the German-Hanse）"，不管它变得如何复杂，始终多多少少保持着一支四面楚歌的商队的自我形象，唯有团结互助才能绝处逢生、岿然独存。正如1469年一份呈报英格兰枢密院（English Privy Council）的文件中所试图解释的那样，德意志汉萨同盟既不是公司（Societas）[1]、合伙制（Collegium）[2]，也不是行会（Universitas）[3]，而是"众多城市、市镇、社会群体组成的联盟（Confederatio）[4]，目的是确保陆运和海运的商业项目实现预期的结果，确保采取有效措施防范海盗和路霸，让他们无法伏击掠夺商贾的商品和贵重物品"[5]。该联盟的代言人非常狡猾，但在该文件中未提及。其实在14—15世纪，该联盟存在的主要目的是既要让成员免遭北方君主无理的税赋盘剥和骚扰，还要游说或逼迫，想办法搞到更多贸易特权。德意志汉萨同盟已经发展成非常庞大的组织，核心成员有大约70座城市，还有大约100家松散型或临时性盟友，其中包括克拉科（Cracow）和斯德哥尔摩（Stockholm）这类既非德意志的也不属于神圣罗马帝国的城市。

人们往往用德意志汉萨同盟不具备的属性来定义它，其实这个组织本质上是以吕贝克为掌舵伙伴，试图控制途经波罗的海的东西方贸易。直到13世纪

---

[1] 译者注：拉丁语的称谓。
[2] 译者注：拉丁语，表示各成员有同等权力的协同组织。
[3] 译者注：拉丁语"全体"的意思。
[4] 译者注：拉丁语"联盟"的意思。
[5] Philippe Dollinger, *The German Hansa* (Stanford, 1970), 412.

科隆等西欧城市加入该联盟之后,名副其实的德意志汉萨同盟才算诞生。该团体利用西方社会改变贸易策略的契机,为成员在佛兰德斯和英格兰抢下稳固的优势地位,将布鲁日和伦敦打造成德意志汉萨同盟在西欧的贸易桥头堡,在当地都设立一家称作"商务办事处"的贸易和政治机构。这两座城市不仅成为加盟商贾的居住地与商品贸易目的地,影响力更是辐射至本土腹地及更远地方的政治经济中心。在东欧和北欧相当于伦敦和布鲁日地位的是诺夫哥罗德和卑尔根"商务办事处"。通过这4座城市的"商贸办事处"流转的有俄罗斯的毛皮、琥珀、蜡、挪威和冰岛的鱼、英格兰和佛兰德斯的羊毛和织物。

人们认为德意志汉萨同盟控制的贸易区类似"地中海地区的意大利商贸区,但这个北欧的翻版等级稍逊",其实两者差别很大。[1] 这里最主要的贸易品是低价值的原材料,如谷物(绝大部分是普鲁士的黑麦和大麦)、林产品、金属。在中世纪末期,当地对进口食品的需求不断增加,随之啤酒、盐、鲱鱼的贸易额逐渐赶超传统贸易品,在不来梅(Bremen)和汉堡(Hamburg)的联手支持下,吕贝克在该联盟中的优势地位得到进一步夯实。这一点清晰地说明欧洲两个最大贸易区的另一项重要差别,即德意志汉萨同盟到了1360年已基本垄断转口贸易和北欧基本产品贸易,即便是威尼斯也无法在地中海地区获得同等成就。

尽管德意志汉萨同盟严防死守,但其优势地位并非没有遭遇挑战,城市联盟有时如乌合之众,并非磐石般无法撼动。自14世纪60年代开始,北欧荷兰的航海市镇和英格兰的贸易商都开始挑战德意志汉萨同盟在波罗的海的垄断地位。以阿姆斯特丹(Amsterdam)为首的荷兰人与德意志人争夺鲱鱼和盐业贸易的控制权,他们完善了(本书第八章将全面介绍的)更高效的船上腌制工艺,并率先从法国的布尔纳夫湾(Bay of Bourgneuf)大规模进口盐。英格兰人提供令人心动的运费和售价较高的英格兰纺织品作为返程货物,从而插入德意

---

[1] J. H. Munro, "Patterns of Trade, Money, and Credit," in *Handbook of European History*, v. 1, 160.

志汉萨同盟与普鲁士的航运生意。1438年荷兰人和吕贝克的文德商圈（Wendish League）爆发贸易战，德意志汉萨同盟分裂成"挺吕贝克"派与"倒吕贝克"派，如果没有这档子事儿，结果还两说，但英格兰和荷兰发起的挑战最终证明这个进程势不可挡。荷兰人联袂丹麦国王利用德意志汉萨同盟的内部分裂，于1441年签订《哥本哈根条约》（Treaty of Copenhagen），全面掌控在波罗的海的贸易权。英格兰人早在1410年与条顿骑士团总团长（Teutonic Grand Master）签订协议，拿到了直接出口羊毛到普鲁士的通行证。

德意志汉萨同盟的核心贸易制度是所谓的"强制堆垛"（Stapelzwang），要求该联盟的所有商贾在贸易中心，也就是固定场所里买卖商品，从而最大限度地控制贸易流通。这类场所与布鲁日在14—15世纪赫赫有名的商务办事处差不多。德意志汉萨同盟的官员严禁地方公职人员的权力凌驾于自己之上，要求驻扎佛兰德斯城市里的外商中，自己的商贾必须享有独一无二的特权。德意志汉萨同盟的终极武器是贸易禁运和退出联盟，他们在1307—1309年、1358—1360年、1388—1392年、1436年对佛兰德斯动用这些武器，每一次都为德意志汉萨同盟的商贾在布鲁日和佛兰德斯的其他地方获得更多权利。例如，一旦货币兑换商或客栈老板破产，他们是唯一保证能全额获赔存款的客户。此外，佛兰德斯伯爵暂缓行使自己的救助权，豁免德意志汉萨同盟成员的过路费和部分税赋，为其简化司法程序。这么多特权极大地增强了德意志汉萨同盟的商贾在佛兰德斯和其他地方的竞争力，从而有底气与荷兰人展开持久战。

纺织业

在人口减少、劳动力成本上升的这个新环境中，最脆弱的是纺织产业。战争、饥饿、瘟疫造成社会动荡混乱和人口下降，欧洲很多地方的廉价纺织品市场自14世纪初就已经开始萎缩。纺织业在黑死病时期已经产能过剩，尽管幸存者购买力增强有可能减缓了市场萎缩程度，可产能还在不断增加。低中端纺织品市场的竞争态势愈演愈烈,国际舞台上新加入一位重量级选手将比拼推向白热化。这就是能够供应各种品质羊毛的英格兰,得益于王室的财政政策,此时的英格兰拥有强大的价格优势。爱德华三世自14世纪30年代开始靠羊毛出口积累关税,筹集对法战争的资金。过去这项费用的一部分是羊毛生产商承担的,但是自1363年设立加来羊毛贸易中心之后,该项关税负担就完全落在外国采购商身上。从14世纪40年代起,每袋364磅重的羊毛平均缴纳40~50先令的关税,如果出口商是外国人则费用更高,占到劣等级原毛成本的很大比例;反而成品面料的出口关税最低,平均仅约合产品价值的3%,不过到1373年增加了"磅重计价手续费",但也只多了区区5%的税费。其结果是英格兰纺织品出口持续稳步激增,1350年时只有少量出口,到了该世纪末每年出口量超过40 000匹。

佛兰德斯的三大制造中心(伊普尔、根特、布鲁日)长期采取贸易保护主义措施,竭尽所能遏制低成本竞争并打击来自紧邻周边农村的假冒产品,甚至不惜诉诸武力。而他们应对新威胁的措施是禁止进口英格兰面料,甚至途经佛兰德斯港口转运的也不行。这项政策立刻导致佛兰德斯人与德意志汉萨同盟和热那亚的商贾产生矛盾,由于后者对于佛兰德斯的国际贸易举足轻重,最终佛兰德斯人做出让步,在英格兰面料不能卸货的前提条件下允许其转运。佛兰德斯生产商应对价格竞争的第二个策略是加速撤离国际廉价纺织品市场,同时继续为本地和本区域消费者生产劣等面料。因此,他们全力以赴地确保其高品质纺织品的地位不受威胁,因为这一块儿的市场仍在扩大且未受价格竞争的影响。他们继续通过加来羊毛贸易中心购买绝大部分最优质的英格兰羊毛,支付关税,再将成本转嫁至饥渴的客户。所以业务量虽然如旧,但这门生意仍旧有利可图。

令人惊讶的是,纺织业巨大的竞争压力竟然没有催生出新技术或是技术更新。或许过去某些节省人力的工艺(例如梳棉、纺车、宽幅织布机、水力漂洗)得到进一步渗透推广,但是黑死病之后中世纪唯一的新发明是起绒机,而且基本上仅限于英格兰使用。与之相反,所有中世纪的发明创造在推广中都会遭遇很大阻力,表面上说是为了保证质量(就高端面料而言,的确如此),其实往往是为了保护特殊利益团体。最新参与到国际竞争的英格兰似乎最善于接受生产流程的改进。英格兰的纺织业主要布局在农村,这里劳动力成本低、有可以漂洗织物的溪流、行会限制相对少。但是即便在英格兰,当起绒机于15世纪问世时也遭到坚决反对。

英格兰发展过程中还出现了一个有趣现象,就是这个新兴行业与热那亚航运商逐渐形成共生关系。后者长期以来一直会停靠英格兰港口,卸下地中海商品并装运发往佛兰德斯和意大利的英格兰羊毛。14世纪50年代之后纺织业飞速发展,对矾和染料的需求旺盛。1381年热那亚与威尼斯干了最后一场大仗,之后热那亚再次彻底控制小亚细亚地区福西亚的矾矿并开始建造超大型帆船运输这种大宗商品。尽管矾的主要目的地是低地国家,但是在南安普顿(Southampton)的卸货量也很大。另一种大宗货物是产自意大利北部的靛蓝,靛蓝是中世纪最受欢迎的染料,因为它不需要媒染剂并可用作各种各样颜色的基础染料。这些长途直航的船只效率极高,运输矾和靛蓝的成本仅占其在英格兰采购价的8%。从南安普敦到新的羊毛产地科茨沃尔德(Cotswolds)也很方便,热那亚人从科茨沃尔德提货,将优质羊毛纤维以极低的运费发往佛兰德斯和其他地方。他们还以低廉的价格将大量英格兰面料运往西班牙等地,否则这些市场是英格兰制造商鞭长莫及的。

传统制造商被迫收缩到高端产品线的情况实际上在欧洲各地的各类纺织品从业者中一再反复上演。[1] 意大利呢绒制造商在国际出口市场面临来自低廉英格兰廉价面料的竞争,同时更重要的挑战来自国内市场,即意大利棉和混纺织物的竞争。棉的销路越来越好,一方面是因为社会各阶层人士都越来越需要轻便内衣,另一方面是因为便宜织物是大势所趋。编年史作者维拉尼预计14

---

[1] 佛罗伦萨是个例外。佛罗伦萨商人在14世纪20年代开始用英格兰优质羊毛织造细布时,激发他们积极性的主要原因不是来自低廉产品贸易的压力,而是由于战争和禁运打乱了佛兰德斯的供货,要填补奢侈布料市场需求。关于"安全投资转移"(Fight to Quality)的概述,参见: John H. Munro,"The Origin of the English 'New Draperies': The Resurrection of an Old Flemish Industry, 1270—1570", in *The New Draperies in the Low Countries and England*, 1300—1800, ed. N. B. Harte (Oxford, 1997)。

世纪30年代佛罗伦萨呢绒年产量为7万~8万匹，14世纪80年代这个数字逐渐缩减到2万~3万匹，这种态势持续到该世纪末。佛罗伦萨的麻烦之一是农村低成本制造的产能在扩大的同时品质也得到提升。意大利呢绒平均单价大幅上涨，部分抵消了产量缩减的影响，但是即便是奢侈品市场也面临竞争，挑战者是本地欣欣向荣的丝绸产业。

丝绸产业早在12世纪就被引入了意大利卢卡，使用的原材料来自黎凡特地区。卢卡的丝绸产业大获成功，促使公社和君主们大力鼓励蚕丝业，于是桑树种植和养蚕在意大利全境铺开。由于推广用水磨将蚕丝捻成线的技术，替代了费工费力的手工操作，该产业的扩张趋势一直持续至13世纪和14世纪。到了15世纪，除了最上等的进口丝绸原材料仍需进口，其余基本上被意大利产品取代了。本地丝绸材料品类繁多、价格各异，生产商于是能够生产各种丝绸面料以及丝绸与其他纤维的混纺织物，从而满足更宽广的市场面，因而即便人口数量急剧减少，这个产业也仍旧在增长。

地中海地区的文化新动向是人们偏好深色系，尤其是黑色，这也推动了棉和丝绸产业的发展。白色在该地区传统观念里是服丧的颜色，人们穿着未漂白、未染色的服装以示忏悔和悲恸之情。最初是14世纪的西班牙和葡萄牙贵族服丧时使用黑色服饰和陈设，这种习俗经那不勒斯传入意大利，黑色逐渐成为各阶层人士表达哀悼之情的"正式"颜色。棉和丝绸比呢绒轻便，成为首选的黑色面料（有钱人用丝绸）。鉴于14世纪后半叶死亡率极高，所以这方面的需求量很大。

意大利棉业主要生产一种称为"纬起绒布"的棉麻混纺粗布。受市场萎缩和成本问题的困扰，当德意志南部地区新兴竞争者异军突起时，意大利棉业已经开始衰退。[1] 这个新兴产业的中心在斯瓦比亚（Swabia），当地市场供应亚麻。鼎鼎有名的奥格斯堡（The Augsburg）的福格家族（The Fuggers）等批发商

---

〔1〕关于意大利棉业和相关发展情况的简述，参见 Maureen Mazzaoui, *The Italian Cotton Industry in the Later Middle Ages*, 1100—1600（Cambridge, 1981），138—153。

从威尼斯和米兰采购原棉,给斯瓦比亚的乌尔姆(Ulm)等城市的织工提供贷款,负责后整理以及最终的成品布市场销售。意大利的棉织品在德意志和欧洲北部地区销售历史悠久,相比之下,斯瓦比亚的产品品质差但便宜很多,因此斯瓦比亚布匹迅速占领了德意志市场的很大份额,截至1370年已经在全欧洲阔步挺进传统属于意大利棉织品和混纺织物的市场。德意志南部和瑞士的商贾也开始接手在全北欧营销意大利高级棉织品的业务。到了15世纪初,德意志的纬起绒布已经打入意大利本土,激起贸易保护主义的反弹。这里的传统制造商再一次在不知不觉中猛然发现自己不愿意直面抑或是无力招架这些制造业新贵的挑战,被迫只能驻守高端市场。

以上仅是简述了中世纪末期纺织业的部分情况,重点是介绍由于出现新的廉价替代品,导致消费者偏好发生变化,对此这个行业相关各方作何反应。除了顶级产品,消费者似乎更喜欢以较低价格购买质量稍好一点或者更耐用的商品。呢绒等现有产品因为增加了英格兰等货源地而成本降低,同时新的制造商积累了经验并获取了更多市场份额。德意志的纬起绒布制造商和意大利的棉织品(至少在初期)和丝绸织物制造商敏锐地察觉并满足消费者需求,从而在诸多领域成为佼佼者。佛兰德斯和意大利的传统产业面临艰难抉择,通常聚焦具有独特产品优势(例如奢华面料)或者自己能控制的领域(例如本地粗布),占据某个细分市场。显然,在这个全新环境里,获胜者是那些具备前所未有的敏锐力和灵活性,能贴合消费者偏好的企业主。战败者只能凭借行会组织采取限制措施以及借助农村生产成本低的途径来寻求些许庇护。这些压力自然引发了大量劳资纠纷,在有些地方甚至导致社会动荡。特别是在佛兰德斯,压力重重的纺织业矛盾一触即发,与这个伯国的政治动荡如影随形,并常常推波助澜。

军事供给

在本时期,无论市场遭遇什么样的损失和破坏,有一个"产业"始终蓬勃发展，这就是满足军事需求的行业。尽管军事需求对本书讨论的诸多行业会分别产生影响，但是仍有必要单设一节谈谈这个议题。这个时期战火连绵，而且对于商业来说，更重要的是有越来越多政体卷入战争，这些政体有办法获取西塞罗(Cicero)所说的战争原动力——金钱。战争参与面不断扩大，形势更加复杂化，所以对给养和武器的需求给整个商业经营领域产生越来越强大的冲击。于是那些靠服务穷兵黩武的君主和公社赚钱的企业面临着无限商机。[1]

军事需求令建筑业获益良多。黑死病之后留下了大量空置房屋和教会设施，所以普通民用建筑工程基本上都停止了。但凡事都有例外，这方面也是如此，而且欧洲各地概莫能外，例如：英格兰一直到15世纪都在兴建教堂建筑；同样是这一百年见证了在意大利、低地国家、德意志南部地区矗立起一幢幢宏伟的民用建筑和官方建筑。但主要建设活动还是在城堡和市镇周围新建更加坚固的城墙，以期抵御改良后的火炮，特别是铁炮弹的攻击。还有很多工程是维修基础设施、更新产业设施、修缮被战争破坏的断壁残垣。大量修路、挖渠、架桥等表面看似商业性质的项目，其实除动机也是军事目的。获益匪浅的还有造船业，因为舰队在参战时遭到损毁后，会再造新船。

15世纪上半叶贵金属开采量很少，但不是因为不够努力。政府为了给军事行动搞钱，不仅殚精竭虑地鼓励勘探，还绞尽脑汁想从废矿里再挖些矿产出来，可惜事与愿违。例如，法王查理七世(Charles Ⅶ)在1444年授权法国司库和顶级资本家雅克·柯尔(Jacques Coeur)开采里昂(Lyon)周边的若干老矿，后者仅需支付少量年费并承诺让矿井重新运转起来，就可以获得10%的银、铅、铜产量，而这本来属于国王的权益。贱金属开采则是另一番景象。铁矿石和铜的供给充沛，需求也很旺盛，用于接连不断地制造刀剑、锁子甲、弩、头盔，以及生产大炮、炮弹、甲胄。本章随后将介绍采矿业和冶金业所取得的技术进步，主要也

---

[1] 尽管农业很重要，但是本书此处并未涉及农业，因为兵粮供应往往并非出于自愿，而且也并不赚钱。关于这一点，以及当时主要战役的组织形式和资金支持的全面情况，参见 J. H. Hewitt's, *The Organization of War Under Edward III*, 1338—1362(Manchester and New York, 1966)。该书详述了百年战争初期爱德华三世入侵法国时如何集结部队并筹措舰船、武器、补给、食品。

是政府为实现军事野心而鼓励革新的结果。

各个门类的铁匠和金属加工工人非常吃香,他们的专业化程度也日新月异。有的人用锉、锯、钻、铆钉将冷铁加工成不同形状。有的人专攻打造刀剑、锁和钥匙,或装饰物品;还有的专业性更强,尤其专攻有色金属的匠人要为贵族制造花饰繁多的胸甲和头盔。米兰自13世纪起成为武器和盔甲的重要制造中心,因而蓬勃发展。全欧洲城市里的皮革工人、鞋匠、服装制造商等能工巧匠都能从政府订单中赚到不少钱。

商贾也因军火贸易发了财。弗朗西斯科·达蒂尼在阿维尼翁教廷时期开始涉足这门生意,具有讽刺意味的是,这里是各类武器的主要贸易集散地。他在这里经销制造武器的金属和配件,从五湖四海进口造面甲的铁板、造锁子甲的金属丝、造盾的锡钉、造剑的刀片和刀鞘。他还热衷于销售现成的个人装备和马具。但是大家一定不要因此被迷惑,以为战争虽是坏事,但商贾等人偶尔也能因祸得福。虽然达蒂尼充分利用战争将坏事变成好事,但是他和他的经理人以及代理商行总是因恢复和平而兴高采烈。

还有一件关乎军事供给的新情况令商贾慢慢品味到个中妙处,那就是自15世纪后半叶开始,整个欧洲大陆出现维持庞大常备军的趋势。这个动向的苗头早在14世纪的意大利就冒出来了,当时几大城邦领土扩张,边境范围扩大,需要跟"雇佣兵队长"(condotieri)[1]签订长期合约,让他们派兵驻守。法国君主在14世纪建立过王室常备军,百年战争最后几十年再次组建王室常备军。新状况是法国在1453年最终战胜英格兰之后相对和平的四十年里仍保有相当规模的常备武装力量且供给充足。意大利城邦、勃艮第伯国、瑞士人都厉兵秣马、枕戈待旦。对经商者而言,虽无山雨欲来风满楼的隐患,军服、武器、常用战争装备的军事供给业务仍一如既往。

---

[1] 译者注:意大利语中"领导"的意思。

采矿业和冶金业

14世纪后半叶,贵金属开采业处于低谷,不仅位于波希米亚的弗莱贝格和库特纳霍拉的大银矿资源濒临枯竭,连撒丁岛上规模较小但同样重要的伊格莱西亚斯矿山也面临同样的窘境。当时没有发现新矿藏的迹象,劳动力成本上升又令小矿开采变得不现实。15世纪上半叶,情况进一步恶化,当时白银的产量跌至低谷,特别是胡斯战争(Husite Wars)造成库特纳霍拉的矿山于1422年被封,之后形势更加严峻。匈牙利的金矿产量一直颇丰,但是相比以前也减产了。接着,土耳其人在1441年占领了塞尔维亚南部的矿区。上述情况导致15世纪30年代初到60年代中期金银块极度稀缺,促使政府亟不可待地鼓励勘探,同时期冀提高开采和冶炼技术水平,力争从现有矿产中获取更多资源。这方面的努力在15世纪60年代初见成效。

贵金属开采领域的技术革新主要集中在功能强大的水力排水泵和马力排水泵,以及有效利用平硐进入过去被淹没的矿井。冶炼领域的最大进步是再次发现古罗马人采用的"垂直(seiger)[1]熔析法",最终成功从含银的铜矿石中提炼出白银,过去没有开采价值的矿床于是开始产出两种非常有价值的金属。多亏了这些技术进步,人们再次开挖波希米亚和萨克森地区被弃的大矿区,以及成百上千座之前被认为是不值得挖掘的小矿藏。经过密集勘探和技术更新,人们在蒂罗尔(Tyrol)的施瓦茨(Schwaz)和萨克森的施尼贝格(Schneberg)取得重大新发现,这里很快成为高产矿区。16世纪早期人们又在波希米亚和萨克森发现大量新矿,确保贵金属产量稳定提升,这种状况一直持续至16世纪30年代,之后虽然欧洲产量减少了,但新大陆流入的贵金属弥补了这个缺口。

军事对贱金属的需求持续旺盛,要求不断提高铜和锡,特别是铁的产量。

---

[1] 译者注:德语。

虽然采矿业没有出现重大新进展，但是工人运用冶炼设备的技能更加娴熟了。人们不断给冶炼熔炉增容以满足当时对铁的需求。有的熔炉使用水力风箱升温，足以熔化矿石并制成生铁。继而出现了鼓风炉，有资料记载的首台鼓风炉于1384年出现在列日（Liège）。"干中学"的过程是这个领域制胜的关键，反复试错是人们找到最佳配料的必由之路。随着鼓风炉体积增大，就必须利用水力碾碎矿石并鼓动风箱。于是，冶炼地点由矿山附近转变为靠近水流湍急的地方。此外，将矿石熔炼成生铁的出铁量更大，冶炼过程中的中间产物也可以在锻铁炉里制成熟铁，然后打造成各种各样的物品。新型纵剪机能切出细杆，于是制钉变成便捷的事情。据估计，到了1500年，整个欧洲每年的铁产量达到6万吨。

采矿和冶炼的规模扩大，工艺更加复杂，于是对资金的需求达到前所未有的水平。精心挖掘更深更复杂的坑道和平硐、水车因用途五花八门且需求量巨大、鼓风炉更是越大越好、利用垂直熔析法（seigerhüten）提炼白银需要工棚和专用炉，这些都要资金支持。第八章和第九章将介绍上述需求和其他用途的资金来源。

经过铁矿山开采和熔炉冶炼出的产品，有一些由具备特殊技能的专业工匠制成工具，如泥瓦匠和木匠使用的手摇曲柄钻等用具。当时冶炼出的铁大部分经遍布欧洲市镇、村庄、乡村的成千上万名铁匠之手转变成最终用途的产品。铁匠基本上都是个体户，他们将金属打成犁和其他农具，跟车轮匠合作为二轮运货马车、精制的盔甲、刀剑等武器提供铁制品，为城市形形色色的商贩制造各种各样的工具。有些铁匠专门制造和维修遍布欧洲大小城镇的塔钟。铁匠的人数众多、遍布各地、既受重视又被鄙视，被鄙视是因为铁匠工作时噪声刺耳，烟雾弥漫，臭气熏天，特别是14世纪末期木材越来越短缺，铁匠开始弃木炭转用煤后，工作环境变得更加恶劣。

15世纪欧洲采矿业和冶金业的成就在某种程度上可归功于运气，但是主因还是中世纪人们在实践中逐步积累的专业技能。通过"干中学"得来的传世之宝有：更加重视勘探且提升勘探技术，改进新老矿山的开采方法，用低成本的手段将粗金属制成用品。

造船业

黑死病之后的岁月里,欧洲船运能力过剩,但并未完全阻挡人们建造新船舶的步伐,而且为了满足特定细分市场的竞争需求,人们在14世纪后半叶还设计出了新款船舶。北方的造船者将柯克船和霍克船(Hulk)这两款散装货船整合成一种船型,新船型汲取前两者的部分精华,体量更大、单位长度的运力更强、船速更快。在南欧,威尼斯和热那亚早先发明的大型桨帆船于14世纪中期开始定期跑英格兰往来佛兰德斯的航线。这些船的船体比传统桨帆船的更宽更深,动力主要依靠大三角帆,只有必要时才划桨。它们的体量足够装载大量(多达150吨)各类中等价值和高价值货物,包括织物、羊毛、纺织业原材料、葡萄酒、香料、贵金属,但是不适合运输大宗商品。这类船只还被经常用作搭载朝圣者的客船。由于这类船只需要很多船员,因此提高了成本,但同时也使得侵犯者无法靠近它们,所以实际上降低了保险费用支出,加之船速快、可靠性强,所以具备固定排期的条件,盈利也有保证。

造船业在14世纪后半叶有三方面重要变化,但成效要到下一个世纪初才充分显现。第一项是北欧与地中海地区的技术转让和思想交流与日俱增。北方造船厂开始建造桨帆船,地中海的建造者发现柯克船越来越受欢迎。如本书之前提到的,热那亚人建造了有史以来最大的柯克船,用其运输矾和靛蓝到英格兰和佛兰德斯,获利颇丰。威尼斯人每隔半年便会派出大型柯克船队把叙利亚的原棉运给威尼斯当地的纺织品制造商或是转运至德意志。

第二项变化是本书第六章"运输业"一节中提到的政府干预升级。到了1400年,威尼斯公社不仅在当地知名的兵工厂里建造大型桨帆船,还运营这些船舶。法国和伊比利亚半岛的政府也有样学样,按照威尼斯的做法兴建自己的造船厂制造战舰和所需的其他船只。所有心怀海上抱负的政府蜂拥招募海员,特别是桨帆船的桨手,但这类人手非常稀缺,过去干这个活儿的人属于卑微的下等人,只能从没有自由身份的人里去寻找。

第三个趋势是更加关注专业化。出现了规格不一的各类船只,瞄准特定细分市场的需求,力争以最低的成本开展特定的业务。尽管 15 世纪之后船舶专业化分类才昭然若揭,但是该趋势在 14 世纪末已经显山露水,当时新式船舶先后问世,既有超大型的热那亚柯克船,也有诸多令人眼花缭乱的特种用途船舶,包括沿海不定期货船和捕鱼船。

上述三项趋势似乎在 15 世纪不谋而合,造船厂借鉴和模仿设计要点,不仅发明了可以在不同水域航行的多用途船,还瞄准开拓小众市场的机遇,设计出改进型船舶。后一种情况的例子不胜枚举,当时主要发明的是小型船。葡萄牙人在"航海家"亨利王子(Henry the Navigator)的鼓动下,设计出机动性很强的"卡拉维尔"(Caravel)轻型多桅帆船用于远航探险,这种船的载货量微乎其微,却要配备较多船员。到该世纪末,葡萄牙建造出体量大了很多的卡拉维尔船,同样具备优异的机动性能,同时能够在葡萄牙与西非的港口以及葡萄牙在大西洋占领的岛屿之间往返运输货物。在北欧,荷兰人在设计捕鱼船方面出类拔萃。比如,他们在胡克船(Hoeker)的船体上开了小洞,这样捕捞上的活鱼在渔船返港之前可以养在海水里。最著名的荷兰渔船当属"捕鲱巴士"(Hering Bus),这款船具备远航能力,并配备了设备用于在船上腌制和包装捕捞到的鱼。[1]

15 世纪最重要的船舶设计进展是被理查德·昂格(Richard Unger)称为"伟大发明"的三桅全帆装船(Three-masted Full-rigged Ship)。[2] 这种船于 15 世纪初首先出现在伊比利亚岛沿大西洋的港口,很快被地中海地区掌握并进行适应性改装,这种船在这里的名称是克拉克帆船(Carrack)。到了 15 世纪中期,在各地政府的大力推动下,这种船已经向北普及到法国、低地国家、英格兰、波

---

[1] 本书第八章有关渔业的小节将全面介绍当时人们如何运用这款卓越的船只。
[2] Richard Unger, *The Ship*, chap. 5.

罗的海的德意志汉萨同盟。这种构造的多用途船比之前的帆船具备更强的推动力和操控力，还能打造不同规格的船型。由于这种船配备了防卫手段，可搭载火炮，适合运输散装货和高价货，所以作为战舰和商船都很合适。到了1450—1475年间，克拉克船果然取代了大型桨帆船，成为往返于意大利港口和北欧的优选商船。全帆装船后来几经优化设计，直到19世纪快速帆船（Clipper Ship）问世后，其作为欧洲最好帆船的地位才被取代。

除了黑死病爆发后紧接着的那段岁月，造船业在这个时代阔步向前，不是为了逆境求生，而是为了拥抱新的机遇。其中一个机遇是前文提到过的地中海地区国家和北欧之间的交通方式从陆运转向水运，促使人们着重设计出同时适应地中海和大西洋航行条件的船舶。另一个机遇是要满足君主们大规模海上探险的需求，设计出速度更快、防御能力更强的船舶。最重要的机遇可能来自于削减货物运输成本的压力，不管是生产商需要的原材料，还是运给消费者的成品，这方面的诉求永恒不变。

本章内容说明，欧洲在14世纪末至15世纪初根本不是像过去很多历史学者定义的那样处于停滞与萧条期，这其实是一个重要的对欧洲有积极影响的建设性变革期。这个进程的确缓慢而充满不确定性，因为在普遍不识字、灾害频发、通信中断的时代里，通过"干中学"来传播知识非常耗时。尽管技术推广的进度缓慢，经商者面对市场新机遇的反应速度之快却是令人叹为观止的。他们加快竞争步伐、悉心发现并满足消费者需求、高度重视降低成本，从而实现了以更低的价格向更广泛的消费群体供给更多品类的商品。与此同时，尽管政府的政策往往出现误判，但是政府仍是此间成就的关键推动力量。总而言之，虽然这个时期的产量可能降低了，但是人均产量却可能增加了，而且毫无疑问的是，消费品的品质更优良和品类更繁多。但此时的成本仍旧太高，需要在这方面继续下功夫。人们很快就会认识到上述问题并想出各种办法来解决。

第八章

十五世纪：古法结硕果

在逆境中采取了比较寻常和相对容易的应对措施之后,整个欧洲没有居于被动,而是更加积极地想方设法降低成本。15世纪的经商者开始将"干中学"的方法应用于削减成本,体现在两个方面:一是想办法尽可能接近产品来源,二是发展新型产业。不同于现代商业迅速在理论推导基础上迅速形成(精简、再造、重塑等)的观念,上述进展历经了缓慢、近乎自然的演进,彼时的经商者根据市场交易活动的需求推导结论,并想办法找到新的供应商或是自行制造,从而绕开传统供应商。15世纪的这项进展是推动整个欧洲纵向一体化的最初萌芽,而19世纪商业领导者的典型战略就是纵向一体化。贴近生产者和消费者成为中世纪末期经商者的当务之急。

尽管我们在前文中没有强调接近产品源头,但是这在中世纪欧洲绝不是什么新理念。以威尼斯和热那亚商人为首的欧洲商贾很早就意识到这个办法的益处,他们在地中海和黑海地区遍地设立殖民地,在任何可能的地方(特别是摇摇欲坠的拜占庭帝国)确保获得贸易特权。通过策略,他们能够以尽可能低的成本获得关键原材料和奢侈品。他们在西方世界的贸易桥头堡让他们有机会获得非洲的黄金,在东方世界的贸易桥头堡则是通往北方、中部、南方丝绸之路和香料之路的门户,直抵波斯和俄罗斯南部的市场。所有这些都是财源滚滚的买卖,是威尼斯和热那亚军事力量锐不可当的主要能量源泉。

欧洲在东方世界主要采购两大类商品。第一类进口商品是在当地种植或加工的产品,例如:棉花、糖、丝绸、小麦、染料、亚热带水果。地中海中西部地区同样具备生产上述大部分产品的气候条件,没过多久也习得了相关的耕种加工技能。前文已经介绍了随着桑树种植和养蚕技术的推广,丝绸制造也传到了意大利和法国。棉花栽培与种植甘蔗、水果、染料植物一样，也拓展到西西里岛、意大利和西班牙。因此，从东方世界进口的大部分商品在西方世界都有了竞争对象，只不过丝绸和叙利亚棉花（包括原材料和成品面料）等产品的品质差异会影响各自的竞争力。第一类进口品中还有某些矿物，尤其是明矾，碰巧储藏于东方世界，但是西方世界的需求很大。当然了，这方面也有西方矿源加入竞争，特别是15世纪50年代意大利中部发现丰富的矾矿后竞争愈加激烈。因此到了15世纪后半叶，本土也出产的商品的贸易呈现合理竞争态势，至少在一定程度上与西方世界输往东方世界价廉质优的呢绒和金属制品达成平衡。

欧洲第二类进口商品的原产地在地中海东部以外很远的地方，既有细纹丝帛和精美珠宝等奢侈品，也有胡椒、姜、丁香等异域香料。这类商品或许是东西方贸易中体量最大，也是肯定无法取得平衡的部分。如本书第三章中所述，远东地区市场欣然接受欧洲供给的细羊毛和盔甲等某些产品，但是它们的价值远远不足以填饱西方世界渴求香料的胃口，因此，只得用香料和奢侈品来源地喜欢的贵金属，特别是白银，来弥补贸易差额，为了简明起见，下文中将上述来源地（波斯、印度、中国、东非、东印度群岛）统称为"远东地区"（Farther East）。

制约东方贸易的新因素

14至15世纪的情形开始不利于威尼斯和热那亚的贸易模式，逐步束缚了他们参与上述两类东方商贸活动的手脚。热那亚连绵不断的窝里斗，加上他们双方针锋相对的竞争与耗资巨大的征战，使得能用于捍卫殖民地和贸易利益的资源锐减。14世纪中期蒙古帝国（Mongol Empire）瓦解，之后铁木儿（Timurlane）大肆掠夺，严重破坏了北方的贸易路线，从而削弱了黑海港口卡法（Caffa）和塔纳（Tana）在通往东方世界的商队路线上的门户地位。与此同时，奥斯曼土耳其帝国（Ottoman Turks）扩张至欧洲，使得商贾前往黑海难上加难，君士坦丁堡对面的热那亚殖民地佩拉（Pera）的地位一落千丈，这种态势在1453

年土耳其人征服这些城市之前已成定局。举例而言,佩拉的税收收益在1334年是160万镑热那亚币,到了1391年降到120万镑,于1423年仅为23.4万镑,佩拉的式微可见一斑。最初热那亚人的垄断地位仅仅是转移到威尼斯人手中,而土耳其人于1455年夺取了小亚细亚福西亚的矾矿后,又给热那亚和威尼斯造成了新的重创。

上述事件加上马穆鲁克王朝(Mamluk)征服奇里乞亚亚美尼亚王国(Armenian Cilicia)之后,使得意大利人只能仰仗马穆鲁克政府开展同埃及和黎凡特地区的贸易来获取远东地区的香料和丝绸。远东地区和埃及的贸易过去长期掌握在被称作卡里米人(Karimis)的强势批发商集团手中,大约在同一时期,这个昔日独霸一方的贸易势力也被马穆鲁克王朝取代了。马穆鲁克王朝奉行对外侵略政策,军事开支与日俱增,人口减少又造成税收不断缩水,于是马穆鲁克苏丹把直接控制贸易作为重新获得财富的主要手段,继而想尽办法从国际商业活动中压榨油水。他规定官营垄断香料和糖业,所以这些商品卖给欧洲人的价格就被固定了。还有两件事给势穷力竭的意大利贸易商伤口上撒盐。第一件是事实证明马穆鲁克苏丹是位棘手的商业伙伴,此君武断、多疑,谈判中随时准备挥舞手中的武力大棒去压制对方。第二件是罗马教皇关于与马穆鲁克通商的政策时允时禁,尽管效力不是很强,但也给基督教交易商带来了麻烦。

上述新动态的结果是,奥斯曼帝国掌控矾的主要货源,马穆鲁克王朝主宰香料、芳香剂、染料、药品、糖、棉花的货源。[1] 因此到了15世纪中期,东方贸易的关键商品落入了某些政府的手中,他们不仅心怀敌意,而且深知贸易对于欧洲人的重要意义,熟谙如何从中榨取最大利益。埃及和黎凡特港口的香料价格在15世纪的最后几十年出现下跌,完全是因为远东地区的商品价格下跌更猛,进一步拉大了两地货源的价差。由于西方世界对上述产品的需求持续上扬,所以人们渴望能绕过意大利和中东的中间商。找到新途径削减成本意味着

---

[1] 本书前文已经指出,"香料"这个词涵盖的产品范畴非常广泛,其中很多产品在今天已不属于香料。当时香料贸易品中最主要的是胡椒,其次是姜,但姜的贸易额与胡椒相差甚远。

一本万利,在此强大动力的刺激下出现了两种截然不同的办法:一是与原有货源直接交易和寻找新的货源。二是新的贸易竞争者怀揣其中一种或两种兼有的心思走上贸易竞技场。

参与地中海贸易竞争的新选手:
加泰罗尼亚人、佛罗伦萨人、法国人、英格兰人

我们认为不太适合将加泰罗尼亚人称为东方贸易体系的"新"成员。本书第四章"西班牙和阿拉贡"一节中介绍了他们在13世纪已经是地中海西部地区商贸的重要参与者并航行至大西洋。虽然加泰罗尼亚人在13世纪末刚刚开启东方生意,之后规模也不大,时断时续。但是到了15世纪初,加泰罗尼亚人与热那亚激烈争夺在东方世界的头把交椅,事实证明他们跟意大利人一样斗志昂扬,他们还与基督徒和穆斯林争夺黎凡特地区的生意份额。但这些强悍的交易商在15世纪后半叶活动量骤减,从16世纪开始就不再是地中海地区商贸的重要分子了。加泰罗尼亚人在鼎盛时期开展贸易是想把便宜的商品输入他们在伊比利亚半岛和法国南部的本土市场,但这不是全部动机,更重要的是他们自认为是实力雄厚的海商,就是要跟热那亚人和威尼斯人在国际贸易中一争高低,拿下财运亨通的生意。

其他加入地中海地区商贸争夺战的竞争者主要是为了更好地服务本地市场,拿到更优惠的商品价格。佛罗伦萨人在15世纪初之前主要做销售和金融,商品运输的营生留给其他人。1406年佛罗伦萨吞并劲敌比萨,很快就进军海运事业。但是比萨港淤泥堆积,无法开展国际交通运输。直到1421年佛罗伦萨从热那亚手中购得皮萨诺港(Porto Pisano)之后,它才开始成为海上劲旅。掌控大局的是佛罗伦萨公社,它出资建造了多达11艘大型桨帆船和15艘桨帆长船,船型设计既能满足地中海东部地区奢侈品贸易,又适用于北欧与西方世界之间的羊毛和纺织品商贸往来。佛罗伦萨市在每次航行前以竞拍方式把船租

给个体商贾,这也是商人们第一次能够用自己的船只运输自己的商品。[1] 佛罗伦萨舰队频频驶往加泰罗尼亚、西西里岛、黎凡特地区,偶尔还去佛兰德斯。但是由于竞争激烈,缺少胜任的船员,所以无法稳定兑现预期的好处,最终迫不得已于1480年放弃了这项业务。

法国南部地区的商贾很久以前就积极参与地中海贸易,他们在蒙彼利埃、艾格莫尔特、马赛等地开展贸易活动,但是大多是断断续续的,从未达到很大规模。但是自15世纪30年代开始,法国著名金融家雅克·柯尔将该国打造成有力的竞争者。他前往黎凡特,与马穆鲁克王朝建立起良好关系,很快成为销往法国南部的香料的主要供应商。他向对方输出的货物不仅有纺织品、农产品、珊瑚等传统货物,还有大量的白银、黄铜等金属。他凭借强大的影响力和高超的外交技巧,使得罗马教廷默许他跟穆斯林做生意,阿拉贡国王也默许他与加泰罗尼亚人竞争。1451年他失宠了,但是其努力的影响力并未消散。他建造的4艘桨帆船在他人手中继续参与东方贸易,直到后来15世纪60年代有了新造的船只才被取代。[2] 国王路易十一特别热衷于扶持地中海贸易,要让"法国桨帆船"承载着进口香料从法国港口输送进来。但法国的志向似乎充其量就是控制自己的进口商品而已,并没有试图在东方世界建立殖民地或是想成为威尼斯人的劲敌。

虽然英格兰出产的多种织物自14世纪后半叶就已经通过贸易输往地中海的各个角落,但是英格兰人很晚才登上这个舞台。实际上在15世纪里,英格兰纺织品全部由威尼斯人从伦敦和热那亚人从南安普敦输出,唯一遇到的短暂挑战是1457年一名布里斯托尔(Bristol)商人发起的,结果热那亚人在马耳他(Malta)附近俘获了他的船只。英格兰人自15世纪70年代起取代了佛罗伦萨的桨帆船来运输出口到托斯卡纳地区的羊毛,从而渗透进这个市场。这门生意兴

---

[1] 拍卖程序很有趣,沿用至1461年。拍卖一般持续约一个小时,点燃一根蜡烛来计时,蜡烛熄灭前价高者得,所以最后几分钟会出现疯狂争抢的场面。数百年后东印度公司在伦敦码头卸载某些货物时也采用这种方法进行拍卖。

[2] 本章随后将详细介绍雅克·柯尔。

隆,以至于到了1491年,他们在比萨设立了英格兰羊毛贸易中心,全部由英格兰船舶供货。不幸的是,1494年法国入侵意大利,之后爆发了比萨反抗佛罗伦萨事件,摧毁了这项生意,这套布局毁于一旦。1480—1530年间热那亚和威尼斯商人逐步撤离英吉利海域,英格兰船只则占领了他们留下的市场空白。

尽管新进竞争者的攻势给热那亚在地中海地区的贸易增添很多麻烦,但是他们对威尼斯的威慑力量有点微不足道,威尼斯在整个15世纪期间继续称霸与埃及和黎凡特地区的贸易。当热那亚日渐式微,不再是该领域的劲旅之时,威尼斯凭借转口港和经德意志南部直抵北欧的地位,稳坐头号中间商的宝座。此外,威尼斯在1489年挤掉并取代热那亚在塞浦路斯(Cyprus)的地位,当该岛出产的糖面临马德拉岛(Madeira)的竞争而不再赚钱后,威尼斯人将这里的种植园改为原棉的重要产地。热那亚人仍旧在黎凡特地区开展贸易,他们在这里的主基地是希俄斯岛,那里的乳香仍旧很出名,但是其作为中转港的价值更大,来自亚历山大港和贝鲁特(Beirut)的部分香料(尤其是作为纺织业重要原料的矾)经由此地转运。

矾矿垄断出现松动

那时候,中世纪优质矾的最大产区唯有小亚细亚地区士麦那(Smyrna)附近的福西亚矿区。自从贝内戴托·扎卡里亚在13世纪末获得垄断权,除了中间短暂的变故,这里一直由热那亚人掌控。在与威尼斯开打第4次也就是"基奥贾"(Chioggia)战役(1378—1381年)之前,一群经商者组建了一家名为"驳船号互助社"(Maona)[1]的热那亚特色企业来利用垄断权获利。[2] 这家机构以高

---

[1] 译者注:这是向大型商业企业提供资金的自治团体,担保人为市政府和热那亚共和国。这个词在意大利语里本指"驳船",以此为名形象地展示了这家机构的职能定位。

[2] 热那亚人用这种类型的公司来运营某些特定的海外机构。这类公司配备了武装力量,运作方式与17世纪英国和荷兰的东印度公司相似。

超的技巧运作该项垄断权,调节产量以获得最优定价,设计专用的散装货船以低成本将矾运到北欧(参见本书第七章"纺织业")。这门暴利生意先是遭到土耳其人的威胁,之后土耳其人于1455年占领了矾矿,热那亚人赚得盆满钵盈的日子彻底告终。奥斯曼帝国把垄断经营权授予了威尼斯人,但是权限仅持续到1463年威尼斯和土耳其爆发战争。

很快西欧就陷入这种关键原料匮乏的恐慌之中。可以替代的矾矿位于意大利南部和北非,但是量少质差。因此,西方基督徒进口商们不得不以高价向土耳其人购买矾,相当于他们事实上资助了土耳其人入侵西欧,真是双重耻辱。不过挽救这一局面的事件很快发生了,1460年在罗马北部教皇国内的托尔法(Tolfa)发现了一座储量丰富的矾矿。罗马教廷起初合伙参与管理该矿的供应与销售,但是很快认识到自己在这方面的笨拙无能,遂将管理工作转交给美第奇银行,教庭则收取丰厚的开采使用费。罗马教皇虽然退出经营业务,但仍旧想方设法奠定该矿的垄断地位,尽管这是教会法规谴责的行为。罗马教皇还禁止买卖土耳其的矾,并与一家基督徒生产商结成卡特尔同盟。由于矾的消费者找到了方法规避针对穆斯林供应商的限令,而且威尼斯与土耳其战争结束后于1481年恢复了福西亚矿区的生意,所以罗马教皇并未保住垄断地位。美第奇家族与罗马教皇在1476年决裂,之后美第奇也失去了对矾矿贸易的控制权。

上述事件中深受其害的还有热那亚。他们被剥夺福西亚矿区控制权之后,热那亚船主发现专用巨型散装货船用处不多,船体太大无法靠泊很多港口,对于混装的不定期航线来说又不划算,所以开往北欧的航次自15世纪初逐步减少直至取消。但仍有数量不多的土耳其矾输往地中海和大西洋沿岸的客户,大型船只继续从黎凡特地区运输棉花,只是大部分生意落入威尼斯人手中而已。热那亚航运商之前过度投资大型货船,作茧自缚,只能把大量本地生意让渡给外国人,主要是葡萄牙人和西班牙人,而新老板往往雇佣热那亚人当水手。当热那亚船队的主人适应了新的现状后,他们的商业活动逐步西进,既有自己直接开展的业务,也有替葡萄牙和西班牙老板代理的间接业务。

葡萄牙人：早期南下探索大西洋

尽管15世纪的葡萄牙商贾没有彻底缺席地中海贸易，但是他们在该地区属于相对次要的角色。他们的主要利益范围在大西洋，尤其是南大西洋方向。但他们也不是在这片水域里演独角戏，热那亚的水手兼经商者早在13世纪就发现与大西洋沿岸的摩洛哥交易黄金是很赚钱的营生，他们在14世纪重新发现加那利群岛（Canary Islands）。威尼斯人和加泰罗尼亚人也在这片水域从事商贸活动。但是，欧洲人之所以能在西非沿岸和周边群岛建立牢固的势力，必须感谢葡萄牙人自15世纪初开始的不懈努力，当然个别热那亚人也帮了大忙。葡萄牙乍一看并不像是能成就帝国的选手。15世纪的葡萄牙王国政治上统一稳定，但自然资源匮乏，几乎没有多少商贾，人口大约不足一百万，航海也不是重要的传统行业。但是在"圣战"激情的鼓舞和明君的推动下，葡萄牙人成功缔造了帝国。

葡萄牙人最初侵袭非洲是为了"圣战"，主要目标是摩洛哥和休达港（Ceuta）。随后他们向南部进发的海上远征中一部分也是出于宗教目的，所以头25年左右的探险在商贸方面收获寥寥无几。葡萄牙成功的一个重要因素是矢志不渝的亨利王子，19世纪的史学家将他命名为"航海家"，这个称号充满浪漫气息，于他而言却并不恰如其分。他本人不是水手，但是大力推动探险事业，他资助的行为不仅包括早期几趟南下非洲沿岸却颗粒无收的航行，还有1420年发现马德拉群岛并建立殖民地和1427年发现亚速尔群岛（the Azores）并建立殖民地。激励葡萄牙人探险的因素还有很多，比如"圣战"和基督教千福年说，但是在他的影响下，追求贸易目标逐渐占据显著地位。

到了15世纪中期，非洲的商贸魅力昭然若揭：这里有黄金和奴隶，沿海岛屿是新的廉价糖产地。此外，葡萄牙人得到罗马教皇的鼓励，15世纪50年代罗马教皇颁布3道著名法令，不仅认可了葡萄牙过去和未来在非洲和"印度群岛"

的占领地,而且唯有葡萄牙有权在未明确的地方探索、征服并开展商贸活动,禁止其他民族与国家染指。[1] 葡萄牙人探险时常常得到热那亚船长和水手的鼎力相助,他们在非洲大陆建立了贸易基地,并于15世纪70年代占领圣多美(Sao Tomé)和佛得角(Cape Verde)并建立殖民地(不过后来西班牙人夺走了加那利群岛)。到了1483年,葡萄牙舰船已经抵达刚果河河口。这些航行主要关注搜集盛行风和洋流情况,这些知识成就了15世纪末轰轰烈烈的地理大发现,虽然创造商机不是葡萄牙人探险的首要出发点,但事实上他们催生的商业价值远超预期。如下两点动机促成了葡萄牙人发现新大陆和绕非洲南端的航线:一是想办法直接获取印度和远东地区的香料和传说中的奢侈品,二是宣扬基督教。葡萄牙试图跳过中东中间商和打败伊斯兰复兴势力的努力很快收获了所有人做梦也想象不到的果实。

奴隶制复苏和糖业发展

现在有必要转入的话题是欧洲商业向西和向南扩张过程中非常不讨喜的一面,即开启了大西洋奴隶贸易。人们很少注意到"黑死病"的后果之一是奴隶制在地中海地区复苏。尽管按后来的标准看,当时的奴隶交易量不算大,但是一直保持着可观的交易规模。据报道,地中海东部地区船只载来成百上千的奴隶,而且有记载显示,到了1400年,在西方世界的混装货船舱单上常常列有一打左右的奴隶。前往城市的主要是从事家务的女奴,填补瘟疫造成的佣人缺口。家奴在意大利城市相当普遍,女奴往往还会做情妇,但是由于教会反对和公众反感,到了15世纪中期这种情况减少了。奴隶制在西北欧没有死灰复燃,一方面是当地文化长期以来都抵制奴隶制,另一方面是由于当地农业不适合组

---

[1] 后来的探险家环绕非洲航行的重要动机是探寻神话中祭祀王约翰(Prester John)统治的基督教王国。

织劳动密集型的种植园。

然而,除地中海地区城市以外的地方在14世纪和15世纪一直盛行奴役男奴隶。它们每年从黑海卡法港和撒哈拉沙漠商队在突尼斯的目的地进口大量各色人种的奴隶,有的到马穆鲁克军队充军,有的在地中海东部航行的基督教徒桨帆船上精疲力竭地划桨。更多奴隶是在克里特岛(Crete)、马略卡岛、阿拉贡的大庄园里挥汗如雨地干农活。有记载显示,穆斯林西班牙领地的乡郊屋里长期有包括黑奴在内的奴隶,伊比利亚半岛大部分地区皈依基督教后穆斯林奴隶贩子仍旧在摩洛哥沿海一带经营。热那亚人和威尼斯人主导着地中海地区兴旺的奴隶贸易,葡萄牙人航海发现西非并大举入侵该地区之后,热那亚人和威尼斯人也把奴隶贸易也拓展到那里。这时候的奴隶贸易虽说已算数量可观、利润颇丰,但是跟后来的情况相比就是九牛一毛。15世纪后半叶,欧洲为了满足糖业快速发展的需求,开始将大批西非黑人掳为奴隶,役使他们从事繁重的农活。

糖是第一次十字军东征之后约12世纪初才进入欧洲的。埃及和叙利亚种植甘蔗并制糖,糖也成为这些地区的常规出口商品。糖最初被视为一种香料,不仅用作甜味剂,而且是药品、佐料、装饰材料、防腐剂。糖价一开始非常昂贵,只有财大气粗的人家才能随意享用。人们用糖与油、碎坚果或是植物胶混合制成甜品,这种有嚼劲的可食用物质能成就形态各异的"精妙之作",例如:动物、建筑物、神话人物,宴请宾客时摆上这些精致的糕点,人们赞叹和欣赏之后还能品尝,主人家财万贯的豪气不言而喻。但是随着糖价在15世纪逐步下跌,渐渐地不太富裕的人家也开始食用各种液态糖和晶体糖。

甘蔗种植的难题在于它需要生长12个月才能成熟,并且需要耗费大量的水和劳动力,因此只能在适宜甘蔗生长的地方栽培。中世纪用水磨和牲口拉磨压榨甘蔗,费劲又低效。但是这种奢侈品利润丰厚,激励人们在一切条件许可的地方都推广甘蔗种植。西西里岛和西班牙是早期的糖产地,等到葡萄牙人在大西洋重新发现马德拉、圣多美、佛得角这些群岛后,糖业就有了重要的新产地。热那亚创业者们凭借对赚钱买卖的敏锐嗅觉以及在管理殖民地、奴役、制糖方面的经验，辅佐葡萄牙侵略者在这些岛屿上开拓殖民地并成功兴建糖料种植园。到了1450年，大西洋岛屿的种植园凭借奴役从西非运来的劳力，大大降低制糖成本，而且产量也增加了，种植园产的糖于是降价并取代了塞浦路斯、西西里岛、西班牙大部分地区产地的高价糖。受制糖成本下降影响，到了1490年，糖价降至之前的1/3，使得不太富裕的人也能享用糖，从而扩大了糖业市场。仅马德拉岛在1500年全年就生产了约1 000吨糖。与此同时，安特卫普成为北欧主要的制糖中心，为该城之后的辉煌奠定了基础。中世纪末期大规模生产商品的殖民制度的出现，将在未来数百年对西方世界的社会经济结构产生极其深刻的影响。

通过北欧的两个案例分析粮食供应产业化情况

当南欧的商贾和君主们协力建立起覆盖更大范围的通商和生产新网络之时，北欧人也另辟蹊径，在较紧凑的地域构建了同样引人瞩目的秩序。南北欧的目的都是削减成本并增加市场销路。但由于西北欧商业与政府利益之间的关系错综复杂，在这里催生出了两个特殊的范例，将供应与市场融为一体。

渔业

前文曾讲过，鱼是中世纪欧洲重要的营养来源。长期以来，消费者通过本地溪流湖泊、鱼塘、近海岸线、长途捕鱼船队吃上了很多种类的鱼，这个行业的组织形式成熟，监管严密。本地和区域级别的监管者最关心的是定价和质量，尤其是上市的鲜鱼、咸鱼、熏鱼的品质。巴黎公社规定了鲜鱼上岸后运抵巴黎零售的时限，冬季是35小时，夏季为24小时，这个例子充分体现了政府对于这个行业的监管力度之强。因为距离巴黎最近的盐水港在大约150公里（约90英里）之外，要满足这项规定意味着无论遇到什么样的天气条件，二轮运货马车都得在恶劣路况下马不停蹄地颠簸狂奔。大部分货能按时送达，一旦做不到对相关各方都意味着灾难。

　　捕捞和供应咸腌鱼的行业遇到的则是不一样的难题。本书第二章介绍了斯科讷沿波罗的海的海岸线实现了鲱鱼捕捞"产业化"。13世纪时,德意志商贾驻扎在当地岸边,接收成千上万的捕鱼小船打捞上来的鲱鱼,他们加工并包装好鱼,然后分销到德意志、低地国家和西欧其他地区。德意志人严格管控这门利润丰厚的生意,尤其重视把关加工腌制过程,因为只有保证质量和品味,才能生意兴隆。鲱鱼的产量很大,在14世纪后半叶达到了年产1 050万千克。

　　低地国家咸腌鲱鱼市场上主要出售斯科讷鲱鱼,但它们必须从佛兰德斯伯国政府控制下的主要商品专卖港口进口。佛兰德斯和荷兰渔民不仅给低地国家供给各种各样的鱼,包括新鲜鲱鱼、淡盐腌制鲱鱼、熏制鲱鱼,还会捕捞其他种类的鱼。后来他们发现北方的渔季更早且鱼的品质更好,于是纷纷北上捕捞鲱鱼。到了14世纪,他们设计出更大的渔网,学会在海上加工处理鲱鱼的全套工艺,但是苦于斯科讷鲱鱼更受欢迎,他们无法发挥这些优势。同时,政府也不鼓励海上加工咸鲱鱼,因此本地渔夫不能转行,而是继续从事地方行政官眼中更重要的职能——捕捞鲜鱼。结果,低地国家销售的咸腌鲱鱼大多来自波罗的海,出口鱼也主要是再次出口斯科讷的产品。

　　充满传奇色彩的荷兰渔业于15世纪早期萌发,原因有三方面:第一,荷兰渔民逐渐掌握了如何提高海上加工鲱鱼品质的方法,其产品趋近斯科讷的水准。第二,荷兰造船厂发明了全新的深海曲艄船"捕鲱巴士",专门用于捕鱼,从而捕鱼量大增却成本更低。第三,也是最关键的一点,由于战争和抵制行动,加上波罗的海鲱鱼出没神秘莫测等原因,斯科讷的鲱鱼供应变得不稳定了。这些情况促使政府政策改弦更张,鼓励资本投向新款捕鱼巴士和大渔网。荷兰渔夫于是迅速接手了供应低地国家庞大市场的生意,随后开始出口到法国甚至到德意志。鲱鱼虽然营养丰富、味道鲜美、比肉便宜,但是大量消费就太昂贵了,所以这一行业的市场体量并不大。尽管所有货源的咸腌鲱鱼总产量跟13世纪时差不多,但因为当时人口减少了,所以人均消费量更高。到了15世纪中期,荷兰开始出现一个收入可观的新产业,在人口增长的助推下,成为17世纪规模庞大的著名荷兰鲱鱼业。

啤酒酿造业

人们经常提到,整个中世纪欧洲西北地区的啤酒消费量和英格兰的麦芽酒消费量都高得惊人。[1] 啤酒是一种酒精含量不等的黏稠液体,主要用大麦等谷物制成。啤酒是农民和城市工人饮食的重要组成部分,贵族也欣然享用它。乡下家庭自饮的啤酒大部分是妇女酿造的,修道院的产量更大,供修道者自饮,但主要是供应给广阔的市场。[2] 随着城市化进程加快,社会上开始出现专业的啤酒酿造商,他们设备更精良,产品品质也更佳。到了1300年,德意志和低地国家的啤酒酿造业已经具备本地分销网络,产业虽小,但朝气蓬勃。

早期啤酒的关键调味料是一种叫"格鲁特"(Gruit)的混合干香料,其成分属于行业秘密,各地区的用料不一样,政府严格管控格鲁特并征税。德意志北部的酿造者于12—13世纪开始用啤酒花替代"格鲁特",只要工艺和配方恰到好处,酿出的啤酒则口感更佳、易保存、生产成本低。新产品越来越受欢迎,而且耐长途运输,于是德意志人在约1300年开始将这种啤酒出口到荷兰。荷兰当地的啤酒酿造商和政府都抗拒德意志啤酒的入侵,前者显而易见是担心竞争,后者则是因为会损失税收收入,但最终还是消费者占了上风。随后,荷兰的酿造商习得了这种工艺,市政府也像对待"格鲁特"那样向啤酒花征税。等到了14世纪末,种植啤酒花成为当地重要的特色农业项目,品质上好的荷兰啤酒开始大量出口。

---

[1] 我们现在很难找到早期消费数据,只知道爱德华一世给自己军队配给量是人均每天一加仑,估计13世纪英格兰修道院的麦芽酒消耗水平也差不多。

[2] 英格兰啤酒酿造规模到了14世纪仍不大,主要是妇女在家酿制自饮和出售的啤酒。英格兰啤酒酿造业的主力是女性,所以创造出"酿酒者"(brewster)这个词来专门指代酿酒的女性。但是到了中世纪末期,啤酒酿造逐渐在男性控制下走向商业化,妇女的地位日渐式微。参见:Judith M. Bennett, *Ale, Beer, and Brewsters in England: Women's Work in a Changing World*, 1300—1600(New York, 1996).

商业酿造基本上属于城市产业,不过自酿啤酒一直存在,农村的啤酒产量有时会对城市产业构成威胁。到了15世纪,该产业已经规模可观,与市镇和公爵政府形成对立关系。一方面,权力当局越来越倚重向原料和向供出口及自饮的制成品征税。这几个税源给很多荷兰城市创造了政府收入的30%～50%。另一方面,该行业需要大量谷物,为了确保谷物库存足够制作消费所需的面包,不得不管控啤酒酿造产量,尤其是在饥荒时期。尽管啤酒有着诱人的酒精刺激,但是其营养性价值相对并不高,等量谷物制成啤酒的卡路里仅为面包的1/4。

该产业到了15世纪末仍旧在扩张,荷兰啤酒最畅销的出口市场在佛兰德斯,事实上,那里的酿造商也已经掌握了这门新工艺并成为有力的竞争对手。每个地区的商业化过程基本都是同样的模式,明显可见现代商业的特质。首先,酿造商的产品达到期望的品质和口感;接着,他们的目标是实现规模经济。为此,他们先是给酿酒壶增容以提高每次酿造量;然后,加大设备使用强度来提高酿造酒的总量;最后一步是兼并酿造商。啤酒原料主要是谷物,其成本占到产品总成本的75%左右,要想节省成本,最主要的途径不是靠规模化生产,而是要找到现行价格下配料的最佳配比和控制运输成本。一方面制成品价格受严格管控,另一方面不同市镇酿造啤酒的原料配比都不一样,如何在满足口感和品质偏好的前提下,调整(燕麦、小麦、黑麦、大麦)这些谷物的比例,这不仅需要管理能力,还要有数学能力。现实生活中针对这一行的税收制度非常复杂,所以学校的算术课会从啤酒业选取解题案例。如此错综复杂的局面要求企业家具备把控复杂的生产和应付税务的本事。

啤酒品类繁多、管理法规形形色色,尽管若干酿造中心的总产量达到惊人水平,但单个生产单位的规模仍旧非常小,出现这种情况也不足为奇。例如,人口11 000的镇子哈勒姆(Harlem)在1515年的啤酒产量超过2 000万公升,但这是出自100多家酿酒商的产量。即便如前所述,啤酒产业出现加速扩张和兼并,但之后仍没有出现占据主导地位的商业机构。[1]第二点,我们同样发现各地"试错"的进展非常缓慢,不仅技术推广迟缓,而且人们的习惯也很难改变。

从德意志啤酒第一次进口到荷兰到本地啤酒酿造商具备生产相同品质的啤酒,这段路走了将近一个世纪。第三点,政府的影响无处不在且一言九鼎。例如,引进的啤酒花动摇了它们秘制"格鲁特"的价格之时,政府还是会为了维持税收收入执意进口"格鲁特",往往制约了产业发展。一旦政府明白向由啤酒花酿造的进出口啤酒收税好处多多时,他们就开始积极发展这个产业,制定严格的质量控制标准,确保提供充足的优质水源。相对于啤酒而言,英格兰人长期以来更喜欢麦芽酒,而君主最终竟然为了税收鼓励啤酒酿造商入境移民并保护他们不受麦芽酒制造商的伤害。

啤酒消费量激增给中世纪末期的乡村产生了显著影响。酿造一公升啤酒要消耗相同数量的谷物,而当时每英亩土地平均产量约为120公升谷物,由此可以得出惊人的结论:荷兰10%的土地种植的谷物装进了啤酒酿造壶。光是满足根特一座城市的饮用量就耗费了7.5万英亩粮田的全部产出。为此,人们加快了土地利用集约化进程,并在人口减少时期仍继续从波兰进口粮食。啤酒花酿制的啤酒价格低、口感佳、耐保存,这些特点使其在西北欧一跃成为葡萄酒的强劲竞争对手,使该地区大大减少了葡萄酒的进口量。啤酒逐渐受到巴黎下层阶级的欢迎,但法国和其他葡萄酒产区总体上继续死心塌地地专事葡萄酒生意。

中世纪末期的集市复苏

本书第一章最后的部分已经强调了中世纪集市的重要意义:集市是黑死病之前欧洲经济发展中的一块关键性的制度基石。传统观点认为,集市不再能够拉动商业增长的原因是布鲁日替代"香槟集市"成为最佳的南北欧商贾汇聚地。这种观点还认为,集市不仅是过去经济的遗迹,而且1350年之后集市复兴也表明中世纪末期经济步入恶化和衰退期。然而,正如本书之前提出的观点,黑死病造成的人口灾难带来的是整个欧洲经济发展和市场专门化程度不断提高。

从这个角度来看，1350年之后集市数量和重要性均出现普遍提升，这个现象有力地烘托出一幅越发生机勃勃、灵活多变、兴旺发展的欧洲经济图景。

中世纪末期集市的表象与几个世纪前的情形几无差别：依据每年（有的频率更高）颁布的特许权和/或贸易免税权政策，在特定地点举行为期2到10天的集市活动。这类集市往往在宗教节日或是本地圣徒纪念日期间举办。中世纪末期集市的范围和综合性不同以往，不仅欧洲大部分地区的集市数量更多了（主要例外是英格兰），而且集市分化成国际性（通常被称为"大型"）、区域性、本地性质的趋势越来越明显。

中世纪末期，大型集市和小型集市在14世纪后期乃至15世纪都取得显著发展。尤其是陆路交通带动了新老商贸中心的发展，国际性集市再次焕发活力。为了绕开百年战争战场，人们在低地国家和意大利之间开辟了新的商路，结果莱茵河成为南北贯通的商业主干道，催生了里昂、日内瓦（Geneva）、贝桑松（Besançon）的集市。人与物重新在法兰克福与低地国家（主要是在布鲁日和安特卫普）的"大型"集市之间流动，安特卫普甚至在1500年之后迅速成为北欧商贸和信贷市场的龙头。

当14—15世纪的欧洲努力顺应新的现状时，真正发挥作用的是中间这个层次的集市，即区域性集市。最近一位史学家指出，乡村专业化程度不断提高，农产品恰恰是在这个层面的经济中进行交换，将无数的集市"融合"到"跨一个或多个农业区域的一体化的复杂网络。"[1]这些集市与过去的"香槟集市"一样是轮流举办的，排满整年的日历，给商贾留有从一地前往另一地的时间。这方面的案例很多，比如：西班牙分别在加利西亚（Galicia）和坎塔布连山脉（Cantabrian Mountains）、卡斯蒂利亚和里昂、新卡斯蒂利亚和埃什特雷马杜拉（Estremadura）、安达卢西亚和穆尔西亚（Murcia）这四个地区联动举办集市，意大利南部地区和西西里岛也密布着区域性集市。仅西西里岛一地在1392—1499

---

[1] S. R. Epstein, "Regional Fairs, Institutional Innovation, and Economic Growth in Late Medieval Europe," *The Economic History Review* 47 (August 1994): 466.

年间就新颁发了 50 个集市特许经营牌照,是 1350 年之前数量的 4 倍。那不勒斯地区新颁发了 29 个集市特许经营牌照并有 113 个集市系首次举办,标志着该地 15 世纪的集市活跃度是前一个世纪的 2 倍。鉴于人们经常将中世纪末期的集市与经济落后挂钩,所以我们还想强调,欧洲城市化地区也再次兴起区域性集市的潮流。如伦巴第的集市增加了很多,尤其是在阿尔卑斯山脚的丘陵地区,集市活动量暴涨。法国和低地国家也有类似模式的集市发展态势,说明中世纪末期区域性贸易几乎在整个欧洲遍地开花。

出现这样引人注目的现象,原因何在? 一个原因当然是经商者想要削减成本。集市固定成本低(租个帐篷和长凳就成),节约了将产品送至客户的营运费用,还能以灵活的方式密切对接买卖双方。中世纪城市的固定交易方式在灵活度与低成本方面都比不上集市。此外,君主力推在自己领地上举办集市并给予支持,更加强化了集市的商业优势,这一点在动荡时期体现得尤为明显。君主出台这类政策不仅是因为集市交易活跃,可以创造更多税收收入,因此深得征战不断却财力匮乏的君主欢心,而且跟他们政治上的谋划有关。例如,佛兰德斯伯爵"马累人"路易二世(Louis of Male)[1]在 14 世纪 60 年代颁发了无数张集市特许经营牌照,试图削弱布鲁日、根特、伊普尔这些"大"城市的垄断地位,他的勃艮第王朝继任者们在 15 世纪继续推行该政策。德意志、荷兰,甚至远至东部的波兰也出现了类似情况。

另一个促进区域性贸易增长的因素是陆路运输改良技术得到推广。配有可转向车厢和凹盘车轮装置的四轮马车,其稳定性、可控性、承重力都得到大大提升,所以这种大型车辆越来越普及。结果,在欧洲大陆路况糟糕的道路上使用四轮马车成为能完成更多种任务的省钱之举。得益于德意志与安特卫普的贸易发展,德意志西部地区,特别是黑森(Hesse)的运输业朝气蓬勃,四轮马车在这里应用很广泛。正是由于黑森与这里的马车车夫和四轮马车如此紧密地

---

[1] 译者注:马累(Male)是路易的出生地,当时是布鲁日郊区的一个小村庄。

联系在一起,以至于不管马车实际来自哪里,都被称作黑森马车。[1] 14世纪的另一项发明是在四轮马拉客车上悬挂皮带或链条,由于能缓解舟车劳顿之苦,受到富商和他们的贵族客户的普遍欢迎。

人们在里昂和日内瓦新举办的两个全新国际性集市,标志着陆路贸易路线和中世纪末期集市再次占据重要地位。日内瓦位于阿尔卑斯山西侧要道,13世纪之后这条路是连接威尼斯和德意志南部最繁忙的交通线。到了14世纪,日内瓦集市成为销售德意志南部和瑞士纺织品、金属、武器的重要场合,武器则大部分产自米兰。到了15世纪初,日内瓦成为外商清算并交易汇票的金融票据交换地。里昂集市之所以获得成功,得益于其自身特殊的地理位置和法国王室的官方政策。里昂坐落于两条重要河流交汇处,是连接法国临地中海地区和法国内陆的南北通衢的冲要。路易十一于1463年设立里昂集市并命令臣民不得前往日内瓦集市,而应经常参加里昂集市,目的是想取代日内瓦的金融中心地位。意大利商贾移居里昂并把银行业和国际贸易带入这座城市,里昂得以赢得长久胜利并确立了其在国际上的重要地位。1500年之后的里昂成为金融业的代名词,是堪与巴黎媲美的早期现代法国的商业重镇。

15世纪到16世纪早期的集市尽管在规模、地理位置、功能方面差别很大,但多多少少都是中世纪末期人们迫切削减成本和简化市场交易方式的产物。从这个意义上来说,它们是从制度上进行变革并迎接当时挑战的范例,说明人们更加偏好那种灵活的并以市场为主导的交易方式。最简单的方式莫过于商贾的帐篷和桌子,不管遇到什么样的地点、季节、需求都很容易搭建和拆除。集市提供的商机无疑吸引了更多商贾携带商品来到市场,不但推动欧洲较落后地区走向一体化和专业化,而且促进欧洲商业中心地区锐意创新和重振经济。

---

[1] William J. Wright, "The Nature of Early Capitalism", in *Germany: A New Socialand Economic History*, 1450—1630, ed. Bob Scribner (London, 1996), 182.

"银行家"转型制造商：意大利、法国、德意志的案例

本书上篇批判了历史学者习惯将14世纪早期出类拔萃的超级公司定性为"银行"的做法，因为银行业仅仅是它们的一部分业务，所以我们建议用"商业银行"（Merchant-banks）这个称谓来恰如其分地兼顾其作为商贾和银行家的两方面主要活动。15世纪的经商者云集，若给美第奇、雅克·柯尔、奥格斯堡这些企业家贴上"银行家"的标签，就更加不妥当了。他们不仅是银行家和商贾，更是实业家。或许应该称他们为"实业家兼银行家"（Industrialist-bankers），但是没有哪个单词能精准地或是近似地表达这个意思。本书将重点介绍他们与14世纪前辈的区别，即他们乐于迎难而上，涉足市场营销和金融业务的上游业务，将更多的资金和才智投入生产领域。

美第奇家族

雷蒙·德鲁弗的著作《美第奇银行的兴衰》（*The Rise and Decline of the Medici Bank*）中有一章"作为工业企业家的美第奇银行（*The Medici as Industrial Entrepreneurs*）"，他在引言中写道："管理一家毛纺作坊或丝绸作坊以便给'穷人'提供就业是佛罗伦萨家族当中的古老传统。"[1][2]假如美第奇家族确如德鲁弗所言，"严格遵从这项传统"行事，那么跟一个世纪前佩鲁齐公司零星持有的小纺织产业比起来，美第奇的做派大气多了。美第奇家族是两家羊毛作坊和一家丝绸作坊的大股东，这三家作坊业务量都很大。美第奇公司在1451年对这三家下属企业的总投资达1.86万弗罗林，占该公司当时总资产的近25%。利润也非常可观，1441—1451年总计2.25万弗罗林，约合公司总利润的

---

[1] Raymond de Roover, *Medici Bank*, 167.
[2] 译者注：此处书名、标题、引文的译法参照格致出版社、上海人民出版社2019年1月出版的中文版《美第奇银行的兴衰（上卷）——管理教皇财富的银行家》（译者：吕吉尔）。

12%。尽管纺织业务的投资回报率没有其他生意那么高,但是收益仍然相当可观,再说丝绸生产还有风险较低的优势。此外,上述数据不包括分支机构销售产品的利润。这里重点要表达的是,纺织制造一直是美第奇公司的一项主营业务。

美第奇家族另一件有别于佛罗伦萨那些超级公司惯例的举动是挺进采矿业。前文也提到了,当罗马北部的托尔法发现大型矾矿后,这家公司参与了相关垄断经营业务。美第奇家族在这个项目里似乎主要承担分销,不过该公司还谋求直接控制在托斯卡纳地区沃尔泰拉（Voltera）附近发现的矾矿。可惜这座矿储量不丰,所以很快就封了。"伟人"洛伦佐（Lorenzo the Magnificent）也杀入采矿业,他一再试图夺取厄尔巴岛（Elba）铁矿石的垄断权。最终他成功了,在1489年控股了开采矿石卖给铁器制造商的那家企业,而铁器制造商的支付方式不仅有现金还有铸铁和铁制品。这个风险项目盈利适中,可是没过几年美第奇公司就于1494年破产了,所以这个项目好景不长,创造的利润并不多。

雅克·柯尔

前文介绍过雅克·柯尔作为国际商人兼银行家和王室官员的双重身份。他职业生涯中还有第三个也是非常重要的身份——制造商。英格兰压制法国势头最猛的时候,是王太子宫廷被迫流亡到布尔日（Bourges）,幸运的柯尔恰好在此地经商。他自1418年开始成为宫廷的供应商,1427年开始担任布尔日铸币厂总监,所以与王太子,也就是很快加冕的国王查理七世过从甚密。前文也介绍了这层关系对于柯尔在蒙彼利埃开拓地中海地区贸易利益起到的重要作用,宫廷供应商和地中海商贾的双重身份也为他的造纸、丝绸,尤其是铸币生意提供了销路。

柯尔在黎凡特地区开展贸易时发现,除了要向东方输送纺织品、亚麻、农产品、珊瑚这些货物,还应该向这些地方输送当地最需要的白银、黄铜等金属作为补充。柯尔是铸币厂总监,熟知金属价格以及金银比率的套利机会。1444年他获得了里昂周边部分老矿区的开采权,每年支付200图尔里弗尔就可以得到开采出的10%的银、铅、铜,而这些资源本归属国王,这下子他有机会施展两个领域的专长了。他把开采的矿产直接大量出口到黎凡特地区,那里他能搞到更多王室宫廷喜欢的奢侈品,从而达成圆满的交易。

奥格斯堡人

才干加上好运气是另一群经商者成功的秘诀,人们依据他们家乡城市的名称将其统称为"奥格斯堡人"。他们当中最出名的是雅各布·福格(Jacob Fugger),下一章将详细介绍他的情况。本节重点介绍奥格斯堡人的财源是他们早期热衷从事的采矿和冶金业。奥格斯堡人起点不高,但是到了1525年也已经构建起举足轻重的产业,同一时期柯尔的采矿和冶炼业务已经算是非常红火了,仍不可与奥格斯堡人同日而语。

本书第七章"纺织业"一节介绍了14世纪末斯瓦比亚公国的城市商贾靠经营纬起绒布产业发家,铸就辉煌。奥格斯堡是其中一座城市,当时仅属于二流,但是位置优越,地处威尼斯和北欧的商路上并靠近蒂罗尔地区的富矿,坐拥双吉的宝地。到了15世纪中期,奥格斯堡的商贾不但拥有丰富的纬起绒布和一般商品贸易经验,而且是买卖金属和矿石的老手。因此,当蒂罗尔的施瓦茨发现了银矿后,万事俱备,他们立即投身于重新焕发生机的银矿开采行业。

奥格斯堡人从事制造业和贸易积累了大量财富,又靠近矿区,而矿主坐拥丰富的矿石却苦于资金匮乏,真是天赐的投资赚钱良机,于是奥格斯堡人给矿主提供紧缺的资金用于发展采矿业务。这些睿智的商贾让矿主负责采矿和冶炼,他们带着资金和自己的专长介入,如法炮制在纬起绒布业的做法,协助组织工艺流程并负责分销。中世纪传统的采矿和冶炼都规模小、效率低下,15世纪的情况依然如此,所以改进的空间很大。大多数商贾的运作模式无外乎要么给小企业主贷款,然后收取其制成品,要么收取矿石,自己负责冶炼。君主的大片领地上拥有许多矿藏,大商贾与君主的官僚机构合作经营的规模很大。这个圈子的商贾竞相签约为君主提供大额贷款,这样就能够以诱人的固定单价购买出产的白银当作偿还的贷款。其中最早一份合同是奥格斯堡的默顿公司(Meuting Company)与蒂罗尔的西格蒙德(Sigmund)公爵于1456年签订的,合约价3.5万金盾(Gulden)。1487年,西格蒙德给予福格家族初次涉足矿业的机会,福格家族联合一家热那亚商业机构开始给西格蒙德贷款,抵押品是公爵预期从矿藏收取的特许开采权利金。起初小试牛刀挖出的第一桶金启动了赚钱机器,该家族在16世纪头25年里用巨额投资采矿业,下一章再叙述他们大展鹏图的故事。

纸张、印刷术、出版业

大家都熟悉15世纪中期欧洲出现活字印刷术并以惊人速度在全欧洲推广印刷机的情况,所以这里仅简要提一下。人们好像对这项了不起进展的背景及其对商业产生的影响重视不够。在出现大量廉价的书面媒介之前,人们对印刷资料的需求裹足不前。用羊皮纸写手稿的确不错,但是太昂贵了(1450年的价格约是纸张的6倍),而且不太适合印刷术,印刷术最理想的媒介是纸张。

最初推动传播书面文字的不仅有人们常说的大学学术活动,还有源于逐渐庞大的政府机构和大型商业机构永久存档的需要。本书已经大量介绍了上述组织机构在14—15世纪的扩张情况。政府机构不仅更加庞大,还极大地扩充了自己的职责范围,制定的法律浩如烟海,随后在执行法律时又催生出多如牛毛的规章细则。商业机构也需要保存更多档案,一方面要满足政府管制的要求,另一方面也是很重要的一点,即本书经常提到的为了加强内部控制。从14世纪起,大公司保存了卷帙浩繁的账簿,是满足上述需求的鲜明写照。为了符合大多数市镇的法律要求,每笔分录都详细记载大量信息,在今天商人的眼中简直是过于冗长，所以大大增加了纸张用量。[1]

　　传到中世纪欧洲的发明大多首先出现在中国，然后大约在 10 世纪经过穆斯林领地传到欧洲。纸张也一样，经北非到西西里岛和西班牙的穆斯林控制区，再进入欧洲。大约一个世纪之后西班牙本地开始造纸并在基督徒收复该国大部分领土后继续造纸。到了 12 世纪，意大利从西班牙和北非进口了大量穆斯林生产的纸张，但是很快他们就发明了自己的造纸术并开始造纸。到了 13 世纪末，意大利纸张因质优价廉，不仅控制了南欧市场，还进军地中海的穆斯林地区，并开始打入北欧。法国的造纸业最早出现于 14 世纪 30 年代的香槟地区，迅速传播到法国其他地区，法国很快就向整个西欧出口高质量的纸张。德意志南部地区直到 14 世纪末才开始造纸，之后该地区各个市镇上也很快就开设了造纸作坊。

　　造纸术将中世纪欧洲众所周知的工艺和技术融会贯通，先以水磨转动装有尖头的滚筒来打碎破布和木头，再用模具和细筛来过滤纸浆，最后使用压榨装置挤压掉湿纸堆的水分。13 世纪末引入上浆工艺后，人们就能制出吸墨不洇的纸张了。随着染色方法的改进，加上经验的不断积累，造纸成本越来越低。于是到了 15 世纪中期，纸张价格相对便宜，在欧洲大部分地区得以广泛使用。

　　尽管到了 1350 年，纸张已经成为价格便宜、供应充足的书写介质，足以满足商界和政府的需求，但是书写仍旧是艰苦的手工活，复制多份的方法只有誊抄。大学官员算是在解决这个问题上取得一点进展，他们制作图书时采用了现在人们熟知的"散工制"，即把每份文稿拆分成若干"刀"（pecia）[2]，然后分发给大学抄写员去誊抄。完整文本存放于授权的大学图书商（也被称作"文具商"）

---

〔1〕 下面是 14 世纪佩鲁齐公司账簿里常见的分录内容："菲利浦（Filippo）·迪·佩鲁齐阁下的已故公子圭多（Guido）阁下的儿子乔凡尼（Giovanni）于 1335 年 1 月 9 日在我处赊账佛罗伦萨金币 71 镑 16 先令 6 迪纳尔。我们将这笔欠款记载在第 10 本红色账簿的 CXLIII（143）页。上述款项支取时间为（会计年度）1335 年 7 月到 1336 年 7 月，有 8 个弗罗林金币是他与西蒙·德·佩鲁齐阁下（Messer Simone de'Peruzzi）前往伦巴第的开销，西蒙·德·佩鲁齐阁下是拜访马斯蒂诺阁下（Messer Mastino）的特使，其余钱用于乔凡尼个人购买服装鞋履。欠款日期明显矛盾的原因是佛罗伦萨新年开端是 3 月 25 日，按我们的历法，这笔欠款记载日期为 1336 年 1 月 9 日。"

〔2〕 译者注：拉丁文"一部分"的意思。

处，他们把书租给学生或是负责抄录部分或全部书籍的抄录员。尽管早期禁止出售全本书籍，但由于巴黎和佛罗伦萨等知识分子聚集的城市需求旺盛，所以文具商变成了书商，开设书店面向大众出售手抄本。15世纪早期越来越多城市居民和受过教育的人求知若渴，推动了这门生意开枝散叶。到了该世纪中叶，书籍成为国际贸易中一项数量不多但不容忽视的物品。15世纪60年代开往地中海西部港口的佛罗伦萨桨帆船的数份舱单上经常出现"多少箱书籍"的记载，但是没有证据说明装的是手稿还是印刷本。总之，人们太迫切需要以更加快速、廉价、可靠的方法生产能大规模传播的文本了，富于创造性思维的人必然着手研究并通过解决这个问题而发财致富。

过去常常被赞誉为印刷机先驱的一项技术是木制"刻版书"。人们现在确认的事实是，刻板书最早出现于15世纪中期前后，欧洲人在同一时期发明了活字印刷术。人们将刻板书的每一页内容（图案或是文字或是两者兼具）雕刻到木块上，然后薄薄地涂上水性油墨进行印制。这种方法粗糙但便宜，适合印制小册子、日历、轻薄的宗教主题和布道书籍，神职人员非常需要这些东西来训导不识字的教众。整个15世纪后半叶同时存在刻板书与活字印刷书，16世纪初刻板书逐渐销声匿迹，但是木刻版画技术继续在书籍印刷中发挥重要作用，用于复制优雅的插图、扉页、花体首字母、手稿书籍边框。

15世纪人们已经掌握了活字印刷术所需的大部分技术了。人们从古代就开始应用葡萄酒压榨机，雕刻字母和图案的手艺和应用模具的历史也很悠久并在整个中世纪得到充分发展。因此，早期实验活字印刷术的是约翰内斯·古滕堡（Johannes Gutenberg）等金匠以及铸币厂总监，也就不足为奇了。这个领域的创新者同样不是理论家，而是工匠，他们通过"试错"最终解决了问题，找到适合印刷的金属，制成字身和高度一样但宽度不同的铅字字母，调配墨水达到印刷清晰不落印迹的效果。这个中世纪技术史上不同凡响的新发明要归功于约翰内斯·古滕堡。[1]这项技术研发过程中同样面临着融资问题,因为实验需要大量反复投入相关设备和材料。古滕堡发明了活字印刷技术并传授给工作伙伴,尽管已经采取了很多办法试图保守该工艺流程的秘密,但这项技术还是散播出去了。

按大多数标准来衡量,印刷机的扩散速度都属于是非常快的,这对于中世纪技术而言更是令人震惊的。美因茨(Mainz)可能算是印刷机的诞生地,这款新装置从这里出发,很快出现在德意志的其他城市,特别是斯特拉斯堡和科隆,之后不久德意志的印刷商就在罗马和威尼斯开店了。德意志人在巴黎遭到既得利益群体的严防死守,大约 6 000 名抄录员、代写人、插图画家已经将这座城市变成手写稿传播中心,他们没收了从美因茨进口的成箱书籍,但是他们不是工业化前反对使用新机器的卢德派分子(Luddites)。1470 年两位教授在索邦学院(Sorbonne)安装了一台印刷机,之后这种设备如雨后春笋般在市面上铺开了。15 世纪 70 年代,德意志印刷商遍布全欧洲,开始在巴塞罗那、乌德勒支(Utrecht)、阿尔斯特(Aalst)、布鲁日、布达佩斯(Budapest)、克拉科开启印刷生意。英格兰的情况是个例外,这里的先行者是本国的威廉·卡克斯顿(William Caxton),他先在布鲁日获取了经验,多年后他才于 1476 年在威斯敏斯特(Westminster)安装了自己的印刷机。本地人也很快投身这个新行业,特别是意大利在 15 世纪末成为主要的书籍出口方。截至 15 世纪末,我们已知不少于 252 个地方拥有印刷业,其中,威尼斯、里昂、奥格斯堡等地有很多印刷商。诚然,绝大多数印刷商业务量很少,只是印刷少量卷册书籍和简短的小册子,但是有些实力雄厚的商业机构能够大量印刷精美的作品,证明印刷业已经成为举足轻重、蓬勃发展的产业了。

印刷机带来一个中世纪经商者并不熟悉的问题,即如何利用好印刷数量递增产生的边际成本降低效应,又不能造成产品滞销。中世纪欧洲大部分生产是

---

[1] 尽管没有无懈可击的证据表明古滕堡是活字印刷术最早的发明者,对此人们仍有争议,但是现有证据明显倾向于他,并且得到普遍认可。

根据订单开展的，哪怕是纺织品跨境销售也以寄售方式为主，持有不值一钱的商品的风险微乎其微。一匹织法或色彩再老土的面料也总能在某地以某种价格找到买主，但是没人愿意阅读的书籍就毫无价值。但因为每多出售一册书籍的利润丰厚，所以超量印刷的诱惑力极强。早期印刷商似乎意识到了这个问题，为了降低风险他们谨慎从事，仅印刷熟悉的版式和受欢迎的作品。最初一二十年里，他们印刷的书籍仅仅是复制手稿，所以印刷字体遵循每个主要地区使用的样式。[1] 因此，德意志印刷商用哥特式字体，而在意大利的印刷商（也基本是德意志人）则使用当地人喜欢的"人文主义"体或罗马手写体。直到15世纪70年代，法国人尼古拉·詹森（Nicolas Jenson）才设计出一款以字迹清晰和经济实惠为首要目标的印刷体（哥特式字体太占空间了）。

当时出版的都是哪些类型的书籍呢？最主要的当然是市场畅销的题材和作品。截至15世纪末，至少一半印刷品是宗教经典文献，大部分为拉丁语文本，最早的是脍炙人口的《古滕堡圣经》（Gutenberg Bible）。人们对古希腊和古罗马经典作品的需求也很旺盛，尤其是西塞罗（Cicero）的《致友人书》（*Epistolae ad Familiares*）、亚里士多德（Aristotle）的《政治学》（*Politica*）、民法和教会法典籍，以及著名的埃利乌斯·多纳图斯（Aelius Donatus）的知名拉丁文语法书。15世纪的印刷资料囊括了人类追求的全部事业，包括音乐，例如：1498年威尼斯城颁发了印刷音乐制品的特种专利。

那么都是什么人在购买书籍呢？重要客户包括牧师和僧侣，以及大学教授、学生、律师、官员。但出人意料的是，当时书籍最重要并迅速壮大的书籍客户群是受过良好教育、迷恋宗教和人文主义题材的读者群，其中有很大比例是经商者。所以，15世纪末印刷厂主要集中在威尼斯和里昂等商业中心，而非罗马和巴黎等宗教城市和大学城。

尽管该行业已经注意到要有所防范，但是很多印刷商仍在不知不觉中被初

---

[1] 早期最精致的印刷品大多印制在犊皮纸上，尽管成本高且面临技术问题，但是仍向质疑印刷术的人证明了印刷品可以同手稿一样雅观。

期的成功冲昏了头脑,大量印刷书籍并自食其果。这个行业在这种"试错"中迅速成熟起来,尤其是德意志和意大利的印刷巨头组建了销售机构,承担融资,开始将印刷业与出版和市场营销业务拆分。大型商业机构很快开展广告宣传,列出自家出版物清单,散发夸大其词的传单。它们逐渐增加每版印数,15世纪70年代每版平均约印刷150~200本,到了16世纪初每版平均印1 000~1 500本。这些企业闯入出口贸易,与当地印刷商竞争,这种情况在英格兰尤为突出。于是到了15世纪末,经过少数德意志人在技术上拾遗补阙,出版业已经从仅靠抄录员慢吞吞誊写少量作品转型为一个活跃的新行业,准备好满足越来越多受过教育的公众日益增加的需求。

15世纪的欧洲经商者历经一程又一程,踏遍一里又一里,创新一桩又一桩,实现了降低成本的目标。他们借由如此大范围地采用"干中学"的方法,收获了前辈经商者难以企及的技术进步、产业发展、运输条件,又看似荒谬地完整保留了很多商业传统。到了15世纪末,商贸活动的组织形式改进良多,经商者们已经能够满怀信心地开展一百年前不敢想象的冒险事业。他们还有些意外收获,同样意义重大:欧洲商贸重心开始向西和向北迁移,但原因并不是过去人们所认为的拜占庭帝国彻底消亡,而是很多其他因素。第一个原因是欧洲创业者找到办法跳过地中海东部地区的中间商来获得东方世界的奢侈品。第二个原因是中欧地区重振采矿业。第三个原因是经德意志和法国前往北方的陆路交通得到极大改善。第四个原因是西欧和北欧较大的政体掌握了越来越多的资源,获得更多资金和企业的更大支持。从欧洲启航的舰船、枪炮、船员遍及全世界的海洋和港口,是15世纪欧洲实力积蓄的最显著象征。商贾、海盗、牧师、圣贤与罪人,有人后来宣称,这些人出去是效忠上帝和国王,同时也是为发财去的。或许欧洲商业对世界历史最为深远的影响恰恰体现于塑造这种令人痴迷的伦理观。

第九章 中世纪末期的资金来源

前几章介绍了蓬勃发展的商业活动,这些都要求加大对设备、运输、基础设施、运营资金的投入,从而产生了如下问题:资金从哪里来?如何筹措资金?谁来筹措资金?关于"资金哪里来"的问题,答案自然是农业和工业,即财富的最终来源。如前文所述,农业和制造业经过渐进式改良和多样化经营,逐步加大市场导向力度,成本效益不断提高,因此到了15世纪中期已能产出相当数量的剩余产品。即便战争和瘟疫连绵不绝,受灾地区损失惨重,但也仅仅暂时削弱了西欧大部分经济体的生产力。灾难事件还加速了货币流通(用经济学家的话说是提高了货币流通"速度"),因而对商业产生积极影响。

比较难以回答的是"谁筹集资金"以及"资金筹集方式"的问题。关于"谁"的答案,简言之,主要是政府,其次是经商者,他们有时独立运作,但往往与政府合作,充当政府的代理人甚至是行政管理机关的工作人员。"方式"问题与"谁"的问题密不可分,没有简单的答案,要解释这个问题必须分别研究欧洲不同地区的情况,仔细分析不同势力在各地发挥的不同作用。

政府在筹措资金中扮演主要角色

14—15世纪的一个显著变化是全欧洲的政府官僚机构都规模扩大、效率提升,它们从各自经济体获取现金流的能力也更强了。政府逐渐设立正式的部门来负责国库、行政、财务管理等职能,与服务于君主家政的班子泾渭分明。出现这一变化的主要原因是它们从依赖"属于君主的"资源(例如君主拥有的土地、封地收入和领主权利、间或"临时"征收的财产税或农产品税)转变为开发更加稳定、快速的收入来源。后者包括消费税、垄断专营收入、进出口贸易税、强制贷款、向普通民众征收资产税。政府筹措资金仅仅是收缴财政收入工作的一部分,这些收入服务于政府的全部活动,包括管理征收过程中所产生的行政成本。

西欧不同政体的税种和征收方式各不相同。1275年英格兰议会批准国王征收羊毛和纺织品的出口税,国王自此有了财源滚滚的新收入。接着从14世纪中期开始,英格兰王室对进口葡萄酒征收"吨税",对进出口的一般商品征收"磅税"。意大利城邦摒弃了过去依赖财富税的做法,将其留作突发情况下的备用方案,14世纪初开始通过消费税(盐税)获取大部分收入,少部分收入来自向过境本公社的商品征收的税费。佛兰德斯的城市同样转为依靠消费税,重点针对啤酒和葡萄酒征税。法国国王们的办法则不同,遇到需要快速拿到钱的紧急情况时,他们青睐采取铸币贬值的方法来从中获取暴利。通常情况下,他们通过实施境内销售税和盐业专卖来获取收入。法国自15世纪开始施行的平民税是面向贵族以外全体民众征收的财富税,这项直接税成为其主要的财政收入来源。然而,欧洲其他君主和自治市镇则越来越指望贸易作为稳定且相对省力的赋税来源来获取满足日常运转的资金。

绝大多数财政管理部门都面临着各种税收制度产生的现金流与本王国的需求不匹配的问题,所以必须经常贷款。又因为大部分王室政府的信用评价糟透了,所以大部分贷款是强制性的。强制贷款的对象通常是承蒙统治者恩惠在其领地做生意的商贾。[1] 通常这类贷款以赋予特定的赋税收入或征税权作为质押,利息被伪装成自愿的"馈赠"或认可的"损害赔偿"。德意志的王室贷款常以王室财产做质押(包括本书之前介绍过的王室拥有的矿产)。尽管给君主贷款往往冒风险,但是狡黠的经商者仍有办法通过搞到获利丰厚的贸易特权作为提供贷款的回报以及通过其他途径下注来预防损失。有些经商者成立辛迪加

---

[1] 其他目标对象是富豪、王室官员,甚至包括市政公债。法王路易十一为了如愿获取源源不断的津贴和贷款,于1462年豁免了里昂市的平民税。

财团来分散风险,还有的则两面下注,同时扮演官僚和经商者的角色。后一种情形中最出名的是雅克·柯尔,他身兼双职,一方面构建自家庞大的商贸事业,另一方面在1438—1451年间担任法王查理七世的司库。他的大部分生意,包括第八章讲到的地中海地区的冒险生意都与他作为王室官员的活动息息相关。他最主要的职责是为国王筹措资金,他最惊人的成就是为1450年收复诺曼底筹集到巨额贷款。不幸的是,据称他在这笔贷款上收取的利息"过高",导致他于次年轰然垮台。

早先给予中世纪政府的贷款理论上属于预支未来的赋税收入,待税收流入时予以偿还,至少当时是这么假定的。然而,如同本书第三章介绍的符木的情形,现实中债权人很难兑现政府转让的财政收入。尽管人们常常转让这类债权,但是并未组织专门的市场,而且折扣幅度很大。君主偶尔凭债务凭证(一种期票)借贷,这些凭证有时同样会以大幅折扣出售给他人。尽管这些票据是确凿的王室债务,但是履约特别难。举一个例子,英格兰国王爱德华三世在14世纪30年代签发给巴尔迪公司的债务凭证最终到了1391年理查二世在位时才以少得可怜的金额清算掉。城市一样不会不屑于使出搞残自己债权人的卑劣手段。比如,布鲁日在13世纪90年代与阿拉斯(Arras)的克雷斯潘(Crespin)家族签署了大额贷款合同,但很快就拖欠了。债主提请诉讼数十年后,该市终于答应在1330年偿还原合同金额的1/3,可即便这项承诺布鲁日市也未履行。原始债权人的一位后代深感沮丧,最后于1386年无奈接受了不到原贷款金额1‰的象征性偿付。因此,实际上相当多政府的"借款"是伪装的税收,那些最有权势、能得到偿还款的人反而承担得最少。

1300年之后真正试点资金筹措的是欧洲城市。强制公民贷款和包税制通常是预支未来征收的消费税,此时最关键的变化是出现了与前两者截然不同的长期公债。意大利一开始评估企业主和不动产业主的强制贷款(Prestanze)[1]时无章可循、率性而为,非常偏袒商业贵族阶级。这类贷款跟上文讲到的王室

---

〔1〕 译者注:意大利语"贷款"。

借款一样，理论上属于短期债务，但是债权人拿到的税款连支付贷款利息都不够。因为这种制度不可持续，最终贷款就变成以份额计算的长期公债。这种变化最早于 13 世纪中期出现于威尼斯和热那亚，大约在 14 世纪中期出现在佛罗伦萨和意大利的其他城市。

新式贷款由公社发行并支付固定的低息，这种以份额计算的债券可以选择赎回，因为人们觉得这种债项简直像大山一般，所以称之为"山债"（Monte）。在中世纪最后的岁月里，"山债"成为快速筹资的首选之策，虽然的确偶尔清偿过，但是兵燹之祸导致很多公社债台高筑，真像背了座大山一样。威尼斯通常有办法将负债余额控制在合理水平，但在 1381 年与热那亚的战争结束之际，这座城市的"山债"增至 470 多万弗罗林金币，热那亚的"山债"也高达 220 多万弗罗林金币。债券份额通常可以在市场买卖，价格因现行商业利率和公社的相对财政实力而各不相同。威尼斯的债券价格保持得相当稳定，基本是在原始发行价的 80%～95% 之间波动，所以一直是安全的良好投资品，但是 1381 年威尼斯公社暂缓支付利息，该债券的价格崩盘，跌至票面价值的 18%。直到公社又以 4% 的低利率付息后人们才逐渐恢复了对这款债券的信心，到 1402 年其价格回升至票面价值的 66%。而在另一边，佛罗伦萨的债券份额的价格随着债券发行量增加稳步下跌，到了 15 世纪中期跌到不足票面价值的 20%。[1]

这类债项的变种形式是"嫁妆基金"，该基金 1425 年发起后成为佛罗伦萨流行的投资工具。这款基金将佛罗伦萨为父者想要攒够女儿嫁妆钱的迫切需求与公社对资金的迫切需求结合起来。该基金方案的概念类似美国 E 系列债券和保险单的混合体，投资者存入一笔定额款项，预期在固定期限之后取出比存款更多的钱，专门用作嫁妆。该方案执行时的兑付制度很严格，有被罚没利息的风险，如果受益人逝去或退隐当了修女则连本金也拿不回。该基金开局并不顺利，但后来风险收益比达到令人满意的水平之后，基金金额迅速增加并与

---

[1] 美第奇公司 1460 年财报显示其持有的"山债"票面价值 105 950 弗罗林，但是市值仅为 18 358 弗罗林。

公社的公债密切挂钩。值得注意的是，在整个欧洲，本来嫁妆就常常被用作小本生意的启动资金或运营资金来源。本书已经介绍过一个布鲁日的例子，现在再讲一个更极端的案例：15 世纪早期的佛罗伦萨经商者格雷戈里奥·达蒂（Gregorio Dati）结了 4 次婚，每一任太太都在他的生意摇摇欲坠之际恰逢其时地带来一大笔嫁妆。

阿尔卑斯山以北和比利牛斯山（Pyrenees）以南地区的城市选择了不同的长期债项融资路径。在那里，人们青睐的长期债项创新产品是终身年金和可继承年金。这些工具类似当今保险公司销售的年金产品，投资者一次性付款购买年金，之后有权获得固定回报，既可限定于本人在世时提取，也可以由本人及其下一代甚至两代继承人执行。城市这样就能够筹集到可观的现金，但未来为了履行给付年金的义务时则可能负债累累。北至法国北部到佛兰德斯、布拉班特、低地国家北部地区、德意志莱茵兰，南达加泰罗尼亚和巴伦西亚的城市都很喜欢这款长期公民债券。似乎只有布鲁日曾经短暂地尝试了"类似山债"的方案，那是在 14 世纪初，该城规定孤儿的财产由指定的城市基金管理。孤儿的认缴资金被换算成债券份额，本人据此领取固定收入，直至成年才可以收回本金。

中世纪末期的经商者参与上述新的资本创造方式有两种：一是购买这些投资品，二是创新和管理这些投资品。我们要记住，中世纪城市的管理者正是本地经商的人，有数不清的当官员时惠及自家生意的例子。到了 15 世纪，欧洲的君主们已经意识到城市里有的臣民资产过人，如前文说过，担任法王查理七世金融经纪人的雅克·柯尔。勃艮第公国的公爵们重用的金融人才有 15 世纪初移居布鲁日的卢凯塞（Luchese）家族成员迪诺·拉彭迪（Dino Rapondi）和布鲁日的本地人彼得·布莱德林（Peter Bladelin），后者还是"好人"菲利普三世（Philip the Good，1419—1467）的财务助理，他们两人都负责销售年金，业绩斐然，使之成为该公国的一项收入来源。1500 年勃艮第王国并入哈布斯堡（Habsburg），该王国之后数代继承人的金融顾问都沿用前人的经验做法。

本书无意于详细探讨艰深晦涩的财政学知识，仅仅说明中世纪末期政府筹集资金的各种途径。大量资金汇聚到欧洲各地政府的手中，这些钱被用于支付朝廷及其官府当期的开销以及与邻邦的战争支出。有一部分钱投入资本项目，其中部分项目涉及军事冒险活动，用于建造舰船，改进采矿和冶炼技术，探索欧洲周边海域之外的财富。还有部分政府资金直接投入基础设施建设，旨在提高生产效率和改善交通情况，之前几章里已经介绍过相关案例。

银行业和运用部分储备金

私人资金在 15 世纪产业资本化进程中也占有一席之地。刨除掉王室和教会占有土地获取的资金，其他私人资金大部分是经商者积累的税后利润。其中少数人，例如上一章讨论的"银行家"，把小弟兄们的钱筹集起来投入大的合伙项目。在当时，几乎没有现金是通过我们现在所谓的常规银行系统筹集到的。本书第三章已指出，动用部分储备金的情况直到中世纪末期才开始多起来，即便那时全欧洲的做法千差万别、混乱无章。首先，我们必须注意，货币兑换商/银行家接受两类存款：一类是指定期间内托管给银行家的长期"定期存款"并产生利息。利率可以事先确定，也可以视借款人的利润而定（存款在意大利被称为 a discrezione）。[1] 这类投资常常用于未来履行特定责任时的费用，例如嫁妆或是留给未成年人的财产。另一类是根据要求可随时偿还的无条件存款，但不产生利息。这种存款通常是人们将铸币交给银行，委托其转账给其他商贾。存款人通常以口头方式指令转账。某些金融中心的确从 14 世纪开始出现了书面指令，有一些似乎跟现代的支票差不多，但是尚未找到证据说明当时人们普遍使用书面指令，或是说书面指令的效力不仅仅在于确认口头指令。

同时接受这两种存款的银行不可能把钱 100% 储备起来，因为银行家为了给存款人支付利息并赚取利润，必然要将长期存款用于投资。然而，就活期存款而言，银行担当的是受托人，必须有能力即期偿付全部存款。事实证明，无人

---

[1] 译者注：这个词在意大利语里的意思是"酌情决定"。

能抗拒将部分存款用于长期投资的诱惑，可一旦存款人提款需求超过银行家手中的现款金额，银行家就面临着灭顶之灾。为了防止出现此类风险，大多数城市要求银行保有相当金额的款项作为保证金。在佛兰德斯，同时开展经纪业务的客栈老板[也被称作"旅店老板"（Hosteler）]必须缴纳大笔保证金，以防旅店老板破产后国外客户向城市索赔。旨在保护存款人的法律令人望而却步。举例来说，巴塞罗那在1321年通过一项法律，强迫破产的银行家在清偿所有账目之前以面包和水为生一年，一旦违反，将面临极其可怕的后果。1360年，倒霉蛋弗朗切斯·卡斯特罗（Francesc Castelo）在自己的银行前被斩首。

欧洲各地运用部分储备金的历史经验也参差不齐。我们在北欧唯一能找到确凿证据的地方是布鲁日，如本书第七章中介绍的，那里的货币兑换商把大部分存款用于投资。尽管布鲁日似乎在14世纪初就开始出现银行转账业务，但这类活动在当时还属于相当新鲜的事物。这种首次出现的现代型银行业务模式只存续到15世纪中期，因为由它产生的一系列违约事件促使佛兰德斯的伯爵们收紧对货币兑换活动的限制。英格兰王室自1344年起垄断了外币兑换成英镑的业务，而且严控所有转账行为，因此英格兰王室中世纪从未成功开启银行转账功能。简言之，在中世纪金融史上，银行存款用作投资资本的作用小，时间也相对短暂。

南欧的威尼斯属于前沿领导者，人们认为是这座城市开创了银行转账业务。尽管据报道，这里早在1321年就已经出现部分储备金，但是法律禁止透支，所以直到15世纪才真正开始将转账存款用作信贷资金。出现这个进展的原因是威尼斯铸币市场太混乱且不断贬值。15世纪末里亚托岛的四大银行中有三家倒闭之后，这种疯狂活动也戛然而止。幸存下来的银行属于知名的皮萨尼（Pisani）家族，在政府政策的束缚下，经营得相当不错。但是到了16世纪初，该银行获准以未来的税收收入为抵押向政府提供战争贷款（不禁让人眼前浮现出英格兰国王爱德华三世和佛罗伦萨银行家的影子），以及投资于资助政客和桨帆船航行等风险很高的项目。皮萨尼银行最终也倒闭了，之后威尼斯的银行业保守经营。

南欧其他地方的资料显示的情况同样五花八门。托斯卡纳地区的商贾通常不走银行转账,而是通过内部相互销账来达到目的,所以对转账系统需求较少。然而该地区也有多如牛毛的货币兑换商开展存款业务,佛罗伦萨的切尔基(Cerchi)和斯特罗齐等规模较大的商业银行偶尔也会将部分存款用于投资,但是只占其吸收存款的很少一部分。此外,这类银行的数量从14世纪末的71家锐减到1516年的8家。热那亚人是首批开展货币兑换和银行存款/转账业务的实践者,他们允许部分客户透支,说明他们确实动用了部分储备金。尽管他们偶尔给跨国风险项目提供资金,但是在动用储备金方面并不鲁莽,因为没有记录显示他们当中发生过其他城市那样的重大违约事件。有可能是因为热那亚投资者倾向于直接贷款给商业风险项目,而不是通过银行。

巴塞罗那是另一个重要的储蓄银行中心,但是这里曾经发生过非常严重的欺诈和违约事件,所以政府频频出台严苛的政策加强管制。不过更让这座城市蜚声于世的是1401年设立的首家公共银行:"巴塞罗那汇兑银行"(Taula de Canvi de Barcelona)[1]。由于私人银行服务紊乱无序,于是市政府提供担保成立这家"银行",由其充当巴塞罗那和加泰罗尼亚的财务代理人,吸收市民储蓄存款,然后贷款给该市。这家银行与私人银行竞争,但并非取而代之,还往往吸收后者的存款。"巴塞罗那汇兑银行"经营了数百年,业务范围广泛(有的风险相当高),但一直存续到1853年被并入西班牙银行(Bank of Spain)。知名度更高的圣乔治银行(Bank of Saint George)是热那亚公共银行,该银行成立于1408年,之后发展迅猛,但是政府试图让该银行支持一项会导致严重后果的货币政策却没有得逞,然后这家银行于1444年关门了。[2]

乍一看,人们在14—15世纪所尝试的储蓄银行和部分储备金业务,似乎是现代银行制度的先驱。虽然中世纪银行业务与现代银行的貌似相同,所用的技

---

[1] 译者注:此为加泰罗尼亚语,taula原意为"办公桌",等同于英语的"bank"和意大利语的"banca",后者起源于拉丁语的"banco",意即"板凳"。

[2] 人们有时候混淆了圣乔治银行(Banco di San Giorgio)与圣乔治办公室(Officio di San Giorgio),后者是一家拥有自己的船只和战士,实力雄厚的私有金融机构。1453年君士坦丁堡陷落后,热那亚政府就是把黑海的殖民地出租给了这家"办公室"。

术相似，操作流程在一段时间里也运转得相当不错，实则非也。中世纪的技术、联络方式、法律环境都不足以管理相应的信贷风险。由于货币供给的基础是贵金属，不具备可转让信用票据那样的灵活性，所以铸币一旦短缺，拥有稀缺现金的人就会坚决地持有手中货币，从而导致资金搁置、经济困顿。因此，商贸城市经常陷入信用展期失控进而恐慌性崩溃这种极度痛苦的周期。整个体系运转时断时续甚至受阻停滞，于是政府为了自保，就会实施严苛的限制措施。中世纪商贸最缺少的就是充当最后贷款人的银行，巴塞罗那公共银行朝这个方向迈出了有意义的第一步，但是它并不是现代中央银行的模板。因此，中世纪的尝试和数百年后最终建立起来的金融制度之间不存在延续性。

商业信贷和汇兑的新进展

北欧加大使用信用票据

汇票在其意大利源发地一直很流行，也越来越赢得其他经商者的认可，特别是前往重新焕发活力的区域性和国际性集市从事贸易的那些商人。到了15世纪末，这种工具已经传播到欧洲大部分地区的商贾，甚至包括德意志汉萨同盟的经商者人群中。但是汇票仍主要作为转移资金的途径，其次才是信用工具，所以绝大多数清算仍旧采用银行转账的方式。因此，尽管欧洲早在14世纪末就出现了汇票背书的实例，但是由于流通性有限，所以其本身价值也受到约束。这类汇票以函证方式指定收款人，是偿还债务的一种方式，原始付款人始终对债务承担责任。只有当受益人转让汇票，成为新的委托人且承担完全责任后，才算实现了真正的转让流通，否则无法构建信贷循环体系。这种流通方式最早出现于低地国家（参见下文），随着16世纪日内瓦、里昂、贝桑松、热那亚等举办大型集市的城市设立国际清算所才慢慢传播到欧洲其他地方。

与此同时，伦敦到安特卫普的贸易联盟独自创造并完善了一种效率更高的短期信用工具,即签发给持票人的期票。这种工具以书面形式承诺于一定时间支付一定金额,可作为一种偿债方式由一个持有人转让给另一个持有人。这种期票在1400年之前就已经在羊毛贸易中使用了,但是主要限于英格兰商贾之间和内部使用,这样他们就可以依靠英格兰法庭行使自己的权利。[1] 这些不记名票据在安特卫普逐渐普及开来,1507年该城地方行政官明确规定,不论背书票据已转手多少次,该票据的持有人皆享有与原始期票持有人同等的法律权利,证明官方认可了期票。1537年皇室下诏令在低地国家全境认可该裁决。大约同时,汇票在安特卫普开始加注"或本函证持有人"的文字,从而具备了期票的特性。到了1541年,汇票已经取得与期票同等的法律地位。

这个时期启动的一项进展对现代信贷市场产生了深远影响。前文所述的期票和汇票是以票面价值流通的,但是在商业繁荣时期,现金需求迫在眉睫之际,上述票据持有人为收款越来越滞后的状况感到懊恼。于是,贴现票据的概念得到人们的认可,第一个期票贴现实例出现于1536年。1540年皇室颁布的法令正式许可了这种做法以及有息贷款的理念。其结果是手中现金充裕的金融家以折扣价购买到期的期票和汇票作为投资。现代形式的未到期票据贴现业务到了16世纪后半叶才运作起来,不在本书研究时期内。

安特卫普证券交易所

中世纪的另一项创新,即交易商业票据的市场,是后来极为重要的融资机构的早期端倪。我们今天称为证券交易所的机构起源于15世纪的布鲁日。这类交易所在欧洲数种语言里都被称作"Bourse"(证券交易所),的确让人们不禁

---

[1] 依据法庭案件进行法律裁决可能对后世产生深远影响,例如1436年伦敦市长法庭对"伯顿诉戴维"(Burton v. Davy)的裁决。这个案件明确了可转让汇票持票人与汇票上注明的原收款人享有同等的法律地位,因此遇到不兑付情形可以向商事法庭提呈控告。这个判例为之后一个世纪里诞生真正意义上的可流通汇票铺平了道路。

联想起早期商贾云集开展交易的广场和家庭客栈。[1] 但是我们必须提防犯下时代跃进的错误,夸大其词地称这种胚胎期的交易所具有现代性。因为中世纪的交易所都不交易公司"股票",相反,这里转手交易的恰恰是汇票或商品。最终出现"证券交易所"建筑实体的地方不是布鲁日,而是峥嵘乍现的城市巨人安特卫普,这座城市到了1450年已经开始与布鲁日角逐欧洲北方重要商业城市的地位。

安特卫普证券交易所的发展历程与布鲁日证券交易所有诸多共性:在出现专用建筑之前,这里的商贾早已形成在规定的地点和时间聚会的惯例。这类聚会地点肯定是在商贾居住最密集的街区里。安特卫普的商贾聚会地点靠近一个叫做"Engelsewijk"(意思是英格兰人聚居区)的中心市场。这里不仅是居民区,还是熙熙攘攘的贸易街,特别是1400年前后,每逢安特卫普集市开市,这里好不热闹。我们尚无法确定在此期间"证券交易所"的具体地址,这个称谓很可能指的是好几处房子,其中有一处是1411年坐落于"银匠街"(Zilversmid Strat)的房子,房东是布鲁日的德·布尔斯(De Beurse)家族成员。直到1485年,在一群常驻安特卫普的外商向当地行政官陈情之下,他们才获准成立"共同体"或社团并设立通用的"证券交易所"。

关于这份申请书的认识现在依旧很混乱,很多历史学家错误地称之为安特卫普证券交易所的成立文件。事实上,这是在申请承认一个(那个时代司空见惯的)社团,其会员筹集的总"财库"或是基金,主要用于促进和保护本群体的利益。这份文件的内容虽说跟创建现代意义的"交易所"差距甚远,但是的确标志着商贾的社会关系开始聚合成固定的社团组织。这类组织的核心要务是成员内部之间做生意,说明在交易所有建筑物和机构之前,早就以商贾之间社交往

---

[1] 这种新型市场最早出现于15世纪的布鲁日,如本书第七章有关佛兰德斯商贾应变之道的小节所介绍的,那里的商业活动紧密联系。起初是商贾在该市的商业区码头互通信息,然后这个商业区从中央广场扩大到范·德·布尔斯(Van Der Beurse)家族最早拥有的一家客栈命名的另一个广场。到了14世纪中期,这个家族拥有了包括三幢房子的建筑群,经常统称为"Ter Beurse",1453年首次用这个名称命名商贾交易汇票的聚集地。

来的形式开展交易。

到了1515年,商贾最终将碰面地点确定在一处名为"老证券交易所"(Oude Bourse)的建筑,这里是一个典型的商贾聚会场所,有一个露天广场,四周环绕着有顶棚的长廊。外商和本地商人汇聚在这里兑换汇票和现金,或者报价稍晚一点交易的单据,他们"聚集的目的是处理业务和磋商交易"。由于安特卫普不仅是欧洲大陆首选的英格兰纺织品交易地,还是葡萄牙和德意志南部地区商品交易地,所以证券交易所里挤满了来自欧洲各地的商贾。根特的查理(Charles of Ghent),也就是后来的皇帝查理五世,为了买下皇位,找安特卫普的外商侨民,特别是奥格斯堡的商业银行家福格筹措买下皇位的资金,证券交易所于是发展成为真正的金融市场。自1520年起,哈布斯堡王朝定期在安特卫普交易所销售短期国债。

1500年以后,安特卫普发展迅猛,进入增长高峰期,该市金融市场也终于步入建章立制的时代。该市人口在1480—1568年间增长了3倍多,而且"老证券交易所"周边原有商业区的商业交易量也远远超过了商业建筑和广场的承载能力。安特卫普地方行政官敏锐地意识到上述发展所带来的挑战,于是委任建筑师和规划师在老城中心之外设计新的街区,明确要求设计须考虑到商贸需求。"新证券交易所"(New Bourse)于1531年建成,这座建筑的设计和施工都以交易所的需求为纲,坐落的街区规划有笔直宽阔的马路。这座建筑不仅体现了建筑设计的重大变革,而且标志着从中世纪交易所向现代交易所演进的过程中迈出了新的一步。自此以后,交易所的地点将与港口、仓库、贸易货物的其他集结地有一定距离,这一点事实上强调了证券交易所里洽谈的是买卖汇票和债券等虚拟金融工具,而非实物资产。

消费信贷

虽然我们现在研究的是银行和信贷问题,不过稍微偏题来大概说一说消费信贷的情况也是有意义的。这类信贷供给在中世纪末期几乎没什么变化,主要是小当铺老板给穷人提供贷款,偶尔也有大型商业银行向那些穷困潦倒或者仅仅是花销超过自有资金的贵族客户提供这种服务。犹太人一直活跃于德意志、意大利、伊比利亚半岛积极开展此类业务,但是大约14世纪之交,犹太人被驱逐出法国和英格兰,取而代之的主要是意大利人,即所谓的伦巴第人(Lombards)[1],他们大部分实际来自皮埃蒙特(Piedmont)和托斯卡纳地区。部分意大利移民隶属于殷实的家族性质组织。黑死病后尸横遍野,于是大量犹太当铺老板从德意志移民到意大利,尽管如此,信奉基督教的意大利人仍旧是这个行当的活跃分子。

这期间消费者借贷的变化是人们试图抑制利率。通常当铺老板的利率畸高,周息复合年化利率超过50%。虽然当时的教会信条禁止任何有息消费者贷款,谴责这种行为是放高利贷,但大部分市政府认为禁止这种行为主不能为绝望的穷人纾困,所以给当铺老板发放牌照,并试图对利率水平稍加控制。如教会在1311—1312年举行的维埃纳公会议(Council of Vienne)上明确谴责这种做法,但是很多市镇仍旧我行我素,给犹太人和基督徒都颁发牌照。不过教会的确采取了一些积极举措帮助穷人减轻困难。1431年前后,西班牙的布尔戈斯(Burgos)、帕伦西亚(Palencia)、卡拉奥拉(Calahorra)的主教设立了提供无息贷款的"羸弱者方舟"(Arcas de Limosas),但须以个人财产作抵押。方济各会的一个支派在15世纪中期想出一个主意,用公益性典当银行替代放高利贷的当铺,赢得交口称赞。经教皇许可,意大利全境的城市和市镇都设立了这种名为"仁慈山脉"(Monti di Pietà)的银行,并获准以5%的年利率发放贷款。但是这些银行的条款和对抵押品资质的要求不够灵活,所以没能如愿替代犹太人。但是它们使得教会承认,谴责高利贷的信条仅适用于过高的利率,而不是所有利率一概而论。佛兰德斯和低地国家在15世纪末也出现了类似的机构,到了16世纪中期,这些地区的城市开始直接参与这种类型的借贷。各地的"山脉"典当

---

[1] 译者注:这个词还有"银行家和放债人"的意思。

银行发展路径都不一样,往往受当地政治势力的影响,有的发展得非常庞大且业务多样化。最知名的是成立于1472年的"锡耶纳牧山银行"(Monte dei Paschi di Siena),这家银行时至今日仍在运营,为国有银行,是拥有2.2万员工的意大利第四大银行。

获取资金满足商业需求

通过分析资金来源,似乎说明经商者只能从中世纪末期欧洲经济所创造的总资本中获取有限的份额。让我们回顾本书第六章"中世纪末期的货币供给"中的表格可知,1280—1500年间欧洲货币总供给显得偏低,处于"不确定"到"饥荒"的区间。这些宽泛的经济指标虽然价值不大,但是的确没有显示哪个时期的资本量明显增加。然而,我们在研究中发现整个欧洲的农业、渔业、酿酒业、采矿业、冶金业、造船业、海陆运输业、武器装备、出版业甚至是纺织业都随着时间的流逝取得了新进展,甚至是产业扩张。显然,西欧在1500年的经济实力比1380年时强大得多。对于这种异常情况该做何解释呢?

理查德·戈德斯韦特(Richard Goldthwaite)的著作为我们的疑问提供了一种答案。戈德斯韦特的这部书引人入胜,他探究了1300—1600年文艺复兴时期意大利的财富来源,并质疑为什么在众目睽睽之下把如此大量的金钱投向艺术和建筑。[1] 他发现,这些钱大部分是交易商、金融家、制造商做生意辛苦赚来的利润,而且是在意大利人丧失与东方贸易的头把交椅的时期。"北上西进"所增加的生意显然无法弥补他们与东方贸易衰退的损失。即便是备受关注的西欧和大西洋贸易取代地中海东部地区贸易,这种情况可能也是相对而言的,实际并非如此。尤其是意大利人作为国际金融家和铸币转运商的地位在东

---

[1] Richard A. Goldthwaite, *Wealth and the Demand for Art in Italy*, 1300—1600(Baltimore and London, 1993).

方世界毫发未损,且由于伊比利亚半岛和低地国家带来的新机遇使他们在西方世界势头更猛。他们加足马力生产军需品、玻璃、奢侈品,与此同时,尽管如本书第七章所介绍的,他们的纺织业在应对德意志和英格兰的竞争中受挫,但仍持续增长。此外,小城邦聚合成以米兰、佛罗伦萨、威尼斯、罗马、那不勒斯为龙头的重量级区域性经济体,全部都在发展奢侈品市场。

意大利能够积累资本的第二个重要原因看似矛盾其实很有道理,即战争和瘟疫造成财富再分配,人们对奢侈品和武器的需求更加旺盛,而这两样都是意大利的招牌产品。此外,德意志、法国、西班牙的势力对意大利发动了一波又一波的入侵,尽管造成破坏,但是也带来了大量生意,入侵者为了实现他们的政治野心,先是将本国的资金,后来又将新大陆的资金源源不断地带到意大利。另外,我们一定不能忽视了最能创收的罗马教皇,即便是阿维尼翁教廷时期也把大量资源投入打造其在意大利的世俗权力基地。

然而,如此充沛的资金并没流向众多要用钱的地方。只有有限的一部分资金投入了商业固定资产和存货。如前所述,大量资金借给了市政府,用途五花八门。有证据显示,土地投资呈稳步上升趋势,从而不断推高土地价格。还有证据显示,利率呈稳步下降趋势,14世纪是7%~10%,到了16世纪低至4%(不过贷给君主们挥霍的贷款利率通常大于12%)。就这样仍剩下大量资金用于资助修建恢宏的建筑艺术作品,这些都属于一掷千金的奢侈品中流芳百世的物件。因此,商贾的资金提供了文艺复兴时期文化的大部分"肉体"[1],而非其"灵魂"[2]。

尽管意大利在诸多方面与众不同,但并非是完全独一无二的地方。欧洲其他地方或许没有意大利那么有钱,但是有些领地,特别是低地国家、德意志南部地区甚至是法国,那里创造的资本也足够满足新产业的各种需求。例如,低地国家的钱财充裕,以此为后盾,这里从音乐到雕塑的各类艺术呈现一派繁荣景

---

[1] 译者注:指物质财富。
[2] 译者注:指精神启迪。

象。这时我们又要重申无可争议的实物证据：整个中世纪鼎盛时期大量盈余是农业和制造业创造的。在相对岁月静好的12世纪和13世纪，西欧能够如本书第一章介绍的那样投入大量资金来开疆扩土、大兴基础设施建设，而且仍有余钱用于激增的非生产性建设项目，彼时这类建筑的代表是教堂、城墙、城堡。在战火连绵、瘟疫肆虐的14—15世纪，人们给纪念性建筑的投资较少，主要将资金投入港口设施、桥梁、运河、船闸、堰坝等便利贸易的基础设施以及生产设备方面。由此可见，西欧在1500年时的经济比200年前富足和强大得多，这是不可否认的结论。

欧洲各地资本的产生方式和将资本投入有积极意义用途的情况并不完全一样。英格兰入侵者和强盗等的蹂躏束缚了法国的生产力。但是从1425年开始，法国经济慢慢恢复并在该世纪后半叶得到快速发展。到了15世纪末，法兰西王国已经成为当时欧洲的主要经济强国。此时的英格兰却是西欧的落后分子，学习新技术的步伐缓慢，国王们长期沉迷于兵戈扰攘。英格兰的采矿、冶金、造纸、印刷行业都无法匹敌欧洲大陆的生产者；英格兰渔夫虽说捕捞的鲱鱼量蛮多，但从未达到荷兰渔夫的水平。英格兰不仅与法国长年征战耗费资财，而且没能顺应战场变化更新换代相关技术，尤其是火炮。简言之，15世纪末的英格兰仍处于中世纪鼎盛时期的状态而故步自封，埋头继续专注于搞自己的老产业毛纺织和建造宏伟的大教堂。英格兰仅仅在海洋运输方面开始追赶上欧洲大陆的竞争对手，这方面的进步到16世纪才显现出来。

中世纪末期政商携手海上探索

海外探索从一开始就掺杂了不同的诉求，最初的探险充其量只是试试水。早期沿西非海岸线冒险的主要是热那亚和葡萄牙的海上创业者，但是由于收益微薄，所以他们越来越需要"航海家"亨利的鼎力支持和资助。显赫的金融家也不太愿意把钱投到这些高风险的项目里，典型的例子有：克里斯托弗·哥伦布为第一次跨大西洋航行进行的筹资活动就以失败告终，1493 年雅各布·福格拒绝为瓦斯科·达伽马（Vasco da Gama）前往印度群岛的航行投资。可是一旦项目显示具有可行性和盈利能力，即便风险再高，经商者也热切地想要参与其中。不过此时的风险项目往往政治性较强，而且参与其中的王室政府想独占大部分战利品。但是最终，政府发现自己没能力掌控复杂的商贸活动，于是以收取年费的方式将垄断权授予了个人或企业。他们实际上因循了热那亚和威尼斯在地中海东部地区和黑海地区建立殖民地的模式，准许商贾控制管理，而自己保留主权并从上缴国家的利润中抽取王室享有的份额。

葡萄牙

虽然 15 世纪探索非洲海岸线和南太平洋的活动是以葡萄牙王室的名义开展的，而所需资金则来源于热那亚和葡萄牙经商者，但他们不愿意冒险把钱直接投进这些风险项目，宁愿贷款给王室发起人。"航海家"亨利王子努力谋求的事业虽然也取得一定商业成功，但是他过世时债台高筑。巴尔托洛梅乌·迪亚士（Bartholomeu Dias）和瓦斯科·达伽马分别于 15 世纪 80 年代末和 15 世纪 90 年代末的奇妙航行也是政府项目，船队的长官不是商贾，而是贵族。达伽马于 1497—1499 年抱着商业目的航海去印度和东印度群岛，虽说他的想法是挖掘香料贸易的资源，但他采用的手段与其说是贸易，不如说是胁迫和征服。他们在这次冒险行动中气焰嚣张，没有妥善对待从中发现的机遇，人员船只也遭受不小损失，但是幸存者满载着香料货物返回里斯本（Lisbon），足以在王室和商业头脑灵活的贵族心中点燃熊熊的欲望之火。紧随其后的基督教远征军全副武装，不仅开展贸易而且大肆掠夺，获取了巨额利润。一位历史学者用文雅的辞令挑明了这些贵族侵略者的想法："他们并不想去种植胡椒或生姜。他们阻止异教徒掌控如此暴利的贸易，与索取进贡和掠夺战利品一样，都是适合基督徒绅士的职业。"[1]

葡萄牙王室火速行使管辖权,建立殖民地并设立军事哨所,主张航路权以及香料、黄金、奴隶的贸易权。葡萄牙于1505年新成立了一个名为"印度之家"(Casa da India)的机构,负责开展所有进出口贸易,从而正式确立了王室垄断权。"印度之家"还负责将香料运至葡萄牙王室设在安特卫普的驻外代表处,其掌握了在北方的独家经销权。但是这个小小的王国无力掌控如此纷繁复杂的贸易和海外殖民地事务,所以很快所有商品都卖给了葡萄牙和其他国籍的商贾。欧洲的金融家们最初没怎么参与葡萄牙的东方贸易,后来也趋之若鹜了。到了16世纪末,这方面生意,包括管控在东方贸易站的职责,大部分已经通过出售牌照的方式让渡到私人手中,不过这个时期不在本书研究范围内。我们看到热那亚的经历在这里重演,最终葡萄牙大部分海外领地租借给了私营集团。斯卡梅尔(Scammel)将这种行为定性为"普遍的权宜之计",即在沟通不畅且管理薄弱的地方,首选现金,而不是握着遥远未来的前景。[2]

西班牙

西班牙在15世纪大部分时间里都致力于将穆斯林逐出格林纳达和谋求王室在意大利的野心上,因而在大西洋的活动有限。不过加泰罗尼亚水手仍是早期前往非洲的淘金客。此外,尽管15世纪中期罗马教皇明令禁止这种行为,卡斯蒂利亚人仍在王室的支持或许可下,于1450年之后无数次远征,与葡萄牙人一决高低。西班牙最著名的侵略行动是入侵加那利群岛,并且誓不罢休,终于在1493年将其收归西班牙的统治之下。

西班牙探索并最终征服美洲的时间不在本书的研究范畴之内,其早期探险的组织和筹资工作为后来的成果奠定了基础。众所周知,克里斯托弗·哥伦布

---

[1] G. V. Scammell, *The World Encompassed: The First European Maritime Empiresc*, 800—1650(Berkeley and Los Angeles, 1981), 269.

[2] G. V. Scammell, *The World Encompassed: The First European Maritime Empiresc*. 800—1650(Berkeley and Los Angeles, 1981), 190—191, 264—265.

为了寻找第一次航海的赞助人，于1486—1492年间游走于西班牙、法国、英格兰的王室，然后又回到西班牙王室。而且这事儿能办成的原因恰是王室不承担捐助资金，财力支持实际来自一位王室官员和一些哥伦布的热那亚老乡。哥伦布的第二次航海行动浩浩荡荡、野心勃勃，目的是贸易、黄金、基督教传教，这回就属于王室投资的风险项目了，但很快就演变成征服和殖民行动。哥伦布1496年返回西班牙后失宠，王室褫夺了他的垄断权，然后给西班牙贵族和上流社会人士牵头的其他远征军颁发牌照，这些远征军动用的是自有资金和商贾提供的贷款。

外籍投资者主要是居住在塞维利亚的热那亚人，除了哥伦布的项目，他们完全没有参与早期的航海探险活动。热那亚人出资赞助了哥伦布航海以及后来的塞巴斯蒂安·卡伯特（Sebastian Cabot）和赫南·德·索托（Hernan De Soto）的远征活动，基本上没有得到回报，使得热那亚人更加坚定地将资金优先投给贸易使团而非远征军。因此，他们迅速捕捉到新兴聚落的需求所带来的机遇。早在16世纪的头十年，居住在塞维利亚的热那亚人就愿意接受海事贷款业务的固有风险（详见本书第三章"风险管理工具"），主导了以超高利率给交易商和造船厂提供海事贷款的生意。他们还与新兴聚落直接开展贸易，供给必需品和奢侈品，赚取暴利。

西班牙君主也一样，一旦意识到早期发现的潜在价值，就下定决心不遗余力地挖掘出一切可能的好处。葡萄牙人汲取的是热那亚人在地中海地区的经验，基本上是分权模式，西班牙人则像威尼斯人统治其在黎凡特的殖民地那样，采取严格的集中控制。西班牙王室不仅要求探险队必须以其名义开展全部探索和征服行动，而且迅速掌管新帝国的所有行政管理和商贸活动。西班牙王室制定法规管理移民事务、设立市镇、矿产开发、垄断许可，并接受朝贡，以及出售豁免某些法规责任的许可状。它操控教会任命事项的提名权，约束西班牙在中南美洲征服者的自主权，最终用忠诚度更高的政府官员替换掉哪怕是最得力的远征军负责人。上述做法都是旨在实现王室控制权和王室获利的最大化。尽管在美洲开展贸易的船只都不属于王室，但是它们的目的地，至少在欧洲必须只能停靠在塞维利亚和加的斯(Cadiz),以便确保政府监管与殖民地的全部贸易。虽然这座精心搭建的官僚体制大厦缝隙无数,但是这套体系总的来说成效卓著。

福格现象

西班牙一方面忙于统筹布局在美洲的新领地,另一方面深陷于与意大利的纷争,且与中欧和北欧的联系越来越紧密。斐迪南(Ferdinand)和伊莎贝拉(Isabella)的一位女儿,即卡斯蒂利亚的胡安娜一世(Joanna Ⅰ)嫁给了哈布斯堡王朝皇帝马克西米利安一世(Maximilian Ⅰ)的儿子并生下了一个儿子,这个孩子在1516年费迪南去世后登基,成为西班牙国王查理一世(Charles Ⅰ)。1519年马克西米利安过世,他的孙子查理是其神圣罗马帝国皇位的首选继承人。但是查理意识到自己要与法王弗朗索瓦一世(Francis Ⅰ)激烈角逐,争夺七大选帝候的选票。此时西班牙王国尚未从美洲聚敛多少财富,所以这位仍旧捉襟见肘的统治者不得不找私人金融家帮忙。他的第一反应是向西班牙的外商[热那亚人和"德意志韦尔瑟公司"(German Welser Company)]筹钱,但是当时与法王的竞争如火如荼,这些公司的资源加起来也不足以拿下宝座。查理最后找到长期为哈布斯堡王朝理财的雅各布·福格,筹集到了超过50万金盾的质押贷款。于是查理当选为德意志国王和哈布斯堡王朝皇帝查理五世,这个庞大的帝国的属地不仅有西班牙和美洲,而且涵盖奥地利、德意志、低地国家、弗朗什-孔泰(Franche-Comté)。

雅各布·福格是何许人也?本书第八章介绍过了,他是奥格斯堡人,其家族大约在1380年开始在该城当织工。后来几个家族成员合伙经商,逐渐涉足奥格斯堡与威尼斯的贸易联盟,进口纬起绒布制造商所需的原棉,出口金属等德意志商品。到了雅各布粉墨登场之际,该家族合伙企业的成员尚严格仅限于家族成员,把外人和能力差的亲戚都排除在外。他家的合伙企业运营稳健,购销本地和国际上的很多种商品,而且为奥地利大公、罗马教皇、皇帝提供赊账贷款服务。雅各布·福格起初在威尼斯做学徒,从而接触到了威尼斯的商业和会计制度,返回德意志后,他与兄长们协力在15世纪80—90年代将合伙企业办得越来越成功。他逐步掌握了领导权,等他最后一个哥哥在1510年去世后,他取得了绝对控制权,直到他本人于1525年离世。

福格给皇帝提供巨额贷款,表面上看似乎是回到了14世纪超级公司的老模式,而且他与罗马教皇和中欧君主们长期保持各得其所的关系,因而进一步强化了某些学者的这一看法。事实上,居住在西班牙的热那亚人更加接近超级公司的模式,他们给君主提供贷款和服务以换取特权。福格的不同之处在于,他预先明确了具体的还款要求并坚持收取足够的抵押物,甚至在1523年致函查理五世,态度温和但坚定地提醒皇帝不要忘了欠的债,这真是闻所未闻的无礼之举。后来他拿到的还款中包括三个西班牙宗教社区的租金收入,这些地方有大量的农业资产和高产汞矿。

采矿业是福格的生意有别于14世纪前辈的另一个特征。其家族企业一开始是接受矿产作为给君主贷款的抵押品,继而进入金属贸易领域。由于采矿业风险高、资金支出庞大,所以他们不情愿自己投资,而是给矿石开采场提供贷款并收取矿石抵债,后来他们自建冶炼炉,由此逐渐进入该行业。该企业扎进蒂罗尔和匈牙利的采矿冶金生意,于1495年前后与匈牙利才华横溢的工程师和发明家约翰·瑟索(Johann Thurzo)成立合资公司,经营铜矿和银矿、轧钢厂、冶炼厂。由于在匈牙利他们是外国人,按规定只能作为本国人的合伙人,形势所迫,所以他们只能做出重大变化,打破了福格家族"不用外人"的规矩。即便如此,他们还安排两个家族结成两对姻亲,用这条纽带将两家企业捆绑起来。在匈牙利的合资公司发展为一家拥有数百名工人的大型工业企业,几乎垄断了匈牙利的采矿业和(不仅是银和铜,还有铁、铅、锌的)金属冶炼业。这是门财源滚滚的生意,雅各布·福格资助查理五世竞选成功的钱大部分出自这里。

福格公司除了在采矿业拥有巨大产业,还是关系网遍及安特卫普到威尼斯的大批发商和交易商,以及行事谨慎的金融机构,为全中欧和北欧的君主和企业提供资金。该公司是罗马教皇在德意志和斯堪的纳维亚的主要银行，垄断了赎罪券销售资金的转账业务，引发马丁·路德等人的敌视。雅各布·福格晚年不得不指望从西班牙收回给查理五世的部分巨额贷款，直到这时该公司才在西班牙国度及其殖民地做生意，而这些地方对他的继任者们意义非同一般。这家公司跟德意志南部地区的其他企业不一样，尽管该公司在安特卫普的业务范围很广，但仍需避开葡萄牙人在里斯本和安特卫普的香料投机贸易。福格家族考虑到自己与哈布斯堡王朝关系密切，同样聪明地避免在法国有什么大的业务往来。雅各布·福格既狡猾也富于革新精神，本书在介绍"安特卫普证券交易所"的时候已经提及，他为了赎回质押贷款，首开债券发行之先河，从而确立了公债销售模式。

福格公司给人的印象是一个过渡型商业组织。该公司的重点业务是采矿业和冶金业，投入了大量资金并涉足管理复杂的制造过程，所以从某种意义上说，它可以被视作19世纪工业企业的原型。从另一个角度看，它是最早一批新生代出资人，他们摒弃了直接贷款方式，转向为投资者提供浮动利率债券来替政府筹措贷款。它们还有一点与之前存在的美第奇公司相似，即推动公司发展的是首要缔造者［美第奇公司是科西莫（Cosimo）］卓尔不群的商业和政治愿景，但是即便继任者也很能干，公司仍注定将在天赋逊色的继任者手中走向衰败。雅各布·福格的侄子安东（Anton）就是这样的一个例子，他在1525年执掌家族生意时接手的产业价值超过200万金盾，他成功地推动事业继续发展了一段时间，但是最终导致了公司的败落。这家公司由于贷给哈布斯堡王朝的贷款越来越多，不堪重负，到了1560年安东归西之时，实力大不如前，随后逐步在17世纪走向消亡。

福格家族和德意志南部地区其他很多规模稍逊但仍属大型组织的企业有能力筹集大量资金，填满统治者无底洞般的金钱欲壑。这类公司往往都是从纺织业和贸易发家，获取的盈利成为投入采矿业和制造业的资金。拥有矿藏的贵族缺乏开采手段，于是经商者就有机会签订合同为他们干活。这种权宜合作对双方都很有利。经商者积累了大量财富，从而有资金投入更大规模的项目，而矿床所有者/统治者获得丰厚的收入来源,激发他们追求政治抱负。但是后者永远不会满足于量入为出,总是无休止地向他们的商业伙伴提出更多贷款的要求,而经商者由于担心失宠,虽不情愿,但也不敢拒绝这类无理要求。

超大规模企业在中世纪末期及之后的生存状况岌岌可危。从某种意义上来说,欧洲政府和商业实现了筹集资金,配置到新型风险项目并摘得累累硕果的过程,在这个大背景下,福格家族这类企业的兴衰显得无足轻重。政商合作绝非必然而为,也无利他之心,这背后的驱动力无外乎是贪婪、投机取巧、基督教的"圣战"和传教企图。暂不论有多少形形色色的动机交织在其中,最终结果是欧洲人踏上发现和征服之旅,而且在金融领域锐意创新,发明了证券交易所、可流通信用票据、长期公债,并尝试了大量不同的银行业新技术。中世纪末期欧洲商业仍是数不清的小业主们的天地,他们或独立、或与他人协作,提供技术、利用资金,促进经济走向兴旺发达。中世纪商业最宝贵的遗产恰恰是广大无名氏各有千秋的聪明智慧和灵光一现的奇思妙想。

第十章

商业新时代

有部分人受近期史学著作蒙骗,坚信欧洲史的分界线是永恒不变的。一个世纪之前,"中世纪""文艺复兴""宗教改革"这些标签和概念被明确看作是出现历史性转变并稳步演化为"现代"世界的标志。现在人们的观点完全改变了,因为商业从未有过上述情形,即商业史上不存在清晰可辨的"早期现代"时期,因为很多组织形式和管理手段都是沿用中世纪末期的方法。比如,我们几乎可以肯定,1300年佩鲁齐公司的一位合伙人穿越到1520年福格公司的账房里会感到自信无忧。然而,随着16世纪的欧洲人口增长以及加大与非洲、亚洲、新大陆的贸易,大西洋地区开始与地中海地区平起平坐,然后远远超过后者成为欧洲经济中心,我们怎能忽视欧洲正逐渐转变为某种类似"现代"的状态呢?但这种转变是一种过渡,是无缝衔接的演进过程,而不是"变革",因为商业扩张体现在业务范围和复杂程度上,它的方式并没有改变。本书最后一章将研究一些案例来说明上述过渡状态。

人口复苏

本书下篇围绕着一个重要史实展开研究,即14世纪中期的"大灭绝"(Great Dying),即便不是这场浩劫开启了连绵战火、鼠疫、饥荒,它也肯定加重了上述灾难对欧洲人民的创伤。鼠疫不仅令传染病的传统攻击目标(即老弱人士)丧生,诸多该时代的人指出,鼠疫还摧垮了青壮年,包括育龄妇女和年富力强的男性。大约1347—1390年,人口大面积死亡,之后欧洲进入长时间的人口停滞期,移居城市的人口比例增加仅仅部分缓解了这种情况对经济的影响。那时候的人口数据骇人听闻:1340年大约有7 400万欧洲人;1400年是5 200万,之后再过两代多人的数据仍相差无几。人口减少对商业产生各种各样的影响,本书也介绍了中世纪末期的经商者如何以各种对策迎接挑战。但是如果欧洲想再次进入1000—1300年前后的经济持续增长时代,毋庸置疑,就必须终止人口短缺的境况。

人口停滞周期约在1450年真的中断并开启人口持续增长期,出现这种变化的具体原因至今是个谜。欧洲各地区人口增长速度千差万别,例如:英格兰在1510年之前的人口增速适中,但是在接下来的一个世纪里,该国人口几乎翻倍。尼德兰人口增长最迅猛的时期是16世纪上半叶,之后纷纷扰扰的革命运动造成人口衰退。托斯卡纳在1490—1552年间人口呈爆发式增长,意大利南部地区紧随其后,在1505—1595年间人口数量号称翻了番。[1] 必须强调的是,在人口普遍增长的大背景下存在两个趋势,它们对于商业变迁具有重要意义。第一个趋势,总体来看,我们一直称为"北欧"和"西北欧"的地方(斯堪的纳维亚半岛、不列颠群岛、低地国家、德意志、法国大部分地区)的人口增长超过地中海地区(意大利、伊比利亚半岛、法国南部)。现有的最可靠数据显示,1500—1550年,"北欧"人口从大约3 600万增至4 250万,即18%的增幅,而地中海地区从1 830万增至2 000万,增长率仅为11%。增长幅度最大的是德意志和尼德兰北部地区。法国的增长率尽管稍逊于它的北翼和东侧近邻,但是该国人口在整个16世纪一直占欧洲总人口的四分之一强。

第二个趋势是全欧洲人口激增的同时,中世纪末期的城市化态势历久弥新。据估计,1 500年欧洲居住在城市的人口占10%,到了1 600年城市居民占12%,其中意大利为17%,低地国家为25%。欧洲这一轮人口再次移入城市的显著特点是,人口增速最快的是欧洲最大的城市,即南欧的威尼斯、罗马、佛罗

---

[1] 本小节大部分数据来源参见 Jan de Vries,"Population", in *Handbok of European History*, 1—50。

伦萨以及北欧的安特卫普、伦敦、巴黎。这股移民潮至少在北欧实打实地催生了兴旺之城,例如:安特卫普的人口从 1450 到 1550 年就翻了一倍。这个趋势的结果是令人瞩目的,据人口统计数据显示:1500 年的小城市居民总人数是大城市总人口的 4 倍,到了 1600 年这个不均衡状态已经缩减到 2∶1。因此,16 世纪欧洲最大的城市成为人口和商业发电机。

严重通货膨胀

除了人口复苏和城市化进程加速,16 世纪商业还面临的一个现实是通货膨胀。人口当然是成因之一,然而历史学者惯常提及的一个原因是从新大陆涌入了大量白银。但是最新研究准确地指出,新大陆的白银大约在 1540 年大批量运抵欧洲,而欧洲在此之前早就开始通货膨胀了。所以说,通货膨胀的起因很复杂,远非仅仅是货币供给增加和人口增长那么简单。

众所周知,测算任何时代的通货膨胀率都是个难题,包括当今,因为计算时要涉及很多变量:不仅有金银块供给量和铸币成色,还有货币转手速度(周转速率)和大量"代表性"商品随着时间推移的价格变化。本书第七章已介绍,15 世纪末期中欧地区银矿开采大繁荣,欧洲金银块的供给量突飞猛进。其结果是到了 16 世纪 20 年代金银块年产量预计为 90 000 公斤,比 15 世纪中期的年总产量增长了 5 倍,而新大陆进口的白银到了 16 世纪 60 年代才达到这个水平。白银源源流入的同时,葡萄牙人又成功地把非洲的黄金直接运回欧洲,在 1540 年之前的年进口量达到 40 000 公斤,价值约合 520 000 公斤白银。金银块的供给量已大大增加,欧洲统治者却继续大规模降低铸币成色,数倍放大了货币供给效应。最后但同样重要的一点是本书第九章详细介绍的信用机制,这方面的发展也提升了同期货币的供给量和流通速度。16 世纪欧洲的货币市场呈现一派充满活力、令人眼花缭乱的景象,迎接着任何一位追逐利益的经商者。

中世纪末期的欧洲对于因粮食歉收、战争、铸币降低成色等情况反复引发的严重通货膨胀并不感到陌生。但是上述通货膨胀大部分属于偶发事件,波及范围也仅限于当地或者一个区域。16世纪欧洲出现的是结构性变化,特别是人口增长和城市化进程加速,从而导致了长期的持续性严重通货膨胀。英格兰和尼德兰这两个地区的商品价格数据保留相对完整。从1510—1519年到1630—1639年,这里的谷物价格增长了670%,牲畜价格增长了355%,工业产品价格增长了204%,该时期综合指数增长了490%。[1] 通货膨胀下当然既有赢家也有输家,但有鉴于16世纪出现如此长时期的严重通货膨胀,人们非常难以推行任何长远的商业策略。

市场动向

香料和金属

到了1550年,随着欧洲人开始并不断开发利用新旧大陆的资源,金银块的全球市场已基本形成。香料等其他贵重商品是否也是这种情况呢?早在十字军东征之初,香料贸易就与欧洲经济同步前行发展壮大,让黎凡特地区和意大利的主要商业城市发家致富。姜和胡椒是欧洲最重要的香料消费品,它们的价格在1450—1550这百年间出现过剧烈波动。透过价格波动的烟雾我们发现,15世纪后半叶香料价格的总趋势是胡椒价格走低,姜的价格暴跌。截至1500年,胡椒在黎凡特地区和埃及的市场价格已经跌了1/4,姜的价格跌了一半;丁香、乳香、染料及其他芳香料的价格都呈现了类似的下跌趋势。与此同时,威尼斯市场的香料价格基本维持稳定。在利润率不断扩大而需求增加的刺激下,促使葡萄牙人顺着非洲海岸线向下行驶,然后向东挺进,来到印度海岸。15世纪

---

[1] John H. Munro, "Patterns of Trade, Money, and Credit", in *Handbook of European History*, 173.

80 年代的时候,葡萄牙船只归来时已经满载着非洲的马拉格塔(Malaguetta)胡椒,虽然品质无法与远东地区的那些品种媲美,但是便宜得多。这样无疑就把香料带到了整个欧洲的全新客户面前,从而进一步了刺激了需求。

葡萄牙为香料贸易发展成欧洲主宰的全球生意做出了至关重要的贡献,不过值得注意的是,葡萄牙人行事克制,没有以低于威尼斯人的价格销售香料,而是维持在高价位。香料不是促动葡萄牙人一往无前的唯一因素,他们原本是做西非的黄金、奴隶、糖、胡椒、象牙的贸易。他们沿着非洲海岸线上一连串的葡萄牙属港口,以和平贸易方式取得上述商品,后来一路向南,最终到达南亚之滨。在 1440 年之后的数十年里,黄金在葡萄牙商贸中的地位超过了香料,同时随着马德拉群岛、亚速群岛和一些非洲岛屿上不断扩建糖料种植园,奴工也在增加。截至 1501 年,葡萄牙人以安特卫普的香料贸易中心为基地构建起分布广泛的贸易网经销上述商品,并通过贸易交换德意志南部地区的铜和银,这也是葡萄牙用以交换亚洲香料的两种主要商品。在大西洋与美洲的贸易兴起之前,安特卫普的贸易中心实际上已经构成一个涵盖欧洲和亚洲的庞大贸易闭环。

纺织业

西欧市场里所有贸易品的数量和种类都在持续增加,反映出人们需求增长的同时也更加容易获得商品了。不过,市场上销售的主要制成品仍是纺织品。本书第七章介绍了该产业于 14 世纪至 15 世纪在市场和生产领域的进展,现在这个产业仍沿着相同的路径发展。"新选手们"显然在各自选择的领域里占据了主导地位(英格兰人控制呢绒,德意志南部地区主宰纬起绒布市场,意大利人掌控丝绸市场),新老竞争者都下定决心竭尽所能地攻城略地。

在羊毛领域,1430 年英格兰政府下令用英格兰铸币全款支付,终止了羊毛采购商可以赊账的做法,从而巩固了该国呢绒商相对低地国家呢绒商的优势地位。这个新政策对成本带来影响,加上规定羊毛出口须经由加来转口的独霸局面,令佛兰德斯和布拉班特的纺织产业几乎陷入瘫痪。为了绝地求生,部分老的制造商只得另寻羊毛供应源。有的使用爱尔兰、本地或是其他非英格兰生产的次等级羊毛来织造新产品,同时使用独一无二的优质英格兰羊毛艰难维持着原有产业。还有些地方,例如伊普尔及在朗马克(Langemark)、柯米尼斯(Comines)、波珀灵厄(Poperinghe)的附属厂商担心使用其他羊毛会毁掉自身高品质的好名声,断然拒绝改变,最终自取灭亡。英格兰统治羊毛市场的进一步影响大约在1450年显现,西班牙美利奴羊经过合理育种和牧群管理,品质媲美最上乘的英格兰科茨沃尔德羊和英格兰与威尔士边境地区(Marcher)的羊毛纤维,开始向意大利和北欧的呢绒商供应羊毛,于是英格兰在羊毛市场的统治地位再遭撼动。尽管北欧从布鲁日进口西班牙羊毛,但是人们对西班牙羊毛的偏见根深蒂固,所以佛兰德斯、布拉班特、荷兰的传统纺织业中心很晚才勉为其难地接纳这类羊毛。

英格兰出产的精细面料大部分以半成品方式出口到安特卫普和其他地方。安特卫普实际上不仅是最主要的英格兰纺织品销售地,还是漂洗和染整英格兰面料的产业重镇。[1] 这种把半成品面料运到安特卫普销售的方式还有一个好处,即面料的最终采购商可以根据当地的偏好决定最后如何染色和整理。这种做法看起来仿佛是复制了14世纪初佛罗伦萨洗染行会下属加工业者的经营之道,他们也是从佛兰德斯进口"坯布",根据南方人的喜好进行整理后出口到整个地中海地区。英格兰面料在安特卫普加工后再次出口,这时的英格兰商人闯劲十足,意欲在波罗的海地区建立贸易基地并闯进地中海地区直接开展贸易。到了15世纪末,英格兰每年130 000匹出口面料中大约有70%～75%经由安特卫普或其他布拉班特公国的市场出口。因此,英格兰纺织品既是推动1460—1550年间欧洲北部地区贸易扩大的因素,同时收获了这一现象的果实。

这项贸易品的低端市场也是承受英格兰面料竞争最为激烈的领域,为了应对英格兰人的挑战,佛兰德斯边缘地区从事纺织的小作坊发明了一种完全不用

---

[1] 本书第七章"纺织业"一节介绍了整个佛兰德斯禁止销售英格兰纺织品,甚至不允许其转运的情况。

英格兰羊毛的面料,只采用最简单的精纺及整理工艺。这些廉价面料被称作"塞伊"(Say)[1],经由安特卫普的集市大量进入意大利和西班牙的市场。另一个应对新形势的成功案例是佛兰德斯南部地区利用新型长纤维羊毛和不同的编织整理技术,开发出低成本的轻薄织物。这种独特的新产品系列直接引领了该地区17至18世纪的精纺产业。[2]

纺织品市场还有一个重要变化,即欧洲精英阶层的品位从喜好传统呢绒改为丝绸。早在15世纪90年代,一份关于鲁昂(Rouen)传统产业衰落的报告宣称:"大贵族们早已习惯穿着丝绸料服装,现在贵族和低阶层人士都穿丝绸了。"[3]同样的时尚变化也出现在勃艮第,当地于1497年颁布了限制奢侈消费法令,把"我们国家纺织行业的严重衰退和无所适从"归咎于人们喜好丝绸。对丝绸的需求最初出现于上流社会,然后慢慢扩散到小贵族和较富裕的城市贵族阶级。纺织业对此的反应体现在两个方面。第一是从意大利向北推广丝绸制造,因此,到了本书所研究的时期末尾,科隆等中心城市已形成了发达的丝绸产业。第二是诞生了开发生产轻薄面料的仿丝绸产业。仿丝绸面料包括塔夫绸、花缎等,大多产自意大利,系由亚麻、羊毛制成,或是羊毛和亚麻混纺而成。不过一直到17世纪,丝绸仍是欧洲有钱人的心头所好。

本书第七章"纺织业"一节介绍了德意志南部地区的优势产业是制造纬起绒布,该产业继续保持快速发展的势头。到了15世纪中期,奥格斯堡、圣加仑(Saint Gallen)、康斯坦茨(Constance)、讷德林根(Nordlingen),以及多瑙河流域(Danube)的雷根斯堡(Regensburg)、维也纳等众多城市都已经成为重要的制造中心。大量纬起绒布经意大利人销往南欧,与此同时,几乎同样数量的面料北上运到安特卫普,那里现成的客户有德意志汉萨同盟和英格兰的商贾。到了

---

[1] 译者注:一种细纹哔叽。

[2] Patrick Chorley, "The Draperies légères of Lille, Arras, Tournai, Valenciennes: New Materials for New Markets?", *Drapery Production in the Late Medieval Low Countries: Markets and Strategies for Survival* (Louvain, 1993), 152—153.

[3] Patrick Chorley, "The Draperies légères of Lille, Arras, Tournai, Valenciennes: New Materials for New Markets?", *Drapery Production in the Late Medieval Low Countries: Markets and Strategies for Survival*, 163, fn. 35.

16世纪,蓬勃兴起的纬起绒布市场吸引了大人物雅各布·福格本人的兴趣,他在乌尔姆外的小镇魏森霍尔恩(Weisenhorn)成立了织造纬起绒布的工厂。他的侄子安东继续经营这门生意,并于1535年向这个工厂投资30 000盾,每年预期利润有2 000盾。纬起绒布对于福格家族来说是个相对收益平平的利润中心,他们投资这个产业或许是为了平衡其他高风险高回报的风险项目吧。

安特卫普:欧洲"新时代"的商贸金融中心

德意志南部地区的金属、葡萄牙的香料、英格兰的纺织品、国际金融、通货膨胀——这些都是出现在15世纪末至16世纪的新商业模式的元素,标志着这是与过往岁月截然不同的新时代。但如果将这些元素孤立开来单独解读的话容易造成曲解,因为现实变化的节奏主要取决于上述力量的碰撞和组合。在佛兰德斯和布拉班特之间的斯海尔德河河口坐落着一座城市叫安特卫普,没有哪个地方能比这座城市更深刻而清晰地展现着这个商业新时代的风貌。这里在1500年以前就是葡萄牙香料的贸易中心、德意志金属的主要市场、英格兰面料的关键中转港,而且当地的商业汇兑业务,特别是著名的证券交易所,指挥协调欧洲商业迈向不可思议的新前程。

安特卫普在13—14世纪时还湮没于佛兰德斯诸多大城市的阴影之下,丝毫看不出即将拥有如此远大的前程。实际上,据说佛兰德斯伯爵"马累人"路易二世听从布鲁日商贾的谏言,于1356年入侵布拉班特并占领了安特卫普,该地一直到1406年都归属于佛兰德斯伯国。佛兰德斯的这次入侵或许恰恰反映了人们意识到安特卫普作为商业城市的地位与日俱增。大自然的机缘造化也"垂爱"这座城市。佛兰德斯和布拉班特沿岸地区在1375—1376年以及1404年多次遭遇洪水泛滥和冬季暴风雪袭击,损毁惨重,所以之后需要建设。但因祸得福,该地在汹涌波涛的洪水的冲刷作用下,大型海船首次能够驶抵安特卫普港口,这样进一步强化了该市作为扼住诸多重要陆路贸易通道的十字路口的地位。同时，布鲁日越来越难以维系入海通道，这个状况对安特卫普来说不啻于另一桩天赐良机。由于布鲁日市入海的海道茨温（Zwin）数百年来堆积的淤泥无法撼动，所以只能另外设立了两个外港，即达默和斯勒伊斯。到了15世纪中期，只有斯勒伊斯还能继续发挥停靠大型船只的海港功能，大部分货物在这里卸载到小船上，再行使十公里运到布鲁日的市场。

1460年后贸易量不断增长，而布鲁日的通行难度越来越大，于是造成部分海洋贸易转移到布鲁日附近瓦尔赫伦（Walcheren）沿岸的其他港口。这意味着整个斯海尔德河三角洲地区共同发挥合作共生的作用，提供航运服务并成为陆运和河运贸易的枢纽。商贸重心则慢慢地却毫不迟疑地转移到安特卫普，将该城与莱茵河流域和波罗的海地区加入德意志汉萨同盟的重要城市联系起来，进而将触角延伸至德意志南部地区和意大利。[1] 因此，道路与河流交通同城市的仓储与贸易设施一样，对于安特卫普的健康发展都具有至关重要的意义。

造成安特卫普的地位优于布鲁日的主因或许是统治者勃艮第公爵们的政治权术。这个家族是法国王室后裔，历经数代努力，在勃艮第和佛兰德斯的基础上统一了布拉班特、格尔德斯（Gelders）、荷兰等公国和伯国。勃艮第公爵们野心勃勃地推行集权统治，尤其是在勃艮第公国女继承人玛格丽特（Margaret）的丈夫哈布斯堡王朝皇帝马克西米利安统治时期，布鲁日人数次揭竿而起并于1483—1492年间爆发全面内战。1484年，马克西米利安下令布鲁日的全部外商迁往安特卫普，一定程度上诱发了当时的仇恨情绪，他本人甚至因此在1488年初被叛乱者监禁于布鲁日。受上述事件拖累，加上茨温淤塞和事态平息后的战争赔款令人不堪重负，很多商贾辞别布鲁日永不复返。另一厢的安特卫普因为一直效忠于马克西米利安，所以得其偏爱，而且这座城市举办了一系列热闹非凡的集市，相比叛乱期的布鲁日，这里的行会和社会结构灵活且限制少，使得该城更具吸引力。

---

[1] 值得注意的是，到了16世纪，在安特卫普的德意志商贾击败威尼斯，掌握了向欣欣向荣的德意志南部城市供给胡椒和纺织品的生意。

然而我们不应夸大布鲁日与安特卫普的竞争关系，因为在整个15世纪直至16世纪，这两座城市还具有大量互补性。布鲁日仍是从加来寄销英格兰羊毛的最主要目的地，以及西佛兰德斯和法国北部出产面料的最重要销售地。如前所述，布鲁日仍是西班牙羊毛在北欧的销售贸易中心。安特卫普在1500年之前就已经把欧洲经济生机勃发的扩张行业吸引到自己的市场中了，引用一位历史学者的话就是："安特卫普的优势地位建立在英格兰呢绒、葡萄牙人出售的亚洲香料、德意志南部地区的铜和银这三大支柱产品之上。"[1]这座城市拥有上乘的仓储条件和贸易设施，进一步夯实了这里作为上述商品汇聚以及外商购销地的身份，从而一跃而起，成为早期现代经济的主力军。

然而，人们热衷于贸易扩张也给贸易自身造成不少问题，尤其是用德意志的白银兑换葡萄牙的香料必然要求财务结构具有前所未有的多样性和灵活度。布鲁日在14—15世纪的货币兑换和金融机制主要依靠货币兑换商和客栈老板的服务，到了1500年，该机制显然无法满足那么大规模的贸易新机遇。这时新出现的一套体系主要是在证券交易所内部及其周边建立起来的，即上一章介绍的可转让信用票据、法律保障及商业担保制度。

安特卫普市场培育的新型信贷机制具有易变现且期限长的特点，促使商贾联合组建财团，汇集资金，用于资助中短期风险项目，每位合伙人分担损益。这实际意味着少数真正操盘生意的合伙人向大批被动参与或是"不表态的"合伙人集资，他们用这些钱去执行谋划好的商业项目，然后结账并分配利润。这种权力分散且不固定的合伙组织有的仅仅在一次贸易远征活动期间存续，有的可能一起搞了数个甚至数十个风险项目。这种组织形式（或称之为有意组织的无组织形态）有几点优势：风险由若干商贾分摊；仅在生意需要的时候雇佣必要的员工和经纪人，所以成本低；最后但同样重要的一点是，它可以从更广大的社会各阶层吸纳大量投资人，因而资金池更加充盈。此刻大家如果听到什么熟悉的声音，那应该就是16世纪的方案与本书第三章介绍的数百年前另两座大型港

---

[1] John H. Munro, "Patterns of Trade, Money, and Credit," 165.

口城市热那亚和威尼斯的经商者建立的制度居然惊人地相似。

安特卫普金融市场还有几个值得评述的特点。租金、年金、政府债券仍是重要的资金来源,尤其是产业和战争的融资渠道。例如,本书第八章注释中提到的安特卫普啤酒酿造商吉尔伯特·范·绍恩贝克,他扩大产能所需的3/4资金来自销售价值200 200盾的年金。上述年金按确定费率在持有人寿命期内予以兑付,但不能直接分享生意的损益。绍恩贝克自己仅出资其余所需的71 100盾却全面掌控该企业。再比如,知名的普朗坦(Plantijn)印刷公司在1560年募集的资金90%来源于9名投资者,克里斯托弗·普朗坦(Christofel Plantijn)本人只持有10%的股份。[1] 与此同时,截至16世纪中期,政府贷款在安特卫普市场中的占比达到了空前水平。仅英格兰王室在1546年之前的借贷就已经超过503 000盾;低地国家摄政王匈牙利的玛丽(Maria)借了大约184 434盾;葡萄牙国王发行了37 512盾债券。上述债项的真实属性是支撑王室消费的贷款,尤其是用于国王们乐此不疲的游戏——战争。

安特卫普市场的最后一项创新是在"英格兰商品交易中心"(English Exchange)基础上设立的商品市场,该中心主要交易英格兰羊毛和面料,其次是铅、染料等小商品。大约在1550年,安特卫普的地方行政官在远离老城区港口设施的地方给"英格兰商馆"(English House)另设新址,第一次让商品远离交易场所的附近。欧洲传统交易流程通常是经纪人事先安排买卖双方会面,然后卖家和经纪人一道陪同潜在买家进行验货,之后才会开始交易。但是在被称作"英格兰证券交易所"(English Bourse)的新场所落成后,买方和卖方改为在远离商品仓库的地方洽谈采购合同了。因为以印章或"商标"佐证的产品标准化程度不断提高,买方不需要费劲地一件件验货,所以人们在远离商品的地方进行交易是可行的。于是,交易方式又向前跨进了一步,更加接近当今不见实物的商品市场,比如买卖五花肉的经纪人从来就没踏入过屠宰场一步。

---

[1] 这是一家规模很大的书籍出口企业,客户遍及全欧洲。

地区发展动态

德意志汉萨同盟没落记

纺织品行业形成产商联盟、安特卫普逐渐取代布鲁日占据优势、葡萄牙人引领贸易新趋势，这几方面情况塑造了波罗的海地区的贸易格局。德意志汉萨同盟在14世纪崛起，独占鳌头、无人匹敌，凭借垄断西欧商贸的地位惠及布鲁日；但是到了15世纪中期，阿姆斯特丹牵头尼德兰北方的几座城市誓与该联盟一决雌雄。德意志汉萨同盟成员分散各地，联系也并不紧密。荷兰人却不一样，他们挖掘畜牧和农耕经济的潜力，通过境内纵横的内航水路方便地运输剩余产品，再加上以鲱鱼产业为龙头的渔业蓬勃发展、创新不断，荷兰人手中有源源不断的大量资金可供他们进行投资。因为德意志汉萨同盟需要货舱，而荷兰人建造和驾驶帆船的技能越来越娴熟，所以荷兰人将大部分资金投入航运业。荷兰人在船舶吨位竞争中称霸群雄，到了1544年，德意志汉萨同盟的主要城市之一吕贝克签署《施派尔和平协议》(Treaty of Speyer)，承认荷兰人的霸主地位。1557年出台(北海和波罗的海之间通行的船只都要缴纳)的丹麦海峡(Danish Sund)通行税更加凸显了其霸主地位。数据显示，当年从波罗的海运往西欧的货物中有六成由荷兰人的商船运输。尽管阿姆斯特丹取得金融和商贸霸权的时期超出本书研究范围，但是显然其称霸基础在17世纪之前早已夯实。

法 国

英法百年战争于1453年结束，之后数十年里全法国四处泛起商业复苏的层层涟漪，并在16世纪澎湃激荡，里昂仅是该浪潮中的一朵浪花。法国在这个阶段发展迅猛，某些领域几乎呈指数级别增长，最为耀眼的是大西洋港口城市以及鲁昂、特鲁瓦和奥尔良等北部市镇,但首屈一指的当数巴黎。[1] 法国北部纺织业的复苏在巴黎体现得淋漓尽致,哥白林(Gobelin)和卡纳耶(Canaye)等专业作坊把从其他商业中心运来的大量面料进行染色和整理。巴黎一直都是一个主要市场,而且在王室严密的监视下,正成长为越来越重要的产业和金融中心。最终,法国商业开始充分发挥这个丰饶而人口稠密的国度的资源优势。

意大利

尽管意大利北部地区城市在北欧迅猛发展的其他市镇攻势下节节败退,但它们仍旧是重要的商业中心。特别是热那亚的地盘萎缩最严重,原来半独立的附庸地一个个地落入土耳其、马穆鲁克、威尼斯等他人之手,最后的幸存者,即一度财源滚滚的希俄斯岛综合功能区也在1566年被征服。但是他们在西班牙的收获颇丰,远超上述损失,常驻塞维利亚的热那亚人不仅资助并开拓西班牙在新大陆的诸多风险项目并从中获益,还开始资助这个君主国。威尼斯在15世纪末达到权力巅峰,当时的一位法国大使称之为"意气风发的常胜之城"。威尼斯继续主宰着地中海东部地区的贸易并逐步将意大利东北部的大片内陆贸易区纳入囊中,进而掌控了经阿尔卑斯山脉进入德意志南部生机勃勃的市场并直抵北欧的贸易通道。当然,威尼斯一直遭受越来越强势的奥斯曼帝国的咄咄紧逼以及法国和西班牙这两个单一民族国家的政治经济施压,但是在本书的研究时期内,威尼斯始终保持一流商业中心的地位。

由于贸易和制造业不断取得进展,意大利全境充满了商业活力。尽管葡萄牙在远东地区建立了殖民地,但地中海东部地区仍是至关重要的香料来源地,而且更重要的是,这里还是纺织业所需的棉花、丝绸、染料以及玻璃生产和肥皂制造所需的苏打等原材料的供应地。这些原材料制造的成品以及呢绒畅销全欧洲,同样热销的还有意大利北部地区生产的各类武器装备。佛罗伦萨、威尼

---

[1] 例证参见 R. H. Bautier, in *The Economic Development of Medieval Europe* (London, 1971), 237—238,该书提供的数据显示:获得许可在塞纳河独立从事贸易的商贾人数从1453年的48人增加到1462年的188人,再到1533年的891人。波尔多(Bordeaux)的船舶交通也呈现同样的增长趋势。

斯、米兰周边的区域经济在发展,罗马和那不勒斯的奢侈品市场在壮大,意大利境内的商业也大有可为。上述城市以及众多其他城市一直热衷于兴建和装潢宫殿、教堂、市政建筑,这些城市也因此闻名遐迩。最后一点,美第奇公司在15世纪末衰败消亡,尽管之后这片土地上再没有崛起具有同等国际声望的企业,但是意大利经商者在国际金融和向东方世界输送铸币过程中发挥了更大的作用。意大利在欧洲商业中式微是后来发生的事情。

西班牙

本书第四章指出"收复失地运动"造成伊比利亚半岛分裂成三个贸易区:北部的卡斯蒂利亚和葡萄牙、安达卢西亚和西南沿海地区、阿拉贡/加泰罗尼亚地区。中世纪鼎盛时期,上述3个贸易区中商业最活跃的是以繁忙的巴塞罗那海港为中心的阿拉贡/加泰罗尼亚地区。中世纪末期则见证了不管是西班牙和葡萄牙的海港,抑或熙熙攘攘的商贸中心城市塞维利亚,四面八方全都奔赴大西洋的贸易征程,经济增长强劲有力。而且海外探险不是西班牙贸易的唯一增长点,该国还有新的出口商品——美利奴羊毛。

伊比利亚半岛靠地中海一侧地区的商业虽然比不上大西洋地区,但是也在持续增长,尤其是巴伦西亚和更南端的那些港口。前文也评述过15世纪加泰罗尼亚商贾积极进取的贸易活动。但是进入该世纪后,作为商贸和制造中心的巴塞罗那毋庸置疑走下坡路了。首先,当地棉纺织业不敌价廉质优的意大利产品和德意志的纬起绒布,作坊数量从巅峰期的300家锐减至15世纪初的不足10家,尽管后来巴塞罗那禁止进口布料,但这个产业再也没有重整旗鼓。其次,当地朝气蓬勃的犹太人社会群体大约在1400年被彻底驱逐出去了。随后,1425年阿拉贡王宫迁到那不勒斯,之后的巴塞罗那就丧失了作为该地区政治中心所在地的经济优势。最后,15世纪中期,国际商贾与呼吁贸易保护主义的工匠爆发派系斗争,并导致加泰罗尼亚在1462—1472年间陷入灾难深重的内战,使这座城市分崩离析。上述挫折过后,巴塞罗那仅仅恢复了部分元气,虽然到了16世纪早期又成为人们眼中的一座拥有30 000人口的魅力之城,但是创业开拓方面就略显逊色了。

历经沧海桑田的会计制度和财务管控手段

商业越来越复杂,金融工具越来越成熟,会计技术随之出现飞跃。虽然这个时期北欧安特卫普等市场的交易热火朝天,但大部分是个体独资经营,并不需要精密的管控制度。不过,意大利人的复式记账法等先进会计理念在 15 世纪就传播到了安特卫普,并且如前所述,德意志南部地区的大企业也广泛应用这些技术。然而很多历史学者认为卢卡·帕乔洛 1494 年的专著是有关复式记账法的划时代文献[1],并不愿意承认在此之前出现了"真正的"复式记账法。既然人们如此仰视这部著作,就让我们暂时驻足,稍微详细地探讨一下这本书。

帕乔洛并不从商,而是一位极负盛名的学者。他是莱昂·巴蒂斯塔·阿尔贝蒂(Leon Battista Alberti)的门生,学习了数学、建筑学、几何学以及商业会计等实际应用知识。他得到教皇等数位富豪名人的资助,在意大利各地的大学授课并曾与莱昂纳多·达·芬奇(Leonardo da Vinci)合作。他发表了若干学术著作,久负盛名的是 1494 年问世的《算术、几何、比与比例概要》(*Summa di Arithmetica, Geometria, Proportioni et Proportionalità*)。这本书包括 5 个专题:算数和代数论、算数和代数在贸易和清算中的应用、簿记、货币和兑换、几何学的理论和应用。这部著作令人叫绝的是将理论和应用荟萃于一身,不仅说明作者博闻广识,也反映了当时意大利商界与大学的联系紧密。

帕乔洛的著作首开簿记学之先河。他并没有声称"发明"了会计学,而仅仅是记载了他认为意大利诸多实际应用的制度中最好的做法,即威尼斯的方法。这本书绝不是纸上谈兵,而是供经商者使用的实用教材,一步步介绍账簿编制

---

[1] 经常有人认为他的姓氏是帕乔利(Pacioli),但是本书采用 Gene P. Brown and Kenneth S. Johnson, *Paciolo on Accounting* (New York, 1963) 一书中的称谓,这本书除了翻译帕乔洛的《算术、几何、比与比例概要》,还撰写了大有裨益的导论。

流程，并配上处世的格言警句，例如："不谙经营之道，坐视钱财白耗"。他援引的《圣经》名言以及用神圣的十字架（Holy Cross）来标记原始账簿等，都透露出他本人与方济各会的渊源关系。他的论述中也跟中世纪账簿一样，随处可见虔诚的祷文，例如，他在讲解试算表时感叹道："如果损失超过盈利（愿上帝保佑每一个虔诚的基督徒免遭此难）"。[1]

这部著作揭示的商界仍旧是以个体经营为主。事实上，它讲解的核心内容是定期记录记账对象的净值总额。开篇的几个章节指导商贾如何在资本账户下记录全部现金、珠宝、不动产甚至是衣物，以及如何设立营业费用账户的同时单独登记家务费用账户。接着，帕乔洛指导商贾如何在分录账和分类账中设置并登记分录，设置合伙经营账户，把各种货币换算成标准货币额，结转具体交易的盈利，与经纪人、政府官员、银行打交道，编制试算表。结尾部分是非常有用的综述，罗列了全篇基本内容的摘要。

帕乔洛的书讲述了15世纪末意大利小企业簿记法，为胸怀抱负的创业者提供了大有裨益的启蒙指导。但是这本书缺少很多方面的内容，没有体现较大型企业实操的会计制度水平。例如，书中没有提到收益和折旧，而经商者早就熟知这两个概念了。那时的专业会计师和经理人恐怕会感到帕乔洛介绍的内容太简单了，尤其是他坚持要求首先把每一笔交易的明细登记在备忘簿里，然后才登记到分录账，可以说是浪费时间的不必要之举，这一条后来被其他作者删掉了。尽管如此，这部著作仍是举足轻重的，它从学术上认可了商业和会计实践经验。这部书被翻译成多种语言，极大地推动了意大利的会计原则传遍欧洲。

规模较大的商业机构在整个15世纪一直重点关注的是如何优化管控措施，本书第七章称之为"商贾的应变之道"，其中的最佳案例是美第奇公司。该公司的会计和财务管控比之前一个世纪里的巴尔迪和佩鲁齐要先进很多，甚至

---

[1] 译者注：本段两句引文的译法参照立信会计出版社2009年12月出版的中文版《簿记论》（译者：林志军、李若山、李松玉）。

胜过严谨细致的达蒂尼。按照美第奇的要求，其总部定期收到内容充分详细的即期财务报表，足够雷蒙·德鲁弗在几百年后进行深入分析，令我辈颇受启发。美第奇在意大利的分支机构每年上报财务报表，"阿尔卑斯山彼侧"的分支机构每两年上报一次，总经理当着分支机构经理的面现场逐条仔细审查报表，审核重点是发现可疑账目并单列出来。呆账转入单独的分类账并计入损益；其他性质可疑但问题不太严重的账目不计入损益，但单独列入"可疑"类别账目。美第奇等佛罗伦萨公司的账簿在很多方面颇具现代特色，内容包括报税、固定资产和折旧科目、各种各样的费用分摊体系。佛罗伦萨在15世纪开展的著名税收调查，事实上假定了纳税人具备成熟的会计技术并能提供佐证的财务报表。尽管帕乔洛是以威尼斯的制度为标准，但是托斯卡纳地区有很多适合大型商业机构的模式，或许原因正如耶梅(B. S. Yamey)所指出的，当地主要采用合伙制经营，所以形成了定期清算的惯例。[1]

德鲁弗在其权威著述《美第奇银行的兴衰》(*The Bise and Dedine of the Medici Bank*)一书中指出，这家公司之所以能够长久生存主要归功于公司架构，而不是其管控制度，这一点令人感到奇怪。美第奇银行的组织架构是控股型公司，通过持有每个附属业务的大多数股权来实施控制。而14世纪的巴尔迪公司是单一企业实体，全资拥有所有分支机构。德鲁弗的推论是，控股公司的组织形式保护美第奇免于重蹈巴尔迪的覆辙，即由于某一项或是多项业务失败造成整家公司倒闭。[2]本书第五章就介绍了超级公司破产的主要原因是佛罗伦萨方面经营的国际谷物贸易全面恶化，而不是后人过分强调的其在英格兰的损失。虽然德鲁弗的公司架构说具有可圈可点之处，但是美第奇的架构对于其生存所发挥的作用不及其管控制度的功效。美第奇是由于长期疏于管理和

---

[1] B. S. Yamey, "Balancing and Closing the Ledger—Italian Practice, 1300—1600," in *Accounting History: Some British Contributions*, R. H. Parker and B. S. Yamey, eds. (Oxford, 1994), 264.

[2] "真正的"控股公司架构指的是美第奇公司系每一家子公司的大股东，但在公司总经理乔凡尼·本奇(Giovanni Benci)过世后这种架构就于1455年寿终正寝了。之后，美第奇的负责人以个人身份持有每一家分支机构的过半数所有权，从而保持法律意义上的支配地位。不过，就控制权而言，前后效果是一样的。

弱化管控，逐渐衰败直至在1494年倒闭，恰逢帕乔洛发表《算术、几何、比与比例概要》之时，这虽不是巧合，但也颇具讽刺意味。

至于意大利之外的地方，德意志南部地区的大企业因为和威尼斯联系密切，所以很早就成为意大利簿记制度的好学生。学习会计是雅各布·福格在威尼斯当学徒时极为重要的一件事，他的总会计师马特豪斯·施瓦茨（Mathaus Schwarz）师从威尼斯、米兰和热那亚的师傅们。雅各布跟一个世纪之前的达蒂尼一样是位控制狂，他经常走访分支机构，其中一件事就是详尽核查账目和损益。他还强化了美第奇的制度，派遣审计员核验库存和应收账款。福格不仅建立报告制度，而且本人全面掌握报告情况，从而知晓执行大大小小生意所需的详细信息，正是这些生意铸就了这家公司。

本节开篇时指出，会计技术并没有随着北欧贸易城市繁忙的步伐，与复杂多样和高速运转的商业交易齐头并进。我们承认管控制度毋庸置疑取得了很多改善，但是其功效仍旧取决于企业所有者暨经理人的严格管束。此外，这些制度最适合较为传统的制造和销售企业。安特卫普证券交易所里疯狂的商业节奏只能允许粗略地管控一笔笔冒险生意，没机会深思熟虑地分析并开展风险管理。结果自然是错误频发，未能及时发现欺诈行为，导致大大小小的企业垮台，甚至削弱了强大的福格公司等巨无霸型企业。当然，时至今日，管控技术仍旧落后于交易技术领域的创新步伐。

宗教、宗教改革、商业

过去历史学者们轻视中世纪的观念中还残留一些顽固不化的看法，其中一个就是笃信教会的道德和神学教义阻碍并束缚了商业。他们进而认为要进行宗教改革为经商者解绑，采取符合"资本家"本性的理性策略，追逐积累和集中资本。这种思想流派的大人物是德国社会学家马克斯·韦伯（Max Weber），他在《新教伦理与资本主义精神》(*Protestant Ethic and the Spirit of Capital-*

ism)一书中讲述了16世纪中期萌发的经济新时代时将这两者结合在一起。而本书的中心论点是:"资本主义精神"在中世纪的绝大部分时期里都在生机勃勃地发扬光大。这个观点显然与韦伯的思想南辕北辙。

本书第三章"高利贷信条和商业因势而谋"这一节概述了敬畏上帝的经商者和教会势力面对既要创造资本满足生产和贸易的现实需求,又要符合收取资金使用费的道德约束,他们是如何调和这一对矛盾的。本书还指出教会内部出现严重分歧,教条的神学家与务实的管理者争执用何种原则来判定哪些做法应该定性为高利贷并加以谴责,而哪些做法则不属于高利贷。当教会认识到贸易和交易商对于人类社会正常运转的必要性后,就逐渐认可了收益是不可预测的以及赔偿损失或"损害"是合法行为的观念。在意大利和德意志南部这些商贸发达的中心地区,经商者除了使用汇票等工具,在适度收取货币的时间价值费用时也仅稍加掩饰,很容易就被识破。因此,我们要强调的是,就商业而言,1550年之前的教会既非禁止论者,也不是放任主义的拥趸。相反,教会与企业家精神这种较不受约束的力量形成了一种有益的紧张关系。

关于教会和商业之间关系的演变有个好例子,是有关所谓的"三方合同"(Triple Contract),也就是在德意志众所周知的"5%合同"(Five-percent Contract)的争论。这个问题的本质涉及1460年前后出现的一种包含三个交易的新型合伙制:第一个是关于某个特定风险项目的合伙合同;第二个是本金保险合同,保障分配合伙经营项目在未来的或有收益;第三个是合同(折价)出售未来不确定收益,换取较少的确定收益。[1] 问题是,这种做法消除了商业交易风险,是否意味着它就不能享有赋予商业合伙制的高利贷禁令豁免权。批评人士认为这类创新是在掩饰有息贷款,因为这种合伙制的外号"5%合同"本身指的就是给资方合伙人的纯收益。出乎意料的是,为这种合同辩护最激烈的一方是英戈尔施塔特大学(University of Ingolstadt),该校附近的奥格斯堡当时正在发展成为金融和商贸型城市。该校有一位名叫约翰·埃克(John Eck)的青年神

---

[1] John Thomas Noonan, *The Scholastic Analysis of Usury* (Cambridge, MA, 1957), 209.

学家在 1514 年公开大声为合伙制合同辩护。他吸引了福格家族的注意力,后者资助他在 1515 年 7 月前往欧洲教会法理学和民法学的重镇博洛尼亚公开辩论这个议题。埃克旁征博引讲了 5 个小时,大家普遍认为当天是他获胜了。埃克是路德的主要对手和后来宗教改革辩论时正统观念的拥趸,他职业生涯中的这个小插曲更加说明即便是正统派神学家也会给予商业进行创新实践的自由尺度。研究中世纪高利贷教义的著名史学家依据这次辩论的决议得出这样的结论:"卫道士们容许(三方)合同,意味着传统高利贷理论事实上把商业金融剔除出去了。"[1]尽管这种说法可能夸大其词了,但是非常值得注意的是,这可是天主教会公开对货款表示认可,以路德和茨温利(Zwingli)为代表的宗教改革元老们丝毫没有改变这条已经被普遍接受的教义。

此外,商业在传播宗教改革思想方面发挥了特殊的积极作用。随着人口增长和文化程度提升,以及印刷业本身促进本地语言的普及,这些因素刺激了印刷业和出版业在 16 世纪迅猛发展。这个行业的中心依然集中在知识界、政府、商务活动的聚集地,同时出现一个重要的"新成员"维滕堡(Wittenberg),是由于马丁·路德的宣传册和他翻译的德文版《新约圣经》大受欢迎,印刷商入驻该城,满足这方面的需求,从而发家致富的。[2] 鹿特丹(Rotterdam)的伊拉斯谟(Erasmus)是该时期的另一位畅销书作者,但是显然当时出版量最大的仍是权威宗教著作和经典作品。

本书的每位读者看到这里应该会发现,韦伯的另一个观点也是错误的,他认为:宗教改革之前没有大规模商业财富积累和集中的事例。但除了本书已经讨论过的诸多大公司,我们还能举出很多 13 世纪以后出现的例子,例如:吕贝克的韦金库森家族(The Veckinchusen)和拉芬斯堡(Ravensburg)的拉芬斯堡大公司(The Grosse Ravensburger Gesellschaft)。单单福格家族在 1546 年拥

---

〔1〕 John Thomas Noonan, *The Scholastic Analysis of Usury* (Cambridge, MA, 1957),229.

〔2〕 例如,他的《致德意志基督教贵族公开书》(*An den Christlichen Adeld Eutscher Nation*)一文在 1520 年出版 5 天内就售出 4 000 份。他翻译的《新约》于 1522 年首次发行,之后两年时间里出现了 14 个授权版本和 66 个盗印版。参见 Colin Clair,*European Printing*,123。

有的总资本就相当于1.3万公斤黄金,超过欧洲任何一位君王可以支配的金额。显然,以矢志不渝地理性追逐利润为主要目标的"资本主义精神"是在中世纪形成的,而非现代产物。

那么欧洲在1550年是否出现商业新时代了呢?本书的分析结果是有限定条件的肯定。就商业机遇的广度和深度而言,16世纪肯定比过去数百年强很多。与东方世界直接贸易、新大陆的诱惑、欧洲内部贸易增加,这些仅是诸多不可忽视的变化中的几桩。随着商业规模扩大和复杂程度加深,接踵而来的是前文所说的"商业工具"出现变化和改进,体现在商业组织、会计和管理技术、金融、运输方面。这方面在16世纪没有发生巨变,而是去粗取精、周密细化,特别重要的是传播商业知识,于是更多经商者能进入这个时代的新市场。或许最引人注目的是,经商者与早期现代欧洲实力强大的国家政府深度合作。经商者与葡萄牙的君主、英格兰和西班牙的国王和女王,甚至是哈布斯堡王朝的皇帝结盟,共同挖掘贸易机遇。例子不胜枚举,例如:西班牙的国王和女王雇佣热那亚的海员西行至新大陆;英格兰王室给风险商业公司授予意义非凡的垄断权;英格兰君主充分利用安特卫普的信贷市场;奥格斯堡的福格家族给西班牙王室贷款,助力查理一世登上皇帝宝座。上述种种都标志着西方世界两个最成功的组织形式(公司和国家)珠联璧合。到了1550年,这两者整装待发,准备包围并征服全世界。

商业往往是"成功孕育成功"(Success Breeds Success)。以安特卫普、里昂、奥格斯堡、威尼斯为首的信贷市场规模壮大、效率显著提升,推动利率从1450年到1550年稳步下滑,借贷成本达到约5%甚至更低。随着欧洲国家重振声威,掌控了沿岸水域和周边海洋,运费也出现大跳水。16世纪仅在地中海地区的运费就跌了25%。欧洲人通过技术创新,发明了克拉克帆船这种全副武装的全帆装船,乃至最终创造出荷兰的"笛形"船,促使船运费一再下降。与笛形船旗鼓相当的地面运输工具是黑森马车,未来正是这款马车载着欧洲农民的后代西行至北美大平原开拓美国。

结束语

大部分因袭传统观点的中世纪欧洲史将干巴巴的欧洲经济的主要统计数据图置于显眼的位置。这幅有关人口和生产总值数据的曲线图在13世纪划出优美的上升曲线，14世纪初进入一段平坦期，但在14世纪后半叶一落千丈，令人生畏。下降趋势持续至15世纪中期，然后逐步放缓步伐并在徘徊迟疑中调头回升并加速，剑指16世纪的扶摇直上。虽然1500年的经济图景比较漂亮，但是仍不如两个世纪前繁荣。

研究宏观经济数据好比驾驶飞机从3.5万英尺的高空俯视地球，优点是视野宽广。而本书第六章"中世纪末期的货币供给"一节仔细（或者说是在低空）察看中世纪末期的经济，有助于认识经济活动大约每隔30年所发生的短期变动。商业属于出动步兵的地面战，而非空中格斗，本书在人们过于重视定量分析这段历史时期的基础上，明察秋毫、鞭辟入里。上面的宏观经济数据展现了欧洲经济披荆斩棘，终于在16世纪初回归到自己将近二百年前的水平，本书对此不持异议。但是，本书在研究中世纪欧洲的商业风貌时却发现了迥然不同的故事，我们发现这个时期的经济生产力比单纯数字显示的要强很多。想明白这一点后就能够破解谜团，明白为何欧洲在中世纪末期一方面仍旧深陷一些人所谓的萧索凋零，另一方面却又能够设法抓住探险和技术进步创造的机遇。

有两条连绵不绝的主线始终贯穿本书。第一条也是最重要的主线是，精英阶层不仅作为个人本身，而作为世俗社会和教会机构的代表，都是经济发展的主要动力和指路人。他们的饮食偏好影响了农业演变的走势；他们对佳肴、华服、威望象征物的欲望奠定了国际商贸的基础；他们掌控资源，所以决定了剩余产品的用途是投入军事冒险行动，或是修建激发自豪感和信仰的纪念碑，还是开展有助于创造经济效益的基础设施。经商者因受到逼迫,在合作与竞争的激励下,想方设法满足精英阶层的欲望,而且成就斐然。很多经商者在此过程中兴旺发达,晋身精英阶层,使得这个阶层不断壮大并焕发新的活力。中世纪里的确存在大众市场(例如:纺织品和主食市场),并随着时间推移占据越来越重要的地位,但是尚不足以决定商贸发展方向。

经商者还面对精英阶层以另一种形式施展的权力,即政府及其日益庞大的官僚机构。这些人竭尽所能地控制商贸流通,从中攫取尽可能多的收入。时光荏苒,由于中世纪政府中常有经商者转型的官僚,所以政府在这方面做得越来越成功。本书还注意到,政府不仅想要从商业里压榨经济利益,还想要监管商贸活动,有时是为了保护国家,但大多数时候是为了大众利益着想。

塑造商业史的第二条主线,其重要性仅次于富人欲望,这就是人们以独具匠心的创新精神发明的商业和贸易工具。创意来源于五湖四海,既有本土的,也有舶来品,经过合理改造后用途非常广泛。欧洲的创业者们是优秀的拿来主义者,他们不仅承继古罗马的遗产,而且吸收并改进远东地区和伊斯兰文化地区的发明创造。这方面的案例包括应用于"工业"的农机具、纺织机器、研磨器、漂洗机、风箱操作装置、导航仪、造纸术等,还有引进的棉花、蔗糖、丝绸等。欧洲人拿来为其所用的还有"康孟达"合同、海事贷款、海险等商业工具的构想。

本时期最著名的本土发明除了风车和印刷机,还必须加上在商业组织方面的创新。行会就是个地方上组织创新的例子;行会不算完全欧洲原创的概念,但是这里的行会规定生产过程,同时强化公共秩序。从大的范围来看,中世纪欧洲产生的商业组织形式五花八门,有单打独斗或是同胞联合的独资经营,也有超群绝伦的多人合伙制超级公司,还有类似"驳船号互助社"(Maone)[1]的大型半官营性质的热那亚贸易公司,乃至威名远扬的商贸联盟组织"德意志汉萨同盟"。这些商业组织还独创了有利于自身商贸活动和经营控制的工具,其中名垂青史的有汇票和复式记账法。

---

[1] 译者注:maone 系 maona 的复数形式。

本书研究得出的另外两个结论也是传统历史观容易疏漏的内容。第一，当中世纪大发展在 14 世纪中期进入尾声时，欧洲创业者已经储备了大量知识。他们已经学会如何建造复杂的构筑物，如何栽培五花八门的食用作物和不可食用作物，如何大批量制造优质产品并将货物经过陆路和水路长途运输，如何在纷繁复杂的情况下组织和控制业务经营。第二，欧洲人历经 14 世纪后半叶的艰难岁月，上述知识居然保存完好。更重要的是，学习的进程从未终止。人们饱经沧桑，反而释放出一股冲劲顺势而为，重组新创。商业在中世纪鼎盛时期的当务之急是为不断增加的人口解决食、衣、住之需，而黑死病之后商业的推动力则是要削减成本。这又进一步激励人们寻求实用的知识来解决组织、物流、技术方面的新问题。人们摒弃了过去的部分看法，认为规模本身不再是优点，经由法国的陆运贸易路线行不通了，采矿业和运输业的技术也不再能满足需求了。还有些尝试性做法一旦效用殆尽也被人们放弃了，例如 15 世纪布鲁日的货币兑换商。

中世纪末期的商业史既不是传记汇编，也不是你追我赶，看谁最接近"现代化的状态"。相反，这段历史讲述的是欧洲人如何以原有知识为基础顺势应变，同时摸索实验新知识并慢慢传播成功经验。即便是成熟的纺织业也在发生巨变，新兴的低成本厂商渗透到原有市场里（例如：英格兰毛织品），也有新的混纺纤维异军突起，扩大地盘（例如：德意志的纬起绒布）。受殃及的池鱼在低价竞争者的进攻面前，为求生存转而偏居一隅，在下至低廉的塞伊细纹哔叽，上及奢华呢绒的细分市场中寻找自己的位置。他们和棉织品与丝绸的制造商们不仅打造出利润丰厚的生意，而且通过提供价格合理、品类繁多的服装进一步扩展了市场空间。所以说，苦苦挣扎的产业与新兴产业共同促进了市场大扩容。

15 世纪实验成果最丰硕的领域是运输业和冶金业，这些行业清晰地展现了新信息交流碰撞的作用。正如理查德·昂格谈海上运输时所言，南北欧的造船厂增进接触，从而自由地传播新型船舶设计知识，欧洲从而一方面涌现出大量特种用途船只，另一方面迅速普及通用全装帆船。[1] 为了满足野心勃勃的统治者们的迫切需求，人们必须发明创造武器，而冶金业的新发明冲破所有希冀保密的企图，迅速传遍欧洲。

当我们掌握了欧洲在中世纪末期取得进步的证据后，再来审视16世纪的大扩张就不足为奇了。人们往往把早期现代欧洲与中世纪欧洲一刀两断割裂开来，但显然，早期现代欧洲几乎是从中世纪欧洲无缝延伸而来的。欧洲人在15世纪末已经切实提高了通信水平、加深了对物理世界的认知、利用印刷机加快信息知识传播的效率、承认知识产权。中世纪商业遗产中还包括再次意识到利用奴隶耕种单一作物的种植园获利空间无限，这一重新发现将产生严重的长远后果。且不论好坏，事实上，中世纪商业的工具和技术已经蓄势待发，准备迎接早期现代欧洲再次的人丁兴旺。

13世纪的欧洲经济朝气蓬勃，给大部分现代历史学家留下了深刻的印象。可是后来欧洲人开启探险并最终主宰世界大部分地区，显然不是1300年的欧洲人能企及的，而是基于人们在15世纪形成的智慧、远见、资源，虽然欧洲在这个时期貌似停滞不前甚至退步。中世纪末期的确道路坎坷，但我们不能忽视人们在这一路历程中取得的不可否认的进步。

---

[1] Richard Unger, *The Ship*, chap. 5.

补充参考书目

引 言

完全专门研究中世纪商业或中世纪经商者的书籍寥寥无几。除了雷蒙·德鲁弗的《美第奇银行的兴衰》、阿尔芒多·萨波利的《巴尔迪和佩鲁齐的危机》(*Crisi dei Bardi e dei Peruzzi*)、艾里斯·欧瑞格(Iris Origo)的《普拉托商贾》(*Merchant of Prato*)、E. B. 弗莱德(E. B. Fryde)的《威廉·德·拉·波尔》(*William de la Pole*)、埃德温·亨特的《中世纪超级公司》(*Medieval Super-companies*)、米歇尔·莫拉特(Michel Mollat)的《雅克·柯尔》(*Jacques Coeur*),以及几部介绍福格家族的书籍,这方面的著作真的很少。上述文献大部分研究个别特殊人物或组织,对于考察中世纪欧洲的商业尽管有意义,但大多也是管中窥豹。本书主要的资料来源是研究各种其他主题的著作,其中提供了很多经商者的情况。弗雷德里克·莱恩的《威尼斯:海上共和国》(*Venice, A Maritime Republic*)、斯蒂芬·本施的《巴塞罗那及其统治者》(*Barcelona and Its Rulers*)、埃利亚胡·阿什托(Eliyahu Ashtor)的《黎凡特贸易》(*Levant Trade*)、科林·克莱尔(Colin Clair)的《欧洲印刷史》(*History of European Printing*)、莫琳·马扎维(Maureen Mazzaoui)的《意大利棉花产业》(*Italian Cotton Industry*)和理查德·昂格的《中世纪经济与舰船史》(*Ship in the Medieval Economy*)等卷帙浩繁的著作在研究相关领域时一方面讲述城邦、产业、技术的情况,另一方面深入探究经商者的目标动力、组织形式和活动内容。因此我们很难也不合适列出一长串的资料目录，介绍并评述大量出版物与本书的相关性，这种想法甚至不合时宜。我们认为对读者而言，较好的办法是逐章概述对本书研究最有帮助的部分出版物，仅对少量必须专门评述的资料或是文献标题无法充分说明其研究内容的文献辅以注释。

全 书

Auty, Robert, et. al., eds. *Lexikon des Mittelalters*. Munich and Zurich: Artemis-Verlag, 1977. 这是最新出版的有关中世纪的大词典。

Fryde, E. B. *Studies in Medieval Trade and Finance*. London: Hambledon Press, 1983. 此书再版增补了 1951—1979 年发表的 16 篇关于中世纪鼎盛时期和末期的经济、政府、商业等各方面情况的论文。

Lane, Frederic C. *Venice, A Maritime Republic*. Baltimore: Johns Hopkins University Press, 1973.

Lopez, Robert S. *The Commercial Revolution of the Middle Ages, 950—1350*. Cambridge: Cambridge University Press, 1976.

——. and Irving W. Raymond. *Medieval Trade in the Mediterranean World*. New York: Columbia University Press, 1955.

Pirenne, Henri. *Economic and Social History of Medieval Europe*. Translated by I. E. Clegg. London: K. Paul, Trench, Trubner & Co., Ltd., 1936.

Postan, M. M. and Edward Miller, eds. *Cambridge Economic History of Europe, Vol. 2, Trade and Industry in the Middle Ages*. 2nd edition. Cambridge: Cambridge University Press, 1988. 此书在 1952 年第一版之后几乎没有改动，但是关于纺织、采矿、冶金、建筑行业的分析仍旧大有裨益。

——. and E. E. Rich, eds. *Cambridge Economic History of Europe*, Vol. 3, *Economic Organization and Policies in the Middle Ages*. Cambridge: Cambridge University Press,1963.

Scammell,G. V. *The First European Maritime Empires*,c. 800 — 1650. Berkeley and Los Angeles:University of California Press,1981. 包括长篇论文研究这时期的(德意志汉萨同盟、威尼斯、热那亚、葡萄牙)"帝国"以及它们之间的相互关系。

Spufford,Peter. *Money and its Use in Medieval Europe*. Cambridge:Cambridge University Press,1988. 本书深入研究了铸币和货币以及采矿业的情况。

Strayer,Joseph R. ,ed. *Dictionary of the Middle Ages*. New York:Scribner, 1988. 词条的质量不一,部分词条写得很好、内容详细,全部包含参考文献。

第一章 中世纪早期贸易的经济状况、文化氛围、地理版图

Abulafia,David. *The Two Italies*. Cambridge:Cambridge University Press, 1977. 本书主要研究 12 世纪的情况,但是也提供了以热那亚为主的意大利北部早期贸易城市及其在南方进行贸易活动的珍贵背景资料。

Britnell,R. H. *The Commercialisation of English Society*, 1000 — 1500. Cambridge:Cambridge University Press,1993.

Duby,Georges. *The Early Growth of the European Economy*. Ithaca,NY: Cornell University Press,1974.

——. *History Continues*. Chicago:University of Chicago Press,1994.

Hallam,H. E. ,ed. *The Agrarian History of England*. Cambridge:Cambridge University Press,1988.

Montanari,Massimo. *The Culture of Food*. Oxford:Blackwell,1993.

Raftis,James A. *Peasant Economic Development within the English Manorial System*. Montreal:McGill-Queens University Press,1996.

Reynolds, Susan. *Kingdoms and Communities in Western Europe, 900－1300*. Oxford: Clarendon Press, 1984.

Rösener, Werner. *Peasants in the Middle Ages*. Urbana and Chicago: University of Illinois Press, 1994.

第二章 贸易工具:商业组织

Byrne, Eugene H. *Genoese Shipping in the Twelfth and Thirteenth Centuries*. Cambridge, MA: Medieval Academy of America, 1930.

Epstein, Steven A. *Wage Labor and Guilds in Medieval Europe*. Chapel Hill and London: University of North Carolina Press, 1991. 本书全面介绍了从古罗马和中世纪早期到 14 世纪中期北欧和南欧的行会活动。

Gimpel, Jean. *The Cathedral Builders*. Translated by Teresa Vaugh. New York: Grove Press, 1983.

Goldberg, P. J. P., translator and editor. *Women in England c. 1275－1525*. Manchester and New York: Manchester University Press, 1995.

Goldthwaite, Richard A. *The Building of Renaissance Florence*. Baltimore: Johns Hopkins University Press, 1980. 这本书虽然只涉及很小范围地区的情况,但是能指导我们研究中世纪建筑业和组织。

Harte, N. B. and K. G. Ponting, eds. *Cloth and Clothing in Medieval Europe: Essays in Memory of Professor E. M. Carus-Wilson*. London: Heineman, 1983.

Masschaele, James. "Transport Costs in Medieval England." *Economic History Review* 46 (1993): 266－79.

Mazzaoui, Maureen F. *The Italian Cotton Industry in the Later Middle Ages, 1100－1600*. Cambridge: Cambridge University Press, 1981.

Munro, John H. *Textiles, Towns, and Trade*. Aldershot: Variorum, 1994. 本书系研究中世纪纺织业技术和商贸活动的论文汇编。

Pegolotti, Francesco B. *La pratica della mercatura*. Edited by Allan Evans. Cambridge, MA: The Medieval Academy of America, 1936.

Unger, Richard W. *The Ship in the Medieval Economy, 600—1600*. London: Croom Helm; Montreal: McGill-Queen's University Press, 1980. 本书全面研究了北欧和地中海地区船舰的设计、建造、应用情况，以及背后的经济推动因素。

第三章　交易商及其工具

De Roover, Raymond. "The Commercial Revolution of the 13th Century." *Bulletin of the Business Historical Society* 16 (1942): 34—9. Reprinted in *Enterprise and Secular Change*. Edited by F. C. Lane and J. C. Riemersma. Homewood, IL: Richard D. Irwin, 1953.

———. *Money, Banking and Credit in Medieval Bruges*. Cambridge, MA: Medieval Academy of America, 1948.

———. "New Interpretations of the History of Banking." *Journal of World History* 2 (1954): 38—76.

———. "The Development of Accounting Prior to Lucca Pacioli According to the Account-Books of Medieval Merchants." In *Studies in the History of Accounting*, edited by A. C. Littleton and B. S. Yamey, 114—74. Homewood, IL: Richard D. Irwin, Inc., 1956.

———. *The Rise and Fall of the Medici Bank, 1397—1494*. New York: W. W. Norton & Co., 1966.

Edwards, J. R. *A History of Financial Accounting*. London: Routledge,

1989.

Noonan, John Thomas. *The Scholastic Analysis of Usury*. Cambridge, MA: Harvard University Press, 1957.

Parker, R. H. and B. S. Yamey, eds. *Accounting History; Some British Contributions*. Oxford: Clarendon Press, 1994.

Reyerson, Kathryn L. *Business, Banking and Finance in Medieval Montpellier*. Toronto: Pontifical Institute of Medieval Studies, 1985.

Udovitch, Abraham L. "Bankers without Banks: Banking and Society in the Islamic World of the Middle Ages." 选自 1977 年 9 月 23—25 日加利福尼亚大学洛杉矶分校举办的学术论坛论文集. *The Dawn of Modern Banking*, New Haven, CT: Yale University Press, 1979.

第四章　商业政治

Bensch, Stephen B. *Barcelona and its Rulers, 1096—1291*. Cambridge and New York: Cambridge University Press, 1995.

Brundage, James A. *Medieval Canon Law*. New York: Longman, 1995.

Constable, Olivia Remie. *Trade and Traders in Muslim Spain*. New York: Cambridge University Press, 1994. 本书清晰地介绍了收复失地运动改变贸易和产业方向后西班牙商界所经历的痛苦转型过程。

Hyde, John K. *Society and Politics in Medieval Italy*. London: MacMillan Press, 1973. 本书回顾了意大利从古罗马末期到 1350 年的社会经济变迁。

Kaeuper, Richard W. *Bankers to the Crown: The Riccardi of Luca and Edward I*. Princeton: Princeton University Press, 1973.

Nicholas, David. *The Metamorphosis of a Medieval City: Ghent in the Age of the Arteveldes, 1302—1390*. Lincoln, NE: University of Nebraska Press,

1987.

Reynolds, Susan. *Kingdoms and Communities in Western Europe*.（本书第一章曾引述）

Richard, Jean. *Saint Louis*. Translated by J. Birrell. Cambridge: Cambridge University Press, 1983.

第五章 商业壮大：超级公司现象

Abulafia, David. "Southern Italy and the Florentine Economy, 1265－1370." *Economic History Review* 33（1981）: 377－88. Reprinted in *Italy, Sicily and the Mediterranean, 1100－1400*. London: Variorum Reprints, 1987.

Brucker, Gene A. *Renaissance Florence*. New York: John Wiley & Sons, 1969.

Campbell, Bruce M. S., ed. *Before the Black Death: Studies in the 'Crisis' of the Early Fourteenth Century*. Manchester: Manchester University Press, 1991. 这个论文集中的文章主要研究英格兰出现的"危机"，也包括约翰·H.蒙罗（John. H. Munro）分析西北欧纺织品贸易出现的交易成本不利变化。

Dotson, John E., translation and introduction. *Merchant Culture in the Fourteenth Century: The Zibaldone da Canal*. Binghamton, NY: Medieval & Renaissance Texts & Studies, 1994.

Edwards, J. R. *A History of Financial Accounting*.（本书第三章曾引述）

Fryde, E. B. *William de la Pole*. London: The Hambledon Press, 1988.

Hunt, Edwin S. *The Medieval Super-companies: A Study of the Peruzzi Company of Florence*. Cambridge: Cambridge University Press, 1994.

Lane, Frederic C. and Reinhold C. Mueller. *Money and Banking in Medieval* and Renaissance Venice, Vol. 1, *Coins and Moneys of Account*. Baltimore: Johns Hopkins University Press, 1985.

Pegolotti, Francesco B. *La pratica della mercatura*. （本书第二章曾引述）

Sapori, Armando. *La crisi delle compagnie mercantili dei Bardi e dei Peruzzi*. Florence: Leo S. Olschki, 1926.

Swetz, Frank J. *Capitalism and Arithmetic: The New Math of the 15th Century*. La Salle IL: Open Court, 1987.

下篇参考书目

Brady, Thomas A., Heiko A. Oberman, and James D. Tracy, eds. *Handbook of European History, 1400－1600, Late Middle Ages, Renaissance, and Reformation*, Vol. 1, *Structures and Assertions*. Leiden, New York, Koln: E. J. Brill, 1994. 这是一本涉猎内容广泛、很有价值的论文集，其中两篇文章对本书特别重要，已经在其他地方专门引述。

Miskimin, Harry A. *The Economy of Early Renaissance Europe, 1300－1460*. Englewood Cliffs, NJ: Prentice-Hall, 1969.

——. *The Economy of Later Renaissance Europe, 1460－1600*. Cambridge: Cambridge University Press, 1977.

Munro, John H. "Patterns of Trade, Money, and Credit." In *Handbook of European History, 1400－1600, Late Middle Ages, Renaissance, and Reformation*, Vol. 1, *Structures and Assertions*, edited by Thomas A. Brady, Heiko A. Oberman, and James D. Tracy, 147－96. Leiden, New York, Koln: E. J. Brill, 1994.

Scribner, Bob, ed. *Germany: A New Social and Economic History, 1450－1630*. London: Arnold, 1996. 本书收集了一系列颇具启发性的文章，其中最

有借鉴价值的是"Economic Landscapes"(Tom Scott),"The Agrarian Economy"(Werner Rösener),and "Urban Networks"(Tom Scott and Bob Scribner).

第六章　中世纪末期的商业新环境

Brucker,Gene. *Renaissance Florence*.(本书第五章曾引述)

Day,John. *The Medieval Market Economy*. Oxford:Basil Blackwell,1987.

Epstein,Steven A. *Wage Labor and Guilds in Medieval Europe*.(本书第二章曾引述)

Jordan,William Chester. *The Great Famine:Northern Europe in the Early Fourteenth Century*. Princeton:Princeton University Press,1996.

Platt,Colin. *King Death:The Black Death and its Aftermath in Late-medieval England*. Toronto:University of Toronto Press,1996.

Unger,Richard W. *The Ship in the Medieval Economy,600－1600*.(本书第二章曾引述)

第七章　新环境下的商业对策

Ashtor,Eliyahu. "The Factors of Technological and Industrial Progress in the Later Middle Ages." *Journal of European Economic History* 181(Spring 1989):7－36. 这篇引人入胜的综述文章着重介绍了15世纪之后技术工人移民导致产品改进技术对外传播、运用新型原材料或是改良后的原材料、政府干预这三方面的情况。

Brucker,Gene. *Renaissance Florence*.(本书第五章曾引述)

De Roover, Raymond. Money, *Banking and Credit in Medieval Bruges*. (本书第三章曾引述)

———. *The Rise and Fall of the Medici Bank*, 1397—1494. (本书第三章曾引述)

———. "The Story of the Alberti Company of Florence, 1302—1348, as Revealed in Its Account Books." *The Harvard Business Review* 32 (Spring 1958): 14—59. Reprinted in Business, *Banking and Economic Thought in Late Medieval and Early Modern Europe*, edited by Julius Kirshner. Chicago: University of Chicago Press, 1974.

Derry, T. K. and Trevor I. Williams. *A Short History of Technology*. London: Oxford University Press, 1960.

Dollinger, Philippe. *The German Hansa*. Stanford, CA: Stanford University Press, 1970.

Edwards, J. R. *A History of Financial Accounting*. (本书第三章曾引述)

Gies, Frances and Joseph. *Cathedrals, Forges, and Waterwheels*. New York: Harper Collins, 1994. 这本畅销书文笔优美,尽管内容稍微浅显,但是关于中世纪欧洲技术方面情况的介绍很有价值。

Harte, N. B. and K. G. Ponting, eds. *Cloth and Clothing in Medieval Europe: Essays in Memory of Professor E. M. Carus-Wilson*. (本书第二章曾引述)

Houtte, J. A. van. *An Economic History of the Low Countries*, 800—1800. London: Weidenfeld and Nicolson, 1977.

Kedar, B. Z. *Merchants in Crisis: Genoese and Venetian Men of Affairs and the Fourteenth-Century Depression*. New Haven, CT: Yale University Press, 1976.

Landes, David. *Revolution in Time: Clocks and the Making of the Modern World*. Cambridge, MA & London: Bellknap Press of the Harvard University Press,1983.

Le Goff,Jacques. *Time ,Work ,and Culture in the Middle Ages*. Translated by Arthur Goldhammer. Chicago and London:University of Chicago Press,1980.

Lloyd,T. H. *England and the German Hanse ,1157 — 1611*. Cambridge: Cambridge University Press,1991.

———. *The English Wool Trade in the Middle Ages*. Cambridge:Cambridge University Press,1977.

Mazzaoui,Maureen F. *The Italian Cotton Industry in the Later Middle Ages*. （本书第二章曾引述）

Munro,John H. *Textiles ,Towns ,and Trade*. （本书第二章曾引述）

———. "The Origin of the English 'New Draperies': The Resurrection of an Old Flemish Industry,1270—1570. " In *The New Draperies in the Low Countries and England ,1300 — 1800* ,ed. N. B. Harte,35—128. New York:Oxford University Press,1997.

Nicholas,David. *The Metamorphosis of a Medieval City :Ghent in the Age of the Arteveldes ,1302 — 1390*. （本书第三章曾引述）

Origo,Iris. *The Merchant of Prato*. Boston:Non Pareil Books,1986.

Parker,R. H. and B. S. Yamey,eds. *Accounting History ; Some British Contributions*. （本书第三章曾引述）

Pegolotti,Francesco B. *La pratica della mercatura*. （本书第二章曾引述）

Unger,Richard W. *The Ship in the Medieval Economy ,600 — 1600*. （本书第二章曾引述）

White,Lynn. *Medieval Technology and Social Change*. Oxford:The Clarendon Press,1962.

第八章 十五世纪：古法结硕果

Ashtor, Eliyahu. *Levant Trade in the Later Middle Ages*. Princeton, NJ: Princeton University Press, 1983.

Bergier, Jean-François. "From the Fifteenth Century in Italy to the Sixteenth Century in Germany: A New Banking Concept?" In *The Dawn of Modern Banking*, 105—30. New Haven, CT: Yale University Press, 1979.

Boxer, C. R. *The Portuguese Seaborne Empire, 1415—1825*. New York: Knopf, 1969.

Clair, Colin. *A History of European Printing*. London and New York: Academic Press, 1976. 本书从15世纪发明印刷术开始，分国别介绍印刷术的相关发展和商业化的情况，内容很有价值。

Epstein, S. R. "Regional Fairs, Institutional Innovation, and Economic Growth in Late Medieval Europe." *Economic History Review* 47 (August 1994): 459—82.

Goldthwaite, Richard A. "The Medici Bank and the World of Florentine Capitalism."*Past & Present* 114 (February 1987): 3—31.

Mallett, Michael E. *The Florentine Galleys of the Fifteenth Century*. Oxford: Oxford University Press, 1967.

Mintz, Sidney. *Sweetness and Power: The Place of Sugar in Modern History*. New York: Viking Penguin, 1985. 书中介绍了糖业的早期历史、相关技术和应用情况，篇幅不长，但颇有价值。

Mollat, Michel. *Jacques Coeur ou l'esprit d'entreprise au xve siècle*. Paris: Aubier, 1988.

Phillips, William D., Jr. *Slavery from Roman Times to the Early Transatlan-*

tic Trade. Minneapolis:University of Minnesota Press,1985. 本书相当全面地评述了中世纪欧洲和非洲的奴隶制度和奴隶贸易,并分析了导致后来大规模买卖奴隶输入大西洋东部地区和新大陆种植园的原因。

Thomas,Hugh. *The Slave Trade:The History of the Atlantic Slave Trade,1440—1870*. New York:Simon & Schuster,1997. 虽然本书作者主要关注后期的情况,但是前一百页很好地总结了欧洲和非洲早期奴隶制度的历史。

Unger,Richard W. "Dutch Herring,Technology,and International Trade in the Seventeenth Century." *Journal of Economic History* 40(June 1980):253—79.

——. "Technical Change in the Brewing Industry in Germany,the Low Countries,and England in the Late Middle Ages." *Journal of European Economic History* 21 (1992):281—313.

——. "The Scale of Dutch Brewing,1350—1600." In *Research in Economic History*,Vol. 15,edited by Roger L. Ransome,Richard Sutch,and Susan B. Carter,261—92. Greenwich,CT and London:Jai Press,1995.

第九章　中世纪末期的资金来源

De Roover,Raymond. *Money,Banking and Credit in Medieval Bruges*. (本书第三章曾引述)

——. *The Rise and Fall of the Medici Bank,1397—1494*. (本书第三章曾引述)

Ehrenberg,Richard. *Capital and Finance in the Age of the Renaissance:A Study of the Fuggers and Their Connections*. Translated by H. M. Lucas. London:Jonathan Cape,1928. 本书基本上聚焦于中世纪末期及之后西欧的福格家族等几大公司的巨额融资情况。

Goldthwaite, Richard A. *Wealth and the Demand for Art in Italy, 1300—1600*. Baltimore and London: Johns Hopkins University Press, 1993.

Molho, Anthony. *Marriage Alliance in Late Medieval Florence*. Cambridge, MA: Harvard University Press, 1994.

Riu, Manuel. "Banking and Society in Late Medieval and Early Modern Aragon." In *The Dawn of Modern Banking*, 131—168. New Haven, CT: Yale University Press, 1979.

Strieder, Jacob. *Jakob Fugger the Rich: Merchant and Banker of Augsburg, 1459—1525*. Translated by Mildred L. Hartsough. New York: Adelphi, 1931. 本书尽管洋洋洒洒, 但是没有走寻常路, 而是把雅各布·福格当作经商者而非金融家来审视其活动, 因此具有特殊价值。

Usher, Abbot P. *The Early History of Deposit Banking in Mediterranean Europe*, Vol. 1. Cambridge, MA: Harvard University Press, 1943. 这一卷很适合对巴塞罗那早期银行业感兴趣的读者。

第十章 商业新时代

Bautier, Robert-Henri. *The Economic Development of Medieval Europe*. Translated by Heather Karolyi. London: Thames & Hudson, 1971.

Brown, R. Gene, and Kenneth S. Johnson. *Paciolo on Accounting*. New York: McGraw-Hill, 1963.

Ehrenberg, Richard. *Capital and Finance in the Age of the Renaissance: A Study of the Fuggers and Their Connections*. (本书第九章曾引述)

Harte, N. B. and K. G. Ponting, eds. *Cloth and Clothing in Medieval Europe: Essays in Memory of Professor E. M. Carus-Wilson*. (本书第二章曾引述)

Munro, John H. "The Central European Silver Mining Boom, Mint Outputs, and Prices in the Low Countries and England, 1450－1550." In *Money, Coins, and Commerce: The Monetary History of Asia and Europe*, 119－183, edited by Eddy H. G. van Cauwenberghe. Leuven: Leuven University Press, 1991.

——. *Textiles, Towns, and Trade*. （本书第二章曾引述）

Noonan, John Thomas, *The Scholastic Analysis of Usury*. （本书第三章曾引述）

Strieder, Jacob. *Jakob Fugger the Rich: Merchant and Banker of Augsburg, 1459－1525*. （本书第九章曾引述）

Wee, Herman van der. *The Growth of the Antwerp Market and the European Economy (Fourteenth-sixteenth Centuries)*. The Hague: Nijhoff, 1963.